광화문광장,
거버넌스는 왜
실패했는가

광화문광장, 거버넌스는 왜 실패했는가

김규원 김상철 김은희 윤은주 전상봉 정기황 황평우 지음

리북

광화문광장 재구조화를 둘러싼 기록을 내놓으며

1

2019년 1월 24일에 서울시가 광화문광장 국제현상공모 당선작을 발표하는 순간부터 '광화문광장'을 둘러싼 거버넌스의 실험은 시작되었다. 광화문광장 거버넌스는 일반적인 거버넌스와 다른 경로를 갖고 있다. 우선, 대부분의 거버넌스 사례들은 행정의 필요에 의한 것이지만 광화문광장 사례는 행정을 강제하면서 시작되었다. 거버넌스 형성 과정도 매끄럽지 않았다. 실제 광화문광장 재구조화에 반대하는 목소리는 서울지역 시민사회 내에서도 소수였다. 오히려 '무슨 상관이냐'는 투의 무관심이 컸다. 거버넌스의 기능 가운데 하나는 이슈를 공적인 장에 자리 잡게 하는 것이지만 광화문광장 재구조화는 거버넌스 의제가 되어서야 제대로 논의되지 못했던 주제들이 쟁점화되기 시작했다. 또한 누구나 한마디씩 할 수 있는 주제였으나 누군가 역할을 자임하며 이야기하기엔 껄끄러운 주제이기도 했다. 여기서 거버넌스를 형성하는 하나의 축인 시민사회의 동원이라는 맥락을 살펴볼 수 있다. 실제로 광화문광장 재구조화가 사회 문제로 대두됨에 따라 서울시는 예정에도 없던 시민공론화를 진행할 수밖에 없었다. 그 과정에서 수많은 지역별, 주제별 이해관계자들이 만들어졌다. 이처럼 광화문광장 재구조화 거버넌스는 내부로 압축되어가기보다 외부로 확산되어 나간 사례이다.

2

이와 같은 의미에도 불구하고 광화문광장 거버넌스는 실패했다. 행정의 실패로만 볼 것이 아니라 오히려 거버넌스의 한 축을 마땅히 차지해야 할 시민사회의 실패이기도 하다. 따라서 광화문광장 재구조화를 둘러싼 거버넌스의 실패를 다루는 이야기는 우리들의 실패에 관해 이야기여야 했다. 이 점이 이 백서를 준비할 때부터 우리를 무겁게 내리눌렀던 생각이었다. 어떤 점에서 보면 광화문광장 재구조화를 둘러싼 갈등이 새로운 합의로 나타나지 못했다는 것은 지난 10년 동안 서울시정을 둘러싸고 유령처럼 떠돌았던 혁신과 협치의 결산이라고도 볼 수 있다. 하지만 실패에 대한 감정을 반드시 회한으로만 여길 필요는 없다. 왜냐하면 아직 광화문광장의 재구조화는 끝난 것이 아니고 이제 막 초반부를 지났을 뿐이기 때문이다.

3

거버넌스라는 단어 사용에 대해서도 여러 가지 고민이 있었다. 내부에서도 거버넌스에 대한 논의가 제대로 이루어지지 못했으며, 또한 거버넌스에 대한 정의도 각기 조금씩 달랐기 때문이다. 적극적인 권한과 책임 그리고 실행력이 담보되지 못하는 협치 또는 참여라는 논의방식을 거버넌스로 보는 것이 타당한가라는 질문은 우리들의 활동과정을 거버넌스로 볼 것인지 거버넌스 토대 구축으로 볼 것인지와 연결된다. 또한 거버넌스를 행정의 통치전략으로 볼 것인지 시민력의 실현 과정으로 볼 것인지에 따라서도 우리들의 평가는 또 달라질 수밖에 없다. 필자들의 글을 따라가다 보면 서로 다른 인식이 고스란히 읽힌다. 시민운동 관점에서 거버넌스를 어떻게 해석할 것인가에 대한 논쟁이 필요한 이유이기도 하다.

4

이 백서는 최종적인 결과에 대한 평가가 아니라 중간 결산에 가깝다. 곧 개장을 앞둔 광화문광장은 다시 수많은 이야기를 촉발시킬 것이며, 우리는 지금 정리한 초반부의 결산서를 바탕으로 이야기를 이어가게 될 것이다. 이런 각오를 할 수밖에 없는 것은 누구도 관심을 가질 것 같지 않았던 이 백서를 낸다고 했을 때 선뜻 그 이야기가 궁금하다고 응원해 주었던 동료 시민들 덕분이다. 아마 공개적인 사전 펀딩 방식으로 이 작업을 시작하지 않았다면 각자의 자리에서 바쁜 일정에 시작도 하지 못했을 공산이 크다. 그러니 이 자리를 빌어 크라우드 펀딩에 참여해준 분들에게 깊은 감사의 인사를 전한다. 그럼에도 약속했던 시간보다 훨씬 늦게 내놓게 된 점은 깊이 사과드린다. 또한 기대했던 수준의 백서가 되었는지도 다소 걱정스러운 마음이 든다. 그렇지만 백서에 담긴 글들은 전부 새로 작성한 것이며, 언론에서 거의 다루지 않았던 내용이 포함되어 있다. 이 백서의 작은 미덕이라면 바로 이 점일 것이다.

5

백서의 글로 함께 한 김규원, 김상철, 김은희, 윤은주, 정기황, 전상봉, 황평우 외에도 행정개혁시민연합 박수정 사무총장, 문화연대 박선영 정책팀장, 서울YMCA 주건일 팀장, 경실련 남은경 국장이 함께 활동했다. 사실 거의 진공과 같이 쪼그라든 상황에서 함께 목소리를 내주었던 시민사회 동료들의 존재는 정말 든든한 지지대가 되어 주었다. 그리고 마지막으로 우리의 활동에 함께 목소리를 내주셨던 평창동, 부암동 주민들을 비롯한 동료 시민들에게 감사를 전한다. 우리가 광화문광장이나 서울시청 앞에서 기자회견을 하거나 1인 시위를 할 때마다 관심을 가져 주셨고 응원해 주셨다. 우리는 혼자가 아니라는 경험은 중요한 생존의 감각으로 남아 있다. 조만간 새로운 광화문광장이 등장할 것이다. 우리는 지금도, 그때에도 광장이 던지는 물음에 적극적으로 답을 하면서 움직일 것이다. 지켜봐 주시길 바란다.

2022년 5월

광화문광장 재구조화 졸속추진 중단을 촉구하는 시민사회단체

차례

❷부_ 광장과 민주주의

1부

광장과 거버넌스

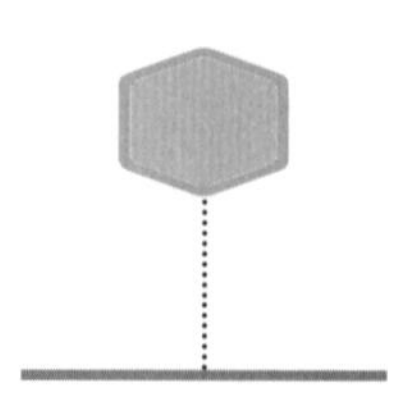

시민단체들, 깃발을 들다

김규원
한겨레21 선임기자

권력의 거리에서 시민 광장으로

광화문광장은 조선의 건국 때부터 현재까지 서울과 대한민국의 공간적 중심이자 상징적 공간이었다. 조선 때 광화문 앞은 의정부, 삼군부, 육조가 자리 잡았던 '육조거리'로 국가의 정체성을 대표했다. 이런 질서 정연한 구조는 일제 강점기 때 무너졌으나, 해방 뒤에도 중앙청옛 조선총독부과 정부서울청사가 들어선, 대한민국 정부의 중심지라는 위상은 큰 변화가 없었다.

광화문광장의 성격이 크게 달라진 것은 1960년 4·19시민혁명이었다. 서울시청과 국회현재의 서울시의회 앞에서 출발한 시민들은 광화문광장을 거쳐 경무대현재의 청와대로 향했다. 그러다 현 정부서울청사 창성동 별관당시 국민대 부근에서 경찰의 총격을 받았다. 그 자리에서 수십 명의 시민들이 목숨을 잃었다. 이로 인해 시민혁명에 불이 붙었다.

그 이후 광화문광장은 시민의 공간으로 우뚝 섰다. 1987년 6월 시민항쟁, 2002년 월드컵 응원, 효순·미선 사건 항의 시위, 2004년 노무현 대통령 탄핵 반대 시위, 2008년 미국 쇠고기 수입 반대 시위, 2016~2017년 박근혜 대통령 탄핵 시위가 모두 여기서 벌어졌다.

2002년 월드컵 응원 이후 광화문 앞을 시민의 광장으로 만들려는 시도도 시작됐다. 2005년 유홍준 문화재청장과 승효상 건축가의 역사 광장 조성 방안이 나왔다. 2009년 오세훈 서울시장은 중앙형 광장을 만들었다. 그러나 중앙 광장은 '세계 최대의 중앙분리대'라는 혹평을 받았고, 광화문광장을 다시 만들어야 한다는 의견이 쏟아졌다.

2011년 박원순 전 서울시장이 취임한 뒤 2015년부터 광화문광장 재구조화사업이 추진됐다. 2017년 광화문포럼광화문광장시민위원회의 전신은 전에 없던 전면 보행자 광장을 제안했다. 2018년 서울시는 서쪽 편측 광장을 내용으로 한 종합기본계획을 발표했다. 이를 바탕으로 2019년 국제설계공모전에서 '디프 서피스'깊은 표면가 당선작으로 발표됐다.

그러나 오랜 논의를 거쳤음에도 박원순 전 서울시장의 광화문광장 방안은 시민들의 흔쾌한 동의를 얻지 못했다. 중앙정부가 반대했고, 언론도 비판했으며, 결국 시민단체들까지 나섰다. 논란은 2기 오세훈 시장이 들어선 2021년 4월까지 계속됐다. 그러나 오 시장은 이미 공사가 일부 진행된 서쪽 편측 광장을 그대로 추진하기로 결정했다. 오랜 진통 끝에 나온 좋지 않은 결론이었다.

시민단체들, 깃발을 들다

2019년 1월 국제설계공모전 당선작이 나온 뒤 시민단체들은 광화문광장이 이렇게 만들어져서는 안 된다고 비판하기 시작했다. 첫째, 광화문광장을 새로 추진하는 과정은 철저히 민주적이어야 하고, 둘째, 광화문광장의 구조는 서울의 중심 공간, 시민 중심 공간으로서의 위상을 확실히 해야 하며, 셋째 광화문광장의 교통은 서울 도심의 교통체계를 혁신하는 계기가 돼야 한다는 취지였다. 마침내 2019년 7월 9일 '광화문광장 재구조화 졸속추진 중단을 촉구하는 시민사회단체'이하 시민단체들가 첫 회의를 열고 활동을 시작했다.

이 시민단체들엔 걷고싶은도시만들기시민연대, 경제정의실천시민연합, 문화도시연구소, 문화연대, 서울시민연대, 서울시민재정네트워크, 서울YMCA, 한국문화유산정책연구소, 행정개혁시민연합 등 9개 단체가 참여했다. 2019년 7월 15일 서울시청 앞에서 열린 첫 기자회견에서 시민단체들은 광장 추진 정보 공개와 일정 재검토, 젠트리피케이션 대책, 수도권 광역급행철도GTX 광화문역 설치 반대, 월대 복원 재검토 등을 요구했다.

앞서 서울시의 방안은 문재인 정부의 행정안전부와도 마찰을 일으켰다. 광화문광장 방안이 정부서울청사의 영역을 상당히 침범하는 것이 나타났기 때문이다. 비슷한 시기에 <한겨레> 등 언론 매체에서도 문제점을 보도하기 시작했다. 매체들은 광화문광장이 10여 년 전의 유홍준-승효상 안으로 돌아간 점이나 교통 대책이 불충분하다는 점 등을 주로 비판했다. 행안부와 언론, 시민단체들의 비판이 쏟아지자 2019년 9월 박원순 서울시장은 "광화문광장 조성을 원점에서 재검토하겠다."고 선언했다.

시민단체들의 숨가빴던 활동

시민단체들의 활동은 2019년 7월 박원순 서울시장의 광장 조성안에 대한 항의 기자회견에서 시작해 2021년 4월 오세훈 서울시장의 계속 추진 방침에 대한 항의 기자회견까지 1년 9개월 동안이었다. 숨가빴던 활동 시기는 크게 3단계로 나뉜다.

1단계는 2019년 7월~2019년 9월 시민단체들의 전면적 문제제기 시기였다. 시민단체들은 기자회견과 토론회를 열며, 광화문광장 재구조화사업을 다시 공론화할 것을 서울시에 요구했다. 핵심 쟁점은 민주적 추진 절차, 균형 잡힌 광장의 형태, 도심의 교통 혁신 방안이었다.

2단계는 2019년 9월~2020년 7월 시민단체들과 서울시의 거버넌스집중 토론 시기였다. 2단계는 박원순 전 시장이 광화문광장 재공론화 요구를 수용함으로써 시작됐다. 시민단체들과 서울시의 광화문광장사업추진단은 10차례 이상의 공개·비공개 토론회를 열어 핵심 쟁점들에 대해 집중 토론했다. 그러나 각자의 의견을 이야기했을 뿐, 광장의 형태와 교통 혁신 방안 등 주요 쟁점에 대해 충분히 논의하거나 합의하지 못했다.

3단계는 2020년 7월~2021년 4월 시민단체와 서울시와의 갈등이 다시 불거진 시기였다. 박 전 시장의 사망으로 시민단체들과 서울시의 대화가 끊어졌고, 서울시는 기존 서쪽 편측 광장안을 그대로 밀어붙였다. 1단계 이전의 이견과 충돌이 되풀이됐다. 시민단체들은 주요 쟁점에 대한 계속 토론과 합의를 요구했으나, 박 전 시장이 떠난 서울시는 더 이상의 거버넌스를 거부했다.

거버넌스 대신, 서울시 관료들은 중단 없이 준비해온 광화문광장 공사를 한겨울을 앞둔 11월에 강행했다. 광화문광장 재구조화사업에 대못을 박겠다는 의사 표시였다. 2021년 4월 서울시장 보궐선거에서 당선된 2기 오세훈 시장은 선거기간에 이 사업을 재검토하겠다고 공약했다. 그러나 취임한 직후 공사 계속을 선언했다. 광화문광장 재구조화사업이 '재검토' 이전의 원점으로 돌아갔다.

시민단체-서울시의 쟁점 1 : 민주적 절차

민주적 절차나 거버넌스라는 측면에서 광화문광장 논쟁은 기념비적이었다. 다양한 의견이 쏟아졌고, 서울시도 그런 의견을 외면하진 않았다. 애초 서울시가 2016~2017년 구성해 활동했던 '광화문포럼'은 전면 보행자 광장을 제안했다. 광화문광장의 형태를 '전면 광장'으로 제안한 일은 처음이었다. 다만, 차량 교통을 지하로 처리한다는 큰 문제점이 있었다.

서울시는 이 파격적인 방안을 받아들이지 않았다. 2018년 서울시는 광화문포럼의 의견과 달리 역사 광장과 시민광장으로 분리된 서쪽 편측 광장을 기본계획으로 내놓았다. 2005년 유홍준-승효상 안이 13년 만에 부활했다. 이 과정은 일방적이고 불투명했다. 광화문광장을 둘러싼 갈등은 바로 이 단계에서 시작됐다. 이때 서울시가 시민의 의견을 충분히 듣고, 공개적 논의를 했다면 이후 논란은 벌어지지 않았을 것이다.

2019년 1월 서쪽 편측안을 전제로 한 국제설계공모 결과가 발표되자, 사회적 논쟁에 불이 댕겨졌다. 사전 협의 없이 광화문광장에 정부서울청사의 상당 부분이 포함되자 김부겸 당시 행정안전부 장관이 이 안을 받아들일 수 없다고 공개적으로 밝혔다. 언론에서도 서울시의 재구조화 방안이 타당하지 않다는 비판이 나왔다. 시민단체들도 연대단체를 꾸려 적극적인 반대 운동에 나섰다.

결국 2019년 9월 박원순 전 시장은 광화문광장을 "원점 재검토하겠다."고 밝혔다. 이에 따라 10개월 동안 서울시와 시민단체들은 서울시 역사상 처음이라고 할 '거버넌스'를 가동했다. 그러나 여기서도 시민단체들이 제기한 핵심 문제들은 제대로 논의되지 못했다. 시민단체들은 핵심 문제들을 개선할 수 있다고 기대했으나, 서울시는 거버넌스를 일종의 '알리바이'를 만드는 과정으로만 활용했다.

2020년 7월 박 전 시장이 갑작스럽게 세상을 뜨자 서울시 관료들은 본모습을 드러냈다. 시민단체와의 거버넌스에서 어떤 결론도 나지 않았고, 이 사업을 추진한 박 전 시장이 세상을 떠났음에도 9월 공사를 강행하기로 결정했다. 2021년 4월 서울시장 보궐선거가 예정돼 있었기 때문인지 스스로 금지했던 겨울철 공사를 강행했다. 거버넌스는 파산했고, 과거 서울시의 졸속 결정, 졸속 집행이 되살아났다. 서울시 관료들의 폭주는 2021년 4월 당선된 오세훈 시장의 추인으로 성공했다.

결론으로, 박 전 시장 시절의 서울시가 운영한 2016~2017년 광화문포럼, 2019~2020년 시민단체와의 거버넌스는 큰 의미가 있었다. 의사 결정 권한을 시장 자신이나 내부 관료들이 갖지 않고, 외부의 전문가나 시민단체와 함께 행사하려고 했기 때문이다. 그러나 거기까지였다. 그 의사 결정 내용이 시장이나 관료들의 의사와 부합하지 않자, 서울시는 두 과정을 모두 무산시켰다.

시민단체-서울시의 쟁점 2 : 교통 혁신 방안

교통 문제와 관련해 시민단체들은 광화문광장이 목적이 아니라, 수단이 돼야 한다고 밝혔다. 광화문광장 조성이 서울 도심 안 중심 교통수단을 승용차에서 보행자와 자전거, 대중교통으로 바꾸는 혁신적 계기가 되길 바랐다. 이것은 지속가능한 교통, 지속가능한 도시를 만드는 길이라고 판단했다. 그러나 서울시 시장들과 관료들은 광화문광장 자체가 목적이었고, 도심 교통의 혁신과 같은 과제에 도전하는 일을 원하지 않았다.

교통과 관련한 시민단체들의 요구는 크게 3가지였다. 첫째는 도심에 혼잡통행료를 도입하자는 제안이었다. 혼잡통행료를 부과하는 방안은 1기 오세훈 시장 시절부터 검토돼 왔다. 박 전 시장의 첫 임기인 2014년엔 <지속가능한 도시교통관리방안 연구>라는 보고서까지 완성됐다. 서울시 스스로도 기본 검토를 끝냈고, 구체적 계획을 세워 실행하면 되는 일이었다.

서울시가 검토한 방안을 보면, 평일 아침 7시부터 밤 9시까지 한양도성을 따라 40곳에서 6천~8천원을 부과하는 방안이 유력했다. 8천원의 혼잡통행료를 부과하면, 한양도성 안 승용차 교통량은 58% 줄고, 도로 교통량은 30% 줄어든다. 전체 통행 거리는 15%, 전체 통행 시간은 20%, 오염 물질 배출은 15% 줄어든다. 혼잡통행료가 도입된 뒤 10년 동안의 총편익은 1조 6,403억 원, 총비용은 6,163억 원으로 비용 대비 편익B/C은 2.66으로 추산됐다.

둘째는 친환경 교통수단인 보행과 자전거의 비중을 늘리고, 대중교통을 혁신하자는 제안이었다. 서울시에서 승용차의 수송 분담률은 20% 안팎으로 여전히 높은 상황이다. 이것을 보행과 자전거, 대중교통으로 상당 부분 흡수하자는 것이었다. 이러려면 보행로와 자전거 도로 등 인프라를 개선하고, 대중교통의 품질을 높여야 한다.

셋째는 이런 혼잡통행료 도입과 더불어 친환경 교통수단의 강화, 대중교통 혁신을 통해 서울 도심을 지속가능한 도시 모델로 만들자는 것이었다. 서울은 2017년 전국에서 처음으로 녹색교통진흥지역으로 지정됐다. 그러나 낡은 경유차의 도심 통행 제한 외에는 이렇다 할 개선이 없는 상황이다. 광화문광장 조성을 계기로 도심 교통을 혁신하고, 이런 변화를 전국으로 확산시켜 나가자는 제안이었다.

그러나 서울시는 난색을 보였다. 한때 도시 혁신을 꿈꿨던 박 전 시장은 "혼잡통행료 이야기를 꺼내면 선거 때 표가 떨어질 것"이라는 답변을 내놨다. 혼잡통행료 도입에 대한 박 전 시장과 서울시 공무원들의 태도는 원칙적으로 동의하지만, 당장 실행은 어렵다는 것이었다. 서울의 도시 인프라 혁신은 이명박 전 시장 시절의 버스 개혁과 청계천 복원, 시청·숭례문광장 설치 이후 10년 이상 제자리걸음이다.

시민단체-서울시의 쟁점 3 : 광장의 형태

시민단체들은 광화문광장의 형태가 시민에게 편리하고 지속가능한 형태여야 한다고 주장했다. 10년마다 한 번씩 갈아엎어야 하는 근시안적인 계획이 아니라, 오랫동안 그 기본 형태를 유지하면서 개선해 나갈 수 있는 형태여야 한다는 의견이었다. 그러나 박원순 전 시장의 서울시는 2005년 나온 유홍준-승효상의 '서쪽 편측안'을 합리적 이유없이 고집하는 태도를 보였다.

박 전 시장의 서울시는 2015년 광화문광장의 재구조화 방침을 처음 밝힐 때부터 서쪽 편측안을 제안했다. 2017년 광화문포럼의 전면 보행자 광장을 제안했으나, 2018년 다시 서쪽 편측안을 기본계획으로 결정했다. 2019년 이 서쪽 편측안에 따라 국제설계공모에서 당선작이 선정됐다. 결국 2020년 11월 서쪽 편측안으로 착공했다. 끝없는 되돌이표였다. 서쪽 편측안으로 인해 광화문광장에 대한 건축가와 시민들의 다양한 상상은 원천적으로 막혀 버렸다.

그러나 서울시의 자체 조사에서도 서쪽 편측안은 설득력이 없었다. 서울시가 2019년 9월 상권을 분석한 결과, 거주자가 많은 서쪽은 점포수와 상주 인구가 우세했고, 방문자가 많은 동쪽은 매출이 우세했다. 서울시의 2019년 5월 평일 저녁 광장 주변 보행자 통행량 조사에서도 동쪽이 서쪽의 2배에 가까웠다.

1999년 이후 서울시와 중앙 정부가 광화문광장의 형태에 대해 9차례 연구한 결과에서도 중앙 광장이 3회, 서쪽 광장이 3회, 양쪽 광장이 2회, 전면 광장이 1회를 차지했다. 특히 동-서가 균형 잡힌 중앙과 양쪽, 전면 광장이 9번 가운데 6차례를 차지했다. 서쪽 편측안 3번은 사실상 유홍준-승효상 안의 반복이었다.

시민단체들은 지속가능성에 중점을 두고 양쪽 광장안과 동쪽 광장안을 대안으로 제시했다. 양쪽안은 광장의 모습이 균형 잡힌 형태여야 하고, 그것이 보행자의 활동이나 주변 상업 활동에도 바람직하다는 점에 근거했다. 또 북악산과 경복궁, 광화문광장으로 이어진 남북 축도 중요하다고 봤다. 동쪽안은 동쪽이 보행자 통행량이나 매출에서 우세하며, 종로라는 강한 배후가 있다는 점에 주목한 것이다.

왜 광화문광장은 실패했을까?

왜 광화문광장을 둘러싼 논의는 뜨거웠을까? 무엇보다 서울과 대한민국을 대표하고 상징하는 시민 공간이지만, 아직 그런 모습을 갖추지 못했기 때문이다. 1기 오세훈 시장의 중앙 광장과 박 전 시장 시기의 서쪽 편측 광장 방안은 광화문 앞의 공간적, 역사적 성격을 충분히 이해하지 못한 것이었다.

1기 오세훈 시장의 중앙 광장은 시민 접근성과 교통 개선에서 모두 실패했다. '세계 최대의 중앙분리대'라는 표현이 이를 압축적으로 보여준다. 광화문광장은 주변 지역과 완전히 분리된 섬과 같은 형태여서 주변의 공공, 상업 시설과 단절됐다. 또 동서의 차도는 각각 5~6차로, 남북의 차도는 각각 7~8차로로 너무 넓었고, 건널목도 부족했다. 광장 내부엔 지하 접근로와 동상, 물길, 잔디밭 등 시설이 너무 많았다. 비어 있는 공간이 부족했다.

왜 이렇게 됐을까? 1기 오세훈 시장 시절 광화문광장은 이명박 시장 시절의 시청광장과 숭례문광장에 이어 또 하나의 전시성 광장으로 기획됐다. 보행을 강화하기 위해선 주변 차로 폭을 더 줄이고, 주변 건물과의 연결성을 더 강화했어야 했다. 또 광화문광장 하나가 아니라 주변 지역과의 보행 네트워크를 만들었어야 했다. 그러나 실제로는 시민들이 걷고 쉬고 즐기기 위한 공간이라기보단 보여주기 위한 공간으로 만들어졌다.

박원순 시장은 이를 개선하겠다고 나섰지만, 서쪽 편측 광장이란 한계에서 벗어나지 못했다. 광장의 형태는 서쪽으로 치우쳐 동서의 균형과 북악에서 경복궁, 광장, 태평로로 이어지는 남북 축을 무너뜨렸다. 그동안 광장 동쪽은 보행 통행량은 많았음에도 보행환경이 나빴는데, 또다시 버려졌다. 시민단체들이 요구한 광화문광장을 통한 도시 교통 혁신이라는 과제는 미뤄졌다.

왜 이렇게 됐을까? 박 시장도 서울 도심을 지속가능한 도시로 바꾸려는 큰 그림이 없었다. '서울로7017' 외에 이렇다

할 전시성사업이 없었던 박원순 시장도 광화문광장을 자신의 보여주기사업으로 생각한 것이다. 게다가 2005년 유홍준-승효상안에 발목 잡혀 있었다. 새로운 시대의 아이디어를 반영할 기회가 없었다. 서울시는 2017년 광화문포럼의 제안도, 2019~2020년 시민단체의 제안도 채택할 용기가 없었다.

실패한 거버넌스의 기록

2019년 9월 여론의 비판을 받던 박 전 시장이 광화문광장 조성을 원점에서 재검토하겠다고 선언한 일은 좋은 판단이었다. 이어 서울시가 시민단체들과 벌인 거버넌스도 의미가 있었다. 이 과정에서 일반 시민들도 직접 회의와 토론회에 참여해 의사를 표현할 수 있었다.

그러나 거기까지였다. 시민단체들과 서울시는 광화문광장 거버넌스를 성공시키지 못했다. 다음과 같은 이유 때문이었다. 첫째, 서울시가 광장의 형태나 교통 혁신과 같은 중요 사안을 거버넌스를 통해 실질적으로 논의하거나 결정할 생각이 없었다. 광장의 형태는 전혀 바꿀 생각이 없었고, 도심 교통 혁신에도 도전할 생각이 없었다.

둘째, 시민단체와 서울시의 거버넌스는 법·제도적, 관행적 근거가 없었다. 서울시의 다른 거버넌스처럼, 이 거버넌스도 박 전 시장 개인의 선의에 따른 정치과정이어서 취약했다. 서울시 관료들은 이 거버넌스를 실질적 의사결정과정으로 활용할 생각이 없었다. 이 점은 박 전 시장의 죽음 뒤, 거버넌스가 중단되고 공사가 강행된 것에서 잘 드러났다. 또 2기 오세훈 시장의 취임 뒤 서울시의 거버넌스는 전반적으로 무너졌다.

이 백서는 다음과 같은 물음에 대한 답변이다. 광화문광장의 재구조화는 필요한 일이었나? 왜 박 전 시장은 10년 전의 서쪽 편측 광장 방안을 고집했나? 시민단체들은 어떤 광화문광장을 제안했나? 왜 박 전 시장과 서울시는 시민단체와의 거버넌스에 나섰나? 왜 시민단체들과 서울시는 광화문광장에 대한 거버넌스에 실패했나?

이 백서는 광화문광장을 둘러싼 거버넌스의 실패에 관한 이야기다. 거버넌스는 참여자들의 적극적인 의지, 거버넌스를 뒷받침하는 법제도와 관행, 거버넌스를 통한 실질적 의사결정과 집행이라는 여러 조건을 요한다. 광화문광장 거버넌스는 이 세 가지 측면에서 모두 부족했다고 평가할 수 있다. 이번 실패가 언젠가 다시 만들어질 광화문광장의 성공적인 거버넌스에 반면교사가 되고, 밑거름이 되길 기대해 본다.

광화문광장 조성과정에 나타난 개발 국가적 거버넌스

정기황
사단법인 문화도시연구소 소장, 시시한연구소 공동소장

개발 국가와 도시권 그리고 거버넌스

한국의 도시는 개발 독재로 만들어졌다고 해도 과언이 아니다. 일제강점기와 군사정권기를 거치며 왜곡된 형태의 산업화, 근대화, 도시화의 과정으로 도시가 만들어졌다. 민주주의 국가의 권력주체인 시민이 아니라 정부관료, 소수 엘리트 등에 의해 기획되고, 계획되고, 실행되었다. 시민은 정부가 시혜적으로 만들어준 도시에서 수동적으로 살아가는 소비 주체일 뿐이었다. 이렇게 국가의 발전을 위해 시민의 기본권을 제약하며, 개발 중심으로 국가를 운영하는 것이 개발국가모델Development Nation Model이다. 이는 주로 개발도상국Developing Nation에서 이용되는 방식으로 "가난과 배제를 발생시키고, 환경 악화를 유발하며, 이주와 도시화과정들, 사회적·공간적 격리, 공공재와 공공공간의 사유화를 가속화시키는 소득과 권력의 집중 경향이라는 특성을 나타내고 있다. 이러한 과정들은 가난, 불확실한 상황, 자연재해에 대한 취약성이 뚜렷하게 나타나는 방대한 도시 지역의 확산을 촉진"[1]하는 것이 일반적인 문제로 '도시에 대한 권리 세계헌장'에서도 지적하고 있다. 개발국가모델 방식은 한국 도시정책의 기저에 깔려있는 인식으로 여전히 작동하고 있다.

도시에 대한 권리도시권의 주창자인 앙리 르페브르는 1968년 『도시에 대한 권리』라는 책을 통해 도시는 시민 모두가 함께 만들었고, 만들어가는 '집단적 작품'으로 말하고, 크게 세 가지 권리를 다음과 같이 주장했다. 첫째, '도시에 거주하는 주민 누구나 도시가 제공하는 편익을 누릴 권리'와 둘째, '도시 정치와 행정에 참여할 권리', 셋째, '자신들이 원하는 도시를 스스로 만들 권리'를 주장한다. 르페브르는 도시를 누리고, 도시 정책에 참여하며, 도시를 스스로 만들어 갈 시민의 주체성을 강조했다.

이보다 이전인 1961년에는 미국의 도시연구자 제인 제이콥스가 『미국 대도시의 죽음과 삶』이라는 자신의 책에서 "도시는 모든 사람에 의해 만들어지기 때문에, 그리고 모든 사람에 의해 만들어질 때만이 모든 이에게 뭔가를 제공할 수 있다.", "도시 다양성은 대부분 크게 다른 생각과 목적을 가진 믿을 수 없이 많은 각기 다른 사람들과 민간 조직들이 공공

기능의 공적인 틀 바깥에서 계획하고 고안하면서 만들어 내는 것이다."[2]라고 밝히며, 도시의 기획·계획의 주체로서 시민과 스스로 공공성을 확보하는 시민의 역할을 강조했다.

1960년대 도시에 대한 문제의식은 경제적 합리성에 기반한 개발국가모델로 진행된 도시화에 대한 시민들의 도시사회운동이자, 권리 투쟁으로 발현된 것이다. 또한 1980년대 이후에는 국가 권력의 시장 개입을 비판하고, 자유시장과 재산권을 중시한 신자유주의로 공공재의 사유화, 빈부격차 등 사회적 양극화가 초래되었다. 이런 과정을 통해 1990년대 이후 '도시에 대한 권리'는 일반화되었고, '도시에 대한 권리 세계헌장'으로 보편화되었다. '거버넌스'Governance가 1990년대 이후 새로운 공공관리방식으로 주목된 것 또한 이런 세계적 추세와 맥을 같이한다.

도시계획과 거버넌스

거버넌스는 "어떤 전략이나 통치운영의 양식이라기보다, 사회 문제 해결과정에서 전통적 정부의 역할이 점차 변화되고 비정부부문 행위자들의 역할이 점차 강화되는 하나의 과정"[3]으로 개발국가모델과 신자유주의 등으로 발생된 사회문제를 시민 스스로 대화·협상·조정을 통해 해결하고, 공공성을 확보하는 과정으로 볼 수 있다. 거버넌스는 새로운 공공관리방식의 의미로 사회과학 분야에서 오래전부터 사용되어 온 개념이다. 거버넌스는 신뢰와 협력을 기반으로 '공적제도'를 개방적·참여적으로, '공적질서'를 민주적·개방적으로 재구성해 공공을 혁신하는 것을 함의하고 있는 개념이다. 또한 도시계획체제에서 적극적으로 사용되며, 체계화되어 왔다. 도시계획이 시작되고, 시민 주도로 도시재생, 사회적기업을 중심으로 도시를 재생해 온 영국의 거버넌스는 중앙 정부에서 시민, 도시, 지역으로 권력을 이양하는 분권의 방식으로 발전해 왔다. 대처 정부에서는 중앙 정부가 주도했고, 메이저 정부에서는 지방 정부가 민간영역과 협력하는 구조의 거버넌스를 형성하였고, 블레어 정부에서는 지방 정부와 민간영역의 수평적 관계의 거버넌스를 구축하며, 민간영역의 공공개입과 참여를 확대하는 방식으로 구축되었다.

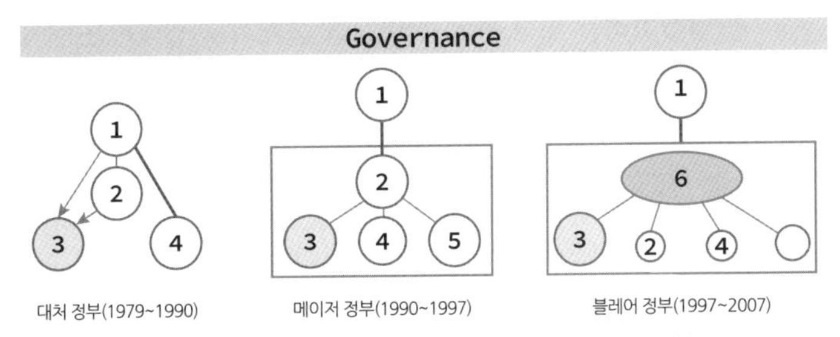

<영국의 거버넌스 구조의 변화 양상>

출처: 영국의 거버넌스형 마을 만들기, 기문당, 2009.<도표 재작성>

도시계획체제의 거버넌스 형성 요인을 분석한 논문정진원·김천권:2011에서는 거버넌스 개념의 상반된 견해를 다음과 같이 분석한다.

긍정적 견해로는 ① 도시에서 거버넌스를 확립하는데 있어 정부와 비정부행위자와의 긴밀한 협력과 공생, 조화, 정부의 책임과 추진력, 네트워크를 전제로 주체들 간의 거버넌스 형성이 곧 서로 간의 상생으로 연계되어 집합적, 협력적 거버넌스 형성 ② 거버넌스가 추구하는 합리성은 '절차적 합리성', '실체적 합리성'이 아닌 '반성적 합리성'으로 거버넌스가 소수(권력자)에 의한 결정이나 보이지 않는 손에 의한 결정보다 대화·협상·조정을 통한 타협이나 동의에 더 큰 가치를 두어 소수자, 약자를 위한 거버넌스 형성에 기여 ③ 다양한 집단·문화·가치가 충돌하는 현실에서 기존의 도시계획은 효용·가치 극대화를 목적으로 한 합리적 계획으로 한계에 봉착했고, 이에 반해 거버넌스는 사회적 자본의 축적을 통하여 대립과 갈등적 상황이 보다 원만하게 해결될 수 있는 기반을 마련 ④ 현대 도시계획의 문제는 '디자인의 문제가 아니고 실패를 조절해 가는 문제이고, 도시의 삶의 세계를 침범하고 도시의 실체를 말살하려는 익명의 체제 명령을 통제하고 관리하는 문제'로 거버넌스를 통해서 큰 틀의 로드맵을 제시하고, 인프라와 시설, 주민 간 관계를 개선하는데 기여함으로써 갈등해소에 긍정적으로 작용한다고 분석한다.
비판적 견해로는 ① (거버넌스 개념의 혼란과 남용으로) 거버넌스가 '마법의 주문'으로 사용될 수 있음을 지적 ② (정부 주도를 요구하는 한계로) 국민과 정부 간에는 사회 문제 해결에 대한 불신이 존재하기에, 중앙집권적 통제 없이 사회 문제를 해결할 경우 '거버넌스 실패'가 발생할 수 있음을 지적하며, 네트워크가 확립되더라도 전체적인 관점에서 정부의 중심적 역할과 조정이 필요 ③ (거버넌스는 배타성을 생산할 수 있기 때문에) 엘리트·전문가 집단, 군중 집단을 더욱 격리시키고,

기존 전문가 엘리트들만의 기득권 수호 기제로 운영되어 이른바 '코드 쉐어링'Code Sharing을 통해 자신들의 언어 체계 속에서 정체성을 형성하고, 시민들에게는 불충분한 이해와 공감을 유도케 만들어, 거버넌스는 결국 도시 공익 추구를 위한 기제가 될 수 없는 한계를 가지고 있다고 분석한다. 거버넌스에 대한 긍정적 견해와 비판적 견해 모두 기존의 도시계획의 한계로 새로운 공공관리방식의 필요를 인정하고 있다. 다만, 비판적 견해에서 밝히고 있듯이 거버넌스의 실행 과정에서 '거버넌스(개념)의 남용', '(중앙) 정부의 역할 배제', '특정 집단의 사유화'의 문제를 지적하고 있다. 거버넌스는 주체의 문제로 다양한 집단(문화), 소수자, 약자 등 비정부행위자의 능동적이고, 수평적인 대화·협상·조정을 통한 타협이나 동의로 도시문제와 사회적 갈등을 해소하며, 사회적 자본을 축적해 공공성(공익)을 확보해 가는 수단임을 알 수 있다.[4]

거버넌스 도시계획 사례 : 영국 런던 '킹스크로스' 개발계획

킹스크로스King's Cross역은 산업혁명기인 1852년 런던 북부에 개설된 역이다. 영국의 산업혁명과 함께 유럽의 교통과 산업의 중심지로 발달했으나, 기존 제조·물류업이 쇠퇴하면서 주변 지역과 대규모 철도 부지 또한 쇠퇴해 방치되었다. 이렇게 100년이 훌쩍 넘은 1970년대부터 슬럼화되면서 지역 전체가 낙후되었고, 이에 1970년대부터 개발사업이 추진되었으나 성과는 없었다. 1996년 영국 중앙 정부가 킹스크로스 주변 지역의 토지와 개발권을 국영 기업인 런던 콘티넨털

철도회사에 양도하고, 관리감독권을 가진 런던시 캠던구청 Camden Council이 개발사업을 추진했다. 2001년 개발사 선정을 위한 공모로 개발사를 선정하고, 2008년부터 순차적으로 개발을 시작했다. '킹스크로스 개발'은 옛것과 새것을 조화롭게 만들어 근대의 문화적 가치를 살리고 원주민들의 거주를 보장했다는 평가를 받으며, 도시 개발의 우수 사례로 알려져 있다.

'킹스크로스 개발'의 겉모습은 한국의 여느 도시 개발 방식과 크게 다르지 않게 공모를 통해 개발사를 선정하고, 도시의 물리적 환경을 건설했다. 하지만 개발되는 과정에는 큰 차이가 있다. 이 차이는 시민들의 도시 기획과 계획의 참여 방식과 참여정도다. 즉 도시계획의 거버넌스 형성과 구축과정이다. '킹스크로스 개발'은 2001년 부동산전문개발업체 Argent(Property Developer) LLP의 달랑 한 페이지짜리 제안서가 선정되면서 시작된다.

제안서 내용은 "그 어느 누구도 이렇게 장기간 진행될 복잡성이 높은 사업에 완벽한 계획을 수립하는 것은 불가능하다. 따라서 우리는 계획 대신 모든 이해관계자가 사업계획에 합의를 만들어낼 수 있는 정치적인 프로세스를 어떻게 진행할지 원칙과 과정을 제시한다."라는 것이었다. 이는 소수 엘리트 전문가 집단의 도시계획이 아니라 모든 이해관계자와의 거버넌스정치적 프로세스를 통해 시민을 도시계획의 주체로 참여시킨다는 계획이었다. 이후 6년 동안 353회주당 1회 이상, 3만여명 참여의 공청회·워크숍·이벤트 등 지역 주민과의 다양한 소통과정을 가졌다.

소통과정의 내용은 문서화해 모든 시민들에게 공개했으며, 이를 통해 도시계획에서 반드시 준수해야 할 개발 원칙을 합의해 만들었다. 이렇게 합의한 원칙은 '저소득자들이 감당할 수 있는 저렴한 가격의 임대 주택 공급', '지역 주민을 위한 일자리 창출', '런던 시민 누구나 즐길 수 있는 충분한 공공 공간 확보', '산업유산 건물의 보존', '지속가능한 환경 보존 및 지역 주민을 위한 충분한 여가 및 교육 시설의 공급'이었다. 2006년 구체화된 마스터플랜에는 '전체 재생지역의 40%는 공공 공간으로 할당', '2000가구 주택 건설 가운데 42%는 저렴한 임대 주택으로 제공', '50개의 오피스 건물', '20개의 문화·산업유산 건물의 보존', '20개의 인도와 차도', '10개의 공공 광장과 공원 등을 포함', '구역별 용도와 최대용적률 등 준수해야 할 환경지수 지정', '전체 대상지역의 20%는 미래 세대를 위해 계획 유보'하는 것으로 담겨졌다.

시민들의 6년간 합의한 결과물은 도시개발의 공공성을 확보한 것이다. 또한 개발사는 건설을 통한 단기 이익이 아니라 20년간 지속적으로 지역을 관리할 수 있도록 했고, 개발사의 원칙준수에 대한 감시를 위해 지역 주민 모임을 발족해 공사 첫해에는 2주 1회, 1년 후에는 월 1회, 3년 후에는 6개월 1회로 지속적으로 모임이 이루어졌다.[5]

이런 일련의 도시계획 거버넌스의 체계는 영국의 '지역주의 법'Localism Act에서 잘 드러난다. 영국 지방자치단체연합

Local Government Association에서는 지역주의 법Localism Act을 중앙 정부에서 지방 정부, 지방 의회, 커뮤니티 및 개인으로 권력을 분산하고자 하는 분권을 위한 것으로 지역을 우선순위로 하는 법이라고 밝히고 있다. 지역주의 법의 원칙은 '지방 정부를 위한 새로운 자유와 유연성', '커뮤니티와 개인을 위한 새로운 권리와 권한', '계획 구조를 보다 민주적이고 효과적으로 만들기 위한 혁신', '주거에 대한 결정이 지역에서 이루어지도록 하는 혁신'[6]으로 지방 정부, 커뮤니티, 시민개인에게 권리와 권한을 이양하는 분권을 통해 민주적이고, 효과적으로 지역도시의 공공성을 확보하고, 지속가능한 지역도시를 만들고자 하는 방향성을 가지고 있다.

한국 '광장' 조성의 역사와 거버넌스

한국에 광장 문화는 없었고, 광장이 조성되는 과정에서도 거버넌스는 없었다. 조선시대 광화문 앞 황토현은 광장이라기보다는 궁과 관아들이 모여 있는 관아의 마당에 가까웠다. 현대 민주주의 국가의 광장은 비워진 넓은 공터가 아니다. 민주주의 국가에서 광장의 가장 큰 가치는 주권자인 시민이 의사를 피력하는 등 권력을 행사하는 공간으로서다. 한국의 광장 조성은 1971~1972년 박정희 군사정권에서 시작되었다. 대통령 박정희, 서울시장 김현옥, 건축가 김수근의 '여의도개발계획'의 과정에서 탄생한 '5·16혁명광장'5·16광장, 여의도광장이 시작이다. 이후 1997~1999년 김영삼 정권에서 공원화사업을 추진해 '여의도공원'으로 개장했고, 2015년 박근혜 정권은 건축가 김석철국가건축정책위원장과 국회의사당과 연결한 '여의도광장'으로 계획되기도 하였다.

5·16혁명광장을 시작으로, 1995년 서울상징거리계획으로 서울광장이 2003년 조성되었고, 광화문광장은 2006년 서울시서울시장 이명박의 '서울상징거리계획'과 문화재청의 '서울역사도시 조성계획안'으로 시작되어 2009년 대통령 이명박·서울시장 오세훈·건축가 양윤재가 주도해 국가상징거리사업의 일환으로 조성되었다. 이후 2017년 문재인 정권은 '광화문 대통령 시대'의 발표하고, 2019년 서울시장 박원순·건축가 승효상이 주도해 광화문광장 재구조화를 위한 계획안을 발표하고 추진했고, 2021년서울시장 오세훈부터 조성되고 있는 중이다. 그동안 한국의 '광장'은 국가 주도로 각 정권의 정치 이데올로기를 구현하는데 이용되어 왔다고 할 수 있다.

거버넌스를 통해 조성하겠다던 2009년과 2019년의 광화문광장 조성과정을 보면, 한국에서 거버넌스가 정치 권력 집단의 이데올로기 구현, 통치의 수단 등 형식적인 방식으로 수행되고 있다고 판단된다. 두 차례 모두 시민참여로 결정된 광장이 10년 만에 전혀 다른 방향으로 새롭게 조성된다는 것은 불가능에 가까운 일이기 때문이다. 무엇보다 시민 권력이 구현되는 도시의 상징적 공간인 광장 조성임을 감안하면 더욱 그렇다. 광화문광장 조성과 재조성계획과정을 비교해 박사 학위논문을 쓴 조봉경서울대학교, 2021은 두 차례의 광장 조성과정에서 거버넌스를 통한 계획을 발표했으나, 권력의 교체에 따라 전문가와 시민선호가 달라진 것을 다음과 같이 비판적으로 기술하고 있다.

> 오세훈 서울시장은 광화문광장을 조성사업의 설계안을 발표하면서 "시민과 서울시가 함께 조성하는 진정한 시민 광장을 만들겠다."고 했고뉴시스, 2007, 광장 조성 후에는 "여론조사를 통해 다양한 시민들 의견을 수렴하여 정책 방향을 결정하는 열린 행정을 구현하였다. 가히 시민과 함께 만들어가는 광장이라 할 만한 유례를 찾아보기 힘든 참여형 프로젝트의 형태를 보여줬다."고 자부했다서울특별시, 2011:49. 광화문광장 재조성계획과정을 주도한 박원순 서울시장은 국제설계공모 당선작을 발표하면서 "새로운 광화문광장의 밑그림을 그린 주인공 역시 시민들이었다. 결과는 물론 과정도 시민이 주인이 되는 협치 프로세스로 추진하겠다."고 강조했다뉴시스, 2019. 즉, 광화문광장을 조성할 때2006~2009년는 시민들의 의견을 수렴하여 정책 방향을 결정하는 '시민참여형 광장'을 만들고자 했고, 재조성2014~2021년할 때는 시민이 주인이 되는 '시민주도형 광장'으로 조성할 계획이었다. 이처럼 광화문광장 조성 및 재조성계획과정 모두 '협력적 계획'은 약속한 것이었다. 두 차례 광화문광장 조성계획은 모두 시민과 전문가의 의견을 적극적으로 수렴하고, 협력하여 진행된 것처럼 홍보되었다.

그러나 민선 4기에 의해 만들어진 광화문광장은 중앙배치로 조성되었고, 민선 7기에 의해 조성될 광장은 편측으로 배치될 예정이다. 권력의 교체에 따라 전문가와 시민의 선호가 달라진 것이다."[7]

'5·16혁명광장'에서 두 번의 '광화문광장' 조성과정에서 시민의 선호는 어떻게 피력되고, 어떻게 반영되었나. 당시 대통령, 서울시장 등 권력자들만이 거론되는 이유는 무엇일까. 거버넌스로 조성된 광장 논의는 공개되지 않고, 몇몇 전문가의 말과 논의 횟수만이 공개될까. 이런 의문이 반복되는 것이 한국 광장 조성의 역사이고, 거버넌스의 실체다.

광화문광장 : 기득권 수호를 위한 거버넌스

광화문광장 조성과 관련한 대표적인 논의 주제를 '광화문 앞 월대 복원', '이순신 장군·세종대왕 동상의 존치와 이전 여부', '중앙과 서측편 등 광장의 위치', '공원과 광장이라는 계획 형식', '건전한 집회 시위 여부'였다. 광장의 필요 여부나 광장에 대한 의미나 가치 논의를 통한 광장계획의 방향성에 대한 논의는 존재하지 않았다. 이는 광화문광장과 관련한 시민들의 논의는 공모를 통해 계획안이 만들어진 이후였기 때문이다. 계획안이라는 이미지로서 광화문광장이었기 때문에 이후 논의는 조성을 전제로 한 광장 형식에 집중되었다고 볼 수 있다. 이후에 이루어진 서울시와 광화문시민위원회가 주최한 토론회의 제목들은 "새로운 광화문광장 조성", "새로운 광화문광장 어떻게 조성해야 하나" 등이었다. '공원과 광장이라는 계획 형식', '건전한 집회 시위 여부'라는 주제는 큰 틀에서 집회 시위에 묶여 있는 주제다.

광장 조성과 관련한 2009년과 2019년 신문 기사 내용에서 알 수 있듯이 집회 시위에 대한 가치 판단과 부정적 입장이 드러나고, 10년 사이에 광장에서의 집회 시위에 대한 논의의 발전은 없었다. 소수의 정치 집단과 전문가 집단의 가치 판단으로 건전한 집회 시위를 규정하고 있다. 광장계획에서 공원이 등장하는 이유는 시민들이 여가와 문화를 즐기는 공간이 되어야 성숙한 집회 시위 문화가 형성된다는 논리로 귀결된다. 실제로 2019년 광화문광장계획은 '공원 같은 광장'으로 서울시의 계획안에 표현된다.

> 광화문광장은 '시민 모두의 광장'이 될 수 있을까? … 광화문광장도 불법·폭력시위로 얼룩져 온 서울광장처럼 되지 않을까 하는 우려가 커지고 있다.[8]

> 광화문시민위원회 김원 위원장 : "집회 문화는 국민의 의식 수준 반영", "정치적·극단적·폭력적 집회는 비극 … 타협의 여지가 있는 주장 필요"[9]

그럼에도 불구하고 형식은 형식일 뿐이다. 서구 사회의 좋은 광장을 광화문에 만든다고 해서 집회 시위가 성숙하거나, 의식 수준이 높아지지는 않는다. 시민들이 광장을 필요로 하는지, 필요하다면 어떤 광장이 필요한지를 합의하는 과정 자체가 거버넌스이고, 광장이기 때문이다. 한국을 대표하는 광장이자, 서울을 대표하는 광장인 광화문광장의 거버넌스는 '거버넌스 개념의 남용'과 '특정 집단의 사유화'라는 거버넌스의 전형적인 문제를 답습했다. 서울시의원, 시민단체, 전문가, 시민 등의 다음의 발언에서와 같이 소수 권력 집단의 계획에 정당성을 부여하기 위한 형식적 절차로 진행되었다고 볼 수 있다.

> 완전히 답정너식 여론조사였는데 74명만 응답했습니다. … 게다가 여기에 설문조사 문항도 모두 광화문 재구조화를 전제로 하는 그런 질문이었습니다. 광화문 재구조화 찬반을 묻는 시민여론조사는 없었던 거죠. _ 제289회 제3차 본회의 회의록, 김소양 위원, 2019.08.27.[10]

> 서울시는 2016년 7월 각계 전문가 33명과 서울시 고위 간부 14명으로 구성된 광화문포럼을 추진하면서, 광장 개선 방향과 실현 방안을 도출하였다광화문포럼 2017:65. 광화문포럼의 구체적인 논의 흐름은 공개되지 않았기 때문에 시민단체에서는 폐쇄적인 전문가 자문회의에 가까웠다고 비판했다. _ 프레시안, 2019.[11]

단기적 목적으로 인위적으로 시민의견을 수렴했다. 냉정하게 보면 광화문포럼이나 광화문시민위원회는 광화문광장에 힘을 실어준 형태라고 봐요. 사회적 동의를 얻기 위한 참여과정이었어요. _ 전문가 B 인터뷰[12]

초반에 꼭 모여야 하는 자리 말고 따로 회의하기로 했는데 한 번도 하지 않았다. 대학생들은 과제하거나 시험 본다고 다 나가버리고, 직장인들은 바빠서 적극적으로 참여하지 않았다. _ 시민 A 인터뷰[13]

광화문광장 재구조화는 부패한 정권을 심판한 시민들의 '촛불혁명'에서 시작되었다. 하지만 현재 광화문광장은 한 건축가가 구상한 유토피아로 실현되고 있다. 사실상 광장의 기획에서 시민은 배제되었다. 정권이 바뀌고, 지자체장이 바뀌어도 기술 관료의 구상은 영속된다. 근대 도시건축의 폐해로 지적되는 기술 관료적 도시주의Technocratic Urbanism의 전형이다. 2009년 조성된 기존 광화문광장이 불과 10년 만에 쉽고, 빠르게 새로 조성되는 있는 이유다. 서울시장 후보시절 조성 반대를 공약했던 오세훈은 서울시장 당선 이후 말을 바꿔 광화문광장 조성을 그대로 추진하고 있다.

현재 조성되고 있는 광화문광장은 16년 전에 계획된 안이다. 이 계획은 2005년 문화재청의 용역으로 <경북궁 광화문 역사 광장 조성 기본방향 수립 연구용역>에 담겨 있다. 이 용역은 당시 문화재청장인 유홍준과 용역업체인 이로재용역 총괄 승효상에 의해 수행되었다. 소수의 권력 집단에서 공유된 사실이지만, 시민들만 몰랐을 뿐이다. 당시 계획에 관여한 이 둘은 현재 광화문광장계획안의 심사위원과 심사위원장이었다. 이 용역은 조선시대 궁월대역의 복원과 축으로 대표되는 도시의 형태에 맞춰진 계획으로 시민들의 역사성 고취와 형식적 도시 형태를 강조하는 권위주의적 계획이었다.

'촛불혁명'의 가치와는 거리가 먼 계획이지만, 명칭과 의미를 변경해 현재 계획에 동일하게 반영되어 있다. 이 보고서에 담긴 해외 사례는 파리 개선문 거리, 베이징 천안문 광장, 런던 트레팔가 스퀘어, 베를린 브란덴부르크 광장, 워싱턴 링컨기념관 서클과 컨스티튜션 가든, 베니스 산 마르코 광장이다. 현재를 살아가는 시민의 필요와 광장의 가치가 아니라 역사적 이미지를 소비하는 관광에 맞춰진 사례와 설명이 담겨 있다. 모더니스트 건축가들은 자신들이 구상한 유토피아가 시민 전체의 유토피아가 될 것이라는 확신을 가지고 있었다. 이를 통해 공간을 분할하고, 유지하고, 재생산하며 공간을 지배했다. 표준화된 도시건축은 '사용가치'를 상실하고, '교환가치상품화'로 종속되는 결과를 나았다. 이는 진보와 진보주의를 가장해 공간을 지배하는 기술 관료적 도시주의다.[14] 이제 시민 모두의 정치적 공간이자 공공공간의 보루인 '광장'마저 한 건축가에 의해 상품화되고 있는 셈이다.

2009년 건축가 승효상은 새로 조성된 광화문광장을 '세계 최대의 중앙분리대'라고 비판하고 역사성을 살린 광화문광장을 조성해야 한다고 주장[15]했다. 그리고 서울시 총괄건축가가 된 2014년 서울시는 광화문광장의 세종문화회관 쪽으로의 이전을 추진[16]하고 있다고 발표했다. 2016년 서울시는 광화문포럼을 구성하고, 2017년 11월에 <광화문광장 개선의 방향과 원칙>이라는 제목의 보고서를 발간했다.

광화문포럼은 역사·도시계획·도시설계·건축·조경·교통·문화·언론 전문가로 외부위원 33명, 내부서울시위원 14명으로 구성되었고, 시설 중심의 전문가 중심으로 구성되었으며, 건축가 승효상 또한 광화문포럼의 위원이었다. 모든 시민이 수십 수백 년간 사용해야 할 광장 조성의 방향과 원칙을 특정한 전문가 집단이 선행적으로 규정한 셈이다. 또한 광화문포럼의 회의 내용과 결정사항 등은 대부분 비공개 처리되었다. 광화문포럼의 위원 중에서 2019년 광화문광장 공모안의 심사위원장국가건축정책위원장 승효상이 있었고, 위원 중 당선자CA조경 대표 진양교[17]가 있었다. 2019년 광화문광장 공모 심사위원은 승효상, 유홍준, 유나경, 정욱주, 손기민, 도미니크 페로, 아드리안 구즈, 김영준예비이었다. 심사위원장은 국가건축정책위원장 신분의 승효상이었고, 2005년 이로재대표 승효상에게 광화문광장계획 용역을 맡긴 유홍준, 국가건축정책위원을 함께 하고 있는 위원, 이로재 소장이자 서울시 2대 총괄건축가 김영준 등 건축가 승효상과 밀접한 관련을 가진 인물들로 구성되어 있었다.

광화문광장 공모 참가자는 인터뷰에서 "기본계획에서 설계가 다 되어 있다."며 "그럼에도 설계 공모를 통해 당선자를 선정하는 것은 최종 책임자를 정하는 요식 행위에 불과하다고 생각한다."라고 말할 정도였고, 또 다른 참가자는 "총괄건축가가 이미 설계를 다 해 놓은 이와 같은 설계공모에 본인은 참가하지 않은 것"[18]이라고 말했다.

> 후대에 물려줘야 하는 공공자산으로서 공공건축이 갖추어야 할 요건들에 대해 충분한 논의를 거치지 않아 시민사회의 공감대가 부족하기도 하고, 경제적인 논리를 우선시하여 좋은 건축물보다는 빠르고 값싼 건축물이 지어진 이유도 있다. 공공건축의 공간 안에 담아야 할 다양한 이용자들의 행태들과 이를 충족시킬 조건들에 대해 면밀히 검토하기 보다는, 기본적인 기능성만을 우선적으로 고려하면서 단기간 안에 적은 예산을 들여 해당 시설을 공급하는 데에 주력해 왔던 것이 사실이다.[19]

이렇게 '5·16혁명광장'에서 '광화문광장'까지 일련의 과정에서 거버넌스를 통해 시민의 필요가 반영된 적은 없다. 소수의 권력 집단에 의해 계획된 광장계획안을 권력 집단 내에서 승인하느냐, 시민들의 형식적 참여를 통해 정당성을 확보하느냐 정도의 차이일 뿐이다. 다만 이런 과정에서 '광장'에 대한 다양한 시민들의 의견이 존재하고 있음을 확인했고, 오랜 시간 대화와 토론을 통해서만 합의가 가능할 수 있다는 교훈을 얻었다. 그럼에도 불구하고 광화문광장의 공사는 그들의 계획대로 진행 중이다.

개발 국가적 거버넌스

거버넌스는 경제적 합리성을 기초로 (중앙) 정부 주도로 경제적 성장만을 추구하며 발생된 도시의 갈등과 문제를 해소하기 위한 새로운 공공관리방식이다. 도시의 주인인 시민들 스스로 도시를 대화와 토론을 통해 기획·계획함으로 공공성과 지속성을 확보하고자 하는 것이다. 정책적으로는 중앙정부에 집중되어 있던 권력을 지방 정부로, 시민으로 권력을 이양하는 과정이자, 수단이다. 정부 역할의 기준인 '공공성공익'으로 보면 거버넌스는 '담론적 공공성'이라고 할 수 있다. 시민들의 대화와 토론을 통한 담론의 형성 과정으로 '공공성'을 합의해 가고, 서구 사회 공공성의 기준이 되는 롤스의 정의론 '최소 수혜자' 원칙으로 다양한 집단과 소수자, 약자 우선의 공공성을 확보하는 것이다. 하지만 현재 한국의 '공공

〈공공성의 유형화〉

구분		민주주의관	
		시민 민주주의	공민 민주주의
정의 및 평등관	과정 지향적	도구적 공공성 Instrumental Publicness	담론적 공공성 Discursive Publicness
	결과 지향적	윤리적 공공성 Ethical Publicness	구조적 공공성 Structual Publicness

출처: 임의영(2010), 한국행정학보 제44권 제2호, 7쪽.

성'은 공리주의적 입장의 '최대 다수의 최대 행복'을 추구하는 '도구적 공공성'을 기초로 (중앙) 정부가 최대 다수의 기준을 결정하고, 시혜적으로 베푸는 개발국가모델에 거버넌스를 정당화 수단으로 사용하고 있다.

따라서 (중앙) 정부와 소수 전문가 집단에 의해 기획·계획된 안의 정당성 확보를 위한 형식적 참여는 거버넌스의 가치와 의미 면에서 거버넌스로 볼 수는 없다. 오히려 거버넌스의 남용과 사유화로 보는 것이 맞을 것이다. 한국 사회에서 거버넌스가 '협치'로 번역되어 정치적 레토릭으로 통치의 수단처럼 유행하는 이유이다. 또한 '협력적 거버넌스'로 '비협력적 거버넌스'를 전제로 사용되는 이유이기도 할 것이다. 광화문광장은 정부가 기획과 계획을 주도하고, 정부가 원하는 체계로 거버넌스 체계를 구축했다. 정부가 주도한 도시개발계획을 뒷받침하는 수단으로 거버넌스를 도구로 사용한 것으로 개발 국가적 '거버넌스'였다.

■ 주석

1 도시에 대한 권리 세계헌장(2005.09.)로 2004년 아메리카 사회포럼(퀴토), 2004년 세계 도시포럼(바르셀로나), 2005년 세계 사회포럼(포르토 알레그레)와 바르셀로나 회의를 위한 재수정 헌장의 전문의 내용이며, 『도시와 권리』(강현수, 황진태 등, 라움, 2012.) 317-318쪽 재인용.

2 제인 제이콥스(유강은 역), 『미국 대도시의 죽음과 삶』, 그린비, 2010.

3 정진원, 김천권, 「도시계획체제의 거버넌스 형성 요인에 관한 연구: 고양시 소재 서울시 기피시설 사례를 중심으로」, 『지방행정연구 제25권 제4호(통권87호)』, 2011, 56쪽. 배유일, 지방 거버넌스와 제도주의적 시각, 정부학연구, 9(2), 재인용.

4 정진원 · 김천권, 「도시계획체제의 거버넌스 형성 요인에 관한 연구: 고양시 소재 서울시 기피시설 사례를 중심으로」, 『지방행정연구』, 제25권 제4호(통권87호), 2011. 55-63쪽 요약.

5 '사회혁신연구소 스프레드아이 대표 김정원, 「사업주체는 원칙과 비전만… 마스터플랜은 시민과 함께」, 한겨레, 2015.10.13.'의 기사 내용을 참고해 정리함.

6 Localism Act: new freedoms and flexibilities for local government, new rights and powers for communities and individuals, reform to make the planning system more democratic and more effective, reform to ensure decisions about housing are taken locally.

7 조봉경, 「광화문광장 조성 및 재조성계획과정 비교연구: 협력적 계획의 담론과 실제」, 『지방정부연구 제25권 제2호(2021 여름)』, 2021. 131-132쪽.

8 염강수, 김진명, 광화문광장 '시위꾼 광장' 되나, 조선일보, 2009.06.13. A10면

9 (인터뷰)광화문에 광장 문화 심으면 저질 집회 사라질 것, UPI뉴스, 2019.11.27.

10 조봉경, 같은글. 144쪽.

11 조봉경, 같은글, 144-145쪽.

12 조봉경, 같은글, 149쪽.

13 조봉경, 같은글, 149쪽.

14 앙리 르페브르 작업에서의 정치적 공간: 이데올로기와 유토피아(Grégory BUSQUET, 2012, Political Space in the Work of Henri Lefebvre: Ideology and Utopia, UMR LAVUE (Mosaïques), Université Paris Ouest Nanterre)에서 건축 역사이론가 만프레도 타푸리의 유토피아(TAFURI Manfredo, 1979 [1973], Projet et utopie de l'avant-garde à la métropole. Paris : Dunod.)와 르페브르의 도시에 대한 권리에서의 유토피아(LEFEBVRE Henri, 1974 [1968], Le Droit à la ville, suivi de Espace et politique. Paris : Seuil.)에 대한 내용을 요약 재인용.

15 경향신문, 「역사성을 살린 광화문광장-세계 최대의 중앙분리대」, 2009.08.26.

16 한겨레, 「광화문광장, 세종문화회관 쪽으로 이전 추진」, 2014.09.30.

17 2017년 광화문포럼에 발표한 보고서 '광화문광장 개선의 방향과 원칙'을 세운 민간위원(진양교)으로 참여

18 한국건설신문, 새로운 광화문광장 설계공모 '기본계획 과도' 논란, 2018.10.29.

19 좋은 공공건축 논의의 시작점, 「공공건축의 원칙과 요건」, 국가공공건축지원센터, 2017.

■ 참고문헌

심주영 · 조경진, 「거버넌스를 통한 대형 도시공원의 조성 및 운영 관리 전략」, 『한국조경학회지』, 44(6), 2016.

안진희 · 배정한, 「광장에 대한 공론의 생성과 공간적 반영-여의도공원, 서울광장, 광화문광장을 대상으로」, 『한국도시설계학회지』, 제17권 제6호(2016년 12월), 2016.

정진원 · 김천권, 「도시계획체제의 거버넌스 형성 요인에 관한 연구: 고양시 소재 서울시 기피시설 사례를 중심으로」, 『지방행정연구』, 제25권 제4호(통권87호), 2011.

조봉경, 「광화문광장 조성 및 재조성계획과정 비교연구: 협력적 계획의 담론과 실제」, 『지방정부연구』, 제25권 제2호(2021 여름), 2021.

조봉경, 광화문광장 조성 및 재조성계획과정 연구(왜 협력적 계획은 실패하였나), 서울대학교 도시계획과 박사학위논문, 2021.

광화문포럼, 광화문광장 개선의 방향과 원칙, 2017.

문화재청(총괄 이로재 대표, 승효상), 경복궁 광화문 역사 광장 조성 기본방향 수립 연구용역, 2005.

영국 지방정부연합 홈페이지, www.local.gov.uk/introduction-localism-act

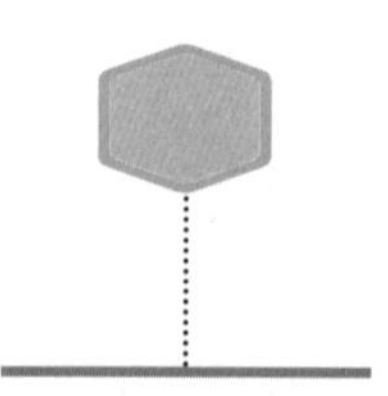

광화문광장 재구조화, 거버넌스 실패의 기록

김은희
도시연대정책연구센터장

오세훈 시장의 광화문광장 조성(2006~2010년)[1]

2003년도에 시민 광장 조성 기본계획을 수립한 서울시는 2004년 서울광장을 시작으로 숭례문광장, 청계광장을 차례로 조성하였다. 광화문광장은 경복궁·광화문 복원사업과 연계하기 위해 보류되었다가 민선 4기 오세훈 시장이 당선되면서 문화재청의 광화문 제자리찾기·경복궁 복원사업과 함께 추진하였다. 광화문광장 조성을 위해 서울시는 (가칭) 세종광장 조성 방안 수립 후 2006년 9월 22일, 전문가로 구성된 도심재창조시민위원회의 논의를 거쳐 10월부터 12월까지 홍보 및 여론조사, 시민토론회를 진행하였는데 그 결과 명칭은 광화문광장으로 결정하였으며, 광장 형태는 중앙에 차로를 축소하여 조성하였다.

광장 명칭은 여론조사와 도심재창조시민위원회 자문, 서울시지명위원회 심의를 걸쳐 결정되었다. 여론조사 결과 세종시민광장 26.7%, 세종광장 22.9%, 광화문광장 17.4%, 광화문중앙광장 6.3% 순으로 세종시민광장에 대한 선호도가 가장 높았으나 전문가 자문과 심의를 거쳐 '광화문광장'으로 확정하였다.

광장 형태는 중앙 광장중앙에 광장 조성, 양측 광장양옆 보도를 확장하여 광장 조성, 편측 광장서쪽 또는 동쪽 한쪽의 보도를 확장하여 광장 조성 등 다양한 의견들이 제시되었다. 이에 서울시는 여론조사를 시행하였는데 여론조사 결과는 중앙배치안 44.4%, 편측배치안 29.7%, 양측배치안 25.9%로 중앙배치안이 가장 많았고 도심재창조시민위원회에서도 중앙배치안을 추천하여 중앙배치안으로 확정하였다.

〈표 1〉 광장배치안에 대한 여론조사 결과

여론수렴수단 / 대상		포본수(인)	양측배치안	중앙배치안	편측배치안	비고
평균			25.9%	44.4%	29.7%	
여론조사 전문기관	일반 시민	1,001	35.8%	45.6%	18.6%	
	외국인	302	36.8%	41.7%	21.5%	
홈페이지	인터넷여론조사	5,579	27.2%	47.7%	25.1%	
	정책토론방	138건	13.3%	32.4%	54.3%	
설문조사 (자체)	학생	180	17.3%	63.1%	19.6%	초중고 각 60명
	시민단체	69	31.3%	26.9%	41.8%	
	전문학회	49	27.1%	39.6%	33.3%	
이벤트	안내간판	5,148	18.4%	58.0%	23.6%	스티커 부착

출처 : 광화문광장백서, 서울특별시, 2011년

2009년 8월 1일 개장한 광화문광장 규모는 18,840㎡길이 555m, 너비 34m이다.

광화문광장은 개장 후 6개월 만에 1,000만 명이 방문하였으며 방문객 1,000명을 대상으로 만족도를 조사한 결과 83.2%가 만족한다고 응답할 정도로 시민들의 호응과 관심은 높았다.

그러나 광화문광장 조성 당시 '비움의 공간'이라는 원칙이 제대로 지켜지지 않아 광장의 성격을 상실하고 있다는 지적과 함께 경복궁 앞에서 펼쳐진 스노보드 경기, 아이리스 광화문 촬영 등 광화문광장 정체성과 맞지 않는 프로그램, 과다한 행사와 행정 홍보장 전락 등에 대한 비판도 끊이지 않았다. 또한 일반 시민들은 나무나 벤치가 부족하다는 점을 가장 큰 불편요소로 꼽았다.

이에 서울시는 광화문광장 행사 자제, 차량사고 예방 경계석 설치, 파라솔 및 벤치 설치, 전문가 토론회 개최, 광화문광장 활성화를 위한 민·관협의체 구성 등 여러 가지 조치를 취했지만 광장 형태인 '중앙 광장'에 대한 전문가들의 비판은 지속되었다.

안타까운 게 오세훈 시장의 당선자 시절에, '세종문화회관 쪽으로 광화문광장을 붙여서 만드는 것이 역사성으로 볼 때도 적절하다'고 의견을 제시했지만 오 시장은 여론조사를 하겠다고 했습니다. 설문이 '중앙 광장'이냐 '편측 광장'이냐는 것

> 이었는데 도시 구조에 비전문가일 수밖에 없는 시민들에게는 당연히 '중앙'이 바른 것으로 판단됐습니다.[2] _ 승효상, 경향신문, 2009.08.25.

> 한쪽은 건물이나 사람들이 쉽게 접근할 수 있는 곳에 붙여야 하는데, 거기에 붙여야만 옛날의 육조거리가 완성됩니다. 역사성도 있고 시민의 편의성도 있고 정체성도 있어서 그렇게 하려고 했는데 워낙 중앙을 좋아하는 사람들이 중앙에 놓아야 한다고 해서 그렇게 만들었죠.[3] _ 승효상, CBS라디오, 2012.09.17.

특히 세계 최대의 중앙분리대라는 비판은 꼬리표처럼 따라다녔는데, 제기한 문제점들이 광장 형태에서 비롯된 것인지, 광장을 재조성해야만 해결 가능한 것인지, 2005년 문화재청-이로재총괄 승효상에서 제안한 서측 광장세종문화회관 쪽으로 조성해야 모든 문제가 해결되는 것인지에 대해 제대로 된 논의가 필요했음에도 이러한 논의들이 차분하게 전개되기보다 '중앙 광장 형태'를 모든 문제의 근원으로 치부해 버렸다.

이처럼 서측 광장 조성 만이 해답인 듯 집요할 정도로 끈질기게 문제를 제기했던 전문가들에 의해 722억 원을 들여서 조성한 지 5년도 되지 않은 광화문광장은 재조성이라는 논의의 장으로 나오게 되었다. 물리적 구조 재편에 집착한 전문가들의 욕망은 보궐선거로 당선된 박원순 시장이 취임하면서 날개를 달기 시작했다.

박원순 시장의 상징적 대형사업 필요와 광화문광장 (2012~2019년)

보행친화도시와 광화문광장

서울시장 재·보궐선거에 당선된 박원순 시장은 2012년 6월, 보행친화도시 구상을 소개하면서 시범적으로 세종대로에 보행전용거리를 운영하겠다고 밝혔다. 이에 따라 서울시 보행자전거과는 9월 23일과 11월 18일에 세종대로 보행전용거리 시범운영사업을 시행하였다.

2013년 1월에는 보행친화도시 서울비전을 발표했는데 보행환경 및 관련 제도 개선 등을 포함한 10개 사업 추진과 함께 광화문광장과 연계한 사업으로는 세종로세종문화회관 앞 광화문삼거리→세종대로사거리 550m 구간를 첫 주말형 보행전용거리로 지정한 것이다.

주말형 보행전용거리는 3월부터 10월까지 매월 첫째 주와 셋째 주 일요일에 운영되었으며 첫째 주는 안전 체험, 녹색교통 체험, 거리 공연 등으로 서울시 보행자전거과가 운영하였고 셋째 주는 재활용 장터, 사회 경제 장터, 자활 장터, 서울풍물시장 등 '희망나눔장터'를 주제로 자원순환과가 주관하여 운영하였다.

주말형 보행전용거리는 보행 문화 확산 등의 성과를 거두었으나 '차를 막았으면 뭔가를 보여줘야 한다.'라는 강박관념으로 끊임없이 행정주도 기획 행사를 배치하면서 오히려 시민들의 자유로운 행위를 제약하는 문제도 나타났다.

보행친화도시 서울비전 발표 후 서울시는 광화문광장 재조성 추진을 위한 연구조사를 시작했다. 서울시장 보고 자료인 <광화문광장 개선 방안>2014.09.의 주요 내용은 광장이용 실태 조사와 전문가 및 방문자 설문조사, 역사성 회복과 시민성 증진을 위한 발전 방향과 과제별 검토 사항 등이다. 전문가나 방문자 대상 설문조사 내용 중 광화문광장 문제점으로는 벤치와 나무가 없어 불편하다는 것이 가장 많았고 다음으로는 차량소음이었다.

발전 방향에 대해 전문가 52.9%는 현재 틀 내에서 개선이 필요하다는 입장이었고, 41.4%는 공간 확장, 역사성 회복, 이용성 개선 등 전반적인 개선이 필요하다고 했다. 방문객 87.1%와 시민들 83.8%는 광장의 전체 형태를 그대로 유지하면서 개선해야 한다고 했다.

〈표 2〉 광화문광장 문제점에 대한 여론조사 결과

설문항목	전문가 (150명)	방문객 (200명)	시민 (1,000명)
횡단보도가 많지 않아 불편했다	9.6%	16.8%	24.1%
광장에서 광화문 이동이 불편했다	9.3%	3.0%	19.3%
차량들로 몹시 시끄러워 휴식·사색이 불편했다	24.5%	15.8%	48.4%
벤치나 나무가 없어 불편했다	36.4%	22.8%	62.6%
매점·화장실 등 편의시설이 없다	9.9%	14.9%	31.8%
기타	4.1%	5.0%	5.8%
광장을 이용하는데 전혀 불편한 점이 없었다	6.1%	21.8%	2.0%

출처: 시장보고자료, 2014.09.01.

2014년 10월 7일, 박원순 시장은 재취임 100일 기자간담회를 통해 광화문광장의 보행 불편과 안전, 소음, 그늘 부족 등의 문제에 대해 전문가와 시민들이 개선을 요구하고 있으며, 해결 방안으로 세종문화회관 쪽으로 광장을 확장하는 것이 필요하다는 입장을 밝혔다. 다만, 광화문광장 재조성은 중앙 부처 동의가 사업 추진의 선행 조건이기 때문에 중앙 부처와 긴밀한 협의 속에서 추진할 계획이라고 했다.

그러나 2014년 9월 서울시장 보고 자료를 살펴 보면 전문가 및 방문객 설문조사 결과는 '문제는 있으나 현재 틀을 유지하면서 개선하자'라는 의견들이 압도적으로 높다. 그런데도 '서측 광장 확대'로 여론을 몰고 간 이유는 오세훈의 광화문광장과 차별화된, 가시적으로 보여줄 성과가 필요했기 때문으로 판단되는데 광화문광장 재조성사업을 <도심 내 상징적 대형시범사업을 통한 정책시행의 공감대를 유도하는 도

〈표 3〉 광화문광장 발전 방향 여론조사 결과

설문항목	전문가 (150명)	방문객 (200명)	시민 (1,000명)
일부 문제는 있지만 그대로 두는 것이 좋겠다	0.6	15.8%	4.4%
전체 형태는 유지하면서 시민들의 이용편의를 높여야 한다	36.8	38.6%	42.2%
현재 틀 내에서 가능한 범위 내에서 역사성 회복을 검토한다	16.1	29.7%	31.5%
현재보다 더 많은 시설을 비워내서 트인 공간으로 만들어야 한다	5.2	3.0%	5.7%
공간 확장, 역사성 회복, 이용성 개선 등 전반적인 개선이 필요하다	41.4	12.9%	16.3%

출처: 시장보고자료, 2014.09.01.

심권 선도사업>서울시의 보행친화도시 홍보전략 및 실행 방안, 2015.04.으로 설정한 것이 단적인 예이다.

이처럼 광화문광장 재조성은 서측 광장 조성을 강력하게 주장한 전문가의 욕망과 보행친화도시 서울이라는 비전을 가시적으로 보여 줄 상징사업이 필요했던 박원순 시장의 이해가 맞물리면서 빠르게 추진되었다. 전시성 토목사업이라고 비판하는 이유다.

광화문포럼이 채택한 전면 광장(안)

2015년 8월 15일은 광복한 지 70주년이 되는 해로 국무조정실은 <광복70주년 기념사업 국민제안 및 지자체 공모사업>을 추진하였고, 서울시는 광화문광장 재조성사업을 응모함으로써 중앙 부처와 협력을 강화하고자 했다.

서울시가 제출한 광화문광장 재구조화사업의 내용은 서측 도로인 세종문화회관 방면 도로를 광장으로 확대하는 것인데, 세부 내용은 서측 차도 광장화, 광화문 앞 보행공간 5~7m 확대, 광장과 보행 동선 연결을 위한 경복궁 앞 광폭 횡단보도 신설, 광장 동측 양방향 대중교통전용지구 운영, 주변부 교차로 개선 등이다.

사업 제출 후 서울시는 두 가지 방안을 준비하고 있었다. 하나는 사업이 실행될 수 있도록 중앙 부처 및 경찰청 등과 긴밀한 협의를 추진하는 것이고, 또 하나는 탈락하면 전면적인 언론 홍보를 통해 서울시가 자체적으로 추진할 수 있는 여건을 만드는 것이었다. 이처럼 두 가지 방향을 설정하고 청와대, 중앙 부처와 긴밀한 협의를 진행하였지만 중앙정부추진기획단의 국가상징 광장사업에 대한 부담, 서울지방경찰청의 공개 반대, 광장 인근 주민들의 반대 등의 이유로 탈락하였다.

2016년 5월 3일, 박원순 시장은 출입기자 간담회를 통해 중앙 정부가 반대하고 있지만, 광장의 문제점 해결과 공간 활용도를 높이기 위해 광화문광장 재조성사업 마스터플랜을 짤 계획이라고 했다.

박원순 시장의 출입기자 간담회 이후 광화문광장 재조성사업 추진 시스템은 확대·강화되었다.

우선 담당부서를 도시교통본부에서 도시재생본부로 이관하였다. 그동안 광화문광장 재조성사업은 <보행친화도시 서울>의 핵심사업으로 교통 대책이 중심이었는데 역사와 문화, 건축, 도시, 시민참여 등으로 논의 범위를 확대할 필요가 있다고 본 것이다. 이에 따라 교통 분야 중심으로 추진되었던 <광화문광장포럼>을 <광화문포럼>으로 명칭을 변경하여 2016년 9월부터 2017년 6월까지 운영하였다.

광화문포럼은 "당장 개선을 염두에 두고 방향과 원칙을 마련하는 것이 아니라 향후 100년을 내다보고 광장 개선의 방향과 원칙을 마련하자는 취지"[4]로 역사·비전, 공간, 교통, 문화·시민이용 4개 분과에 외부 전문가 33인과 서울시 14인이 참여하였다.

광화문포럼 외에 2017년 1월부터 3월까지 2차례에 걸친 공개 모집을 통해 110명의 시민참여단도 구성하여 특강을 겸한 발대식과 한 차례 시민워크숍을 진행했다. 그 외 일반 시민 1,000명을 대상으로 시민의식 변화에 대한 조사도 이루어졌다.

광화문포럼은 매달 1회씩 전체모임 10회, 분과회의 9회 개최[5]를 통해 다양한 의견을 종합하였으며 그 결과 최종안으로 '지상 전면 광장화+교통 전면 지하화'를 채택하였다. 실제 채택 과정에서 다양한 의견들이 제기되었으나 장기적으로는 전면 광장 조성이 바람직하다는데 의견이 모였다. 교통을 전면 지하화하면 월대 복원 및 해태상 이전과 현 버스노선 유지, 광장과 광화문 단절문제 해소가 가능하며 더불어 지상 전면 광장화를 통해 광장의 기능과 축의 중심성, 보행 접근성 모두 만족한다고 본 것이 이유였다. 지상 전면 광장은 획기적인 안이었지만 차량을 모두 지하화한다는 것은 지상 보행 광장의 의미를 퇴색시키는 정책이기도 했다. 차없는거리 등 보행성을 강화하는 정책은 승용차 등 교통량을 감축시키고 보행과 자전거, 버스 등 녹색교통체계 구축을 전제로 할 때 의미를 갖는다. 그러나 광화문포럼이 채택한 안은 녹색교통체계 구축을 위한 적극적인 교통정책이 아니라 현재의 교통량을 지하로 이동시키는 매우 소극적인 정책이며 시대정신과도 맞지 않는다. 이러한 한계에도 불구하고 광화문포럼의 지상 전면 보행 광장은 매우 혁신적이며 장기적인 관점을 갖고 수정보완하면서 추진해야 할 정책이었다.

그러나 광화문포럼의 장기적인 방향 설정과 달리 문재인

정부의 광화문시대를 적극적으로 활용하여 빠르게 추진해야 한다는 의견도 제시되었다. 최소 4,500억 원이 소요되는 사업이기 때문에 국비지원 등 중앙 부처와 논의를 열어나가면서 문재인 정부의 도시재생뉴딜사업을 활용하여 국가재생특별지역으로 지정하자는 것인데 문재인 정부의 광화문시대가 기회라고 판단한 서울시는 당장의 사업을 염두에 둔 것이다.

〈표 4〉 광화문포럼의 광장 형태 검토내용

유형	형태	의견
중앙 광장 + 율곡로 부분 지하화		• 3호선 상부 저촉으로 월대 복원 불가 • 좌회전과 유턴 우회 처리 • 중앙 광장으로 접근 어려움
서측 광장 + 율곡로 곡선화		• 광장과 광화문 단절 문제 여전 • 광장 중심성 상실
지상 전면 광장 + 차도 전면 지하화	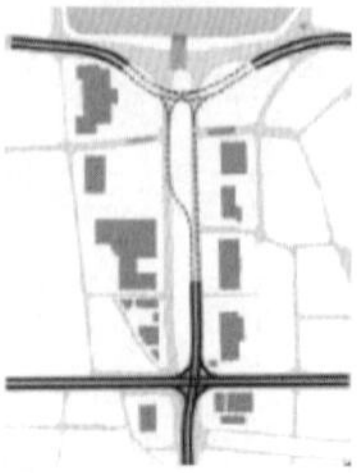	• 월대와 해태상 회복 • 버스노선 유지 가능 • 중심성, 보행 접근성 모두 만족

출처: 광장을 광장답게 시민대토론회, 2017.05

2017년 5월 31일 개최한 시민대토론회에서 서울시는 공사비용과 사업기간, 기술적 실현가능성, 단계별 추진 방안 등을 검토하고 시민의견 수렴절차를 거쳐 2017년 12월까지 개선안을 확정하겠다고 했다. 그리고 2018년 4월 10일 서측 광장안을 발표하였는데 광화문포럼이 채택한 전면 광장이 서측 광장으로 바뀌는 과정에 대해서는 어떠한 언급도 없었다.

서울시의 일방성으로 촉발된 갈등

① 서측 광장은 누가 결정했나

광화문포럼이 채택한 전면 광장(안)의 실행가능성을 검토해 온 서울시는 서측 광장(안)도 함께 준비하여 정부와 협의를 진행하기 시작했다. 전면 광장(안)은 기술적으로 불가능하다는 담당 공무원의 보고에 간부들의 의견을 거쳐 박원순 시장이 동의했다는 이야기도 떠돌지만, 어떻든 문재인 정부의 광화문시대 선언과 연계하면 박원순 시장 임기 내에 광화문광장을 조성할 수 있을 것으로 보고 빠르게 추진한 것이다.

2018년 4월 9일, 서울시는 광화문포럼 위원들을 소집하여 전면 광장안 철회 및 서측안 조성을 일방적으로 발표하였다. 서울시의 주장은 전면 광장안에 대한 내부 검토 결과 여러 가지 문제점들이 드러났기 때문이라고 했지만 매우 궁색한 변명이었다. 그동안 광화문포럼에서도 전면 광장에 대한 많은 논란이 있었다. 안정성, 시공 가능성, 예산 규모, 교통 문제, 사회적 파장 외에도 현 시점에서 대규모 광장이 타당하냐는 의견이 있었다. 업무통행이 밀집한 도심 특성을 고려하여 전면 보행 광장보다 버스와 보행 중심의 교통체계를 확대하고 과감한 승용차 억제정책이 우선되어야 한다는 의견도 있었다. 그럼에도 전면 광장을 채택한 이유는 당장 개선을 염두에 둔 것이 아니라 100년을 내다보자는 것이었다.

광화문포럼의 전면 광장(안)을 서측 광장(안)으로 바꾼 서울시의 일방적인 발표에 회의에 참석한 포럼 위원 몇몇은 바뀐 이유를 물었지만, 서울시는 명쾌한 답변을 내놓지 못했다.

서울시가 광화문포럼을 급히 소집한 이유는 다음날인 4월 10일, 문화재청과 공동으로 광화문광장 조성계획 발표 때문이었다. 요식적이라도 절차가 필요했을 것으로 추측된다.

광화문광장 조성안은 변경될 수 있다. 그러나 그것은 서울시의 일방적인 통보가 아니라 반드시 재논의과정을 거쳐야 했다. 광화문포럼에서 채택한 안이 바뀌어야 한다면 적어도 서울시는 광화문포럼 위원들에게 사전 회의 자료를 공개하고, 당일 일방적인 발표가 아니라 실행에 어려운 점들을 사안별로 설명하고 대안을 모색하는 논의자리를 마련했어야 했다.

5년 소통하는 과정 동안 서측으로 결정되었다. _ 서울시공무원 인터뷰[6]

5년 동안 시민참여와 상향식 논의과정을 거쳐서 서측 광장으로 결정했다는 서울시의 주장이 설득력을 얻으려면 광화문광장 조성안 변경에 대해 광화문포럼과 어떤 논의가 있었는지, 그래서 누가 서측 광장으로 결정했는지 지금이라도 공개해야 한다.

2004년 서울광장 조성 당시, 당선된 설계안은 기술적인 어려움으로 광장조성위원회와 상의 없이 서울시에 의해 일방적으로 잔디 광장으로 바뀌었다. 이명박 시장의 서울광장 조성안 변경과정과 박원순 시장의 광화문광장 조성안 변경 과정은 무엇이 다를까.

서울시와 문화재청이 공동으로 발표한 <새로운 광화문광장 조성 기본계획안>의 주요내용은 시민 광장 확대와 문화재청의 오랜 숙원사업이었던 역사 광장 신규 조성이다. 시민 광장은 세종문화회관 쪽 차로를 광장으로 확대하여 문화 공연과 시민들의 휴식 공간으로 조성하며 면적은 2만 4,600㎡ 폭 60m, 길이 410m이다. 역사 광장은 사직로와 율곡로 10차로를 6차로로 축소하여 신규 조성할 계획인데 월대 복원과 해태상을 원래 위치로 이동하는 것이 주요 내용이다. 면적은 4만 4,700㎡폭 450m, 길이 100m이다. 전체 소요 예산은 995억 원이며 2020년도에 착공하여 2021년에 완공할 계획이었다.

② 여론조사 결과는 어디로 갔나

박원순 시장은 기자간담회를 통해 전문가와 시민들의 광화문광장 이용불편 개선 요구가 지속되고 있으며, 여러 가지 문제 해결을 위해서는 세종문화회관 쪽으로 광장을 확대하는 것이 필요하다고 했다. 또한 2017년 시민대토론회 자료집 <광화문광장 논의의 배경>에는 촛불집회 이후 광화문광장이 시민 민주주의의 장으로 부각되었고 이에 따라 보행전용거리 요구가 확대되었다고 했는데 실제 '광화문광장 개선에 대한 시민의식 변화2014년과 2017년 비교'[7] 어디에도 보행전용거리 요구나 서측 광장 등 광장 구조를 재편해야 한다는 의견은 찾아볼 수 없다.

광화문광장 재구조화에 대한 시민여론조사는 2014년과 2017년 두 차례 진행되었다. 일반 시민 1,000명을 대상으로 진행되었는데 2017년도에는 시민참여단 100명도 조사에 참여했다. 설문조사 결과를 보면 2017년도 시민 1,000명 중 69%는 광화문광장에 전반적으로 만족한다고 응답했으며, 시민참여단의 경우 47.9%가 전반적으로 만족한다고 했다.

광화문광장 개선 방향에 대한 설문에서는 현 광장 구조 유지 또는 현 광장 구조를 유지한 상태에서 개선이 2014년 83.8%, 2017년 90.3%이었고 시민참여단의 48.5%가 현 광장

〈표 5〉 광화문광장에 대한 전반적 만족도

	시민 1,000명 (2014년)	시민 1,000명 (2017년)	시민참여단 100명 (2017년)
매우 만족	10.4%	14.5%	6.8%
다소 만족	59.1%	54.5%	41.1%
보통	26.2%	25%	23.3%
다소 불만족	3.4%	3.8%	27.4%
매우 불만족	0.9%	2.3%	2.7%

구조를 유지한 상태에서 개선이 필요하다고 응답했다.

전면개선은 16.3%2014년, 18.8%2017년에 지나지 않았고 시민참여단의 54.4%는 전면개선이 필요하다고 응답했다. 물론 여론이 항상 옳은 것은 아니며 여론조사가 정책 결정의 최우선이어야 할 필요는 없다.

그러나 여론조사 결과를 정책 결정의 중요한 참고자료로 활용하고자 한다면, 결과에 담긴 의미들을 제대로 파악하여야 한다. 시민의식조사 결과를 고려한다면 서울시가 우선해야 할 일은 서측 광장 조성이 아니라 현 중앙 광장 형태를 유지한 상태에서 시민 이용성 개선과 역사성 회복 방안을 마련해야 했다. 당장 재구조화보다 단계적인 개선 방안을 마련하고 실행 과정에서 시민과 전문가들의 평가를 진행한 후에 재구조화가 필요한지 공론화를 펼쳐야 했다.

'광화문광장의 재구조화는 상향적, 사회적 합의의 과정이어야 한다.'라며 '전 시민, 전 국민이 참여하는 합의와 상향식

〈표 6〉 광화문광장의 향후 개선 방향

	시민 1,000명 (2014년)	시민 1,000명 (2017년)	시민참여단 100명 (2017년)
현행 틀 내에서 시민이용성 개선	42.2%	40%	15.7%
현행 틀 내에서 역사성 회복	31.5%	24.6%	18.6%
현행 틀 내에서 비우고 트인 공간 조성	5.7%	19.2%	12.8%
현 상태 유지	4.4%	6.5%	1.4%
전면 개선	16.3%	18.8%	54.4%

계획과 방식으로 추진하도록 한다.'라고 광화문포럼 자료집 총론에 적시되어 있으나 시민의 의견은 '따로' 존재하였을 뿐, 결론은 서울시와 전문가들의 것이었다.

③ 시민참여단은 서울시 홍보창구인가

광화문포럼 활동 종료 후 서울시는 적극적으로 광화문광장사업을 추진하기 위해 도시재생본부 아래에 광화문광장 전담부서인 <광화문광장추진단>이하 추진단을 신설하였고 사업명칭도 <광화문광장 재구조화>로 바꾸었다.

또한 광화문광장계획 단계부터 시민과 전문가 의견을 수렴하여 시민주도의 대한민국 대표 광장을 조성한다는 목적[8]으로 전문가 50명, 시민참여단 100명이 참여한 광화문시민위원회를 발족하였다. 전문가 50명은 시민소통분과, 역사관광분과, 문화예술분과, 도시공간분과에 소속되어 월 1회 이상 회의를 통해 광화문광장이 담아야 할 가치와 개선 방안 논의, 광화문광장사업 전반에 대한 자문과 의견을 제안했다.

광화문광장시민위원회 활동 평가는 서울시와 시민위원회에서 진행할 것이기에 본 글에서는 언급하지 않겠지만 시민위원회 성격에 대해서는 분명하게 짚고 넘어갈 필요가 있다.

시민위원회는 플랫폼이다. 그 자체가 결정기구가 아니라 결정된 내용에 대해, 과정과 이견들에 대해 충분히 공개하고 다양한 공론화를 열어나가는 논의의 플랫폼이어야 한다. 그래서 시민위원회는 논의된 내용과 정보를 어떻게 시민들에게 전달할지 고민하고, 시민들과 공론화를 열어나가면서 공론화된 내용들을 다시 재논의하고 그 결과를 시민들에게 돌려주는 역할을 해야 한다. 광장은 이런 과정에서 만들어진다. 지금까지 서울시가 광화문광장 재구조화에 대해 어떤 내용을 어떤 방식으로 어떻게 공론화했는지 이야기해야 한다. 시민위원회 논의 내용이나 중요한 쟁점, 이견 등을 공론화한 적이 있는지 이야기해야 한다.[9]

그러나 2018년 7월에 발족한 광화문시민위원회의 논의 내용은 서울시 홈페이지 어디에서도 찾아볼 수 없었다. 광화문광장 재구조화 졸속추진 중단을 요구하는 시민단체들의 관련 자료 공개 요구에도 묵묵부답이었다가 박원순 시장의 광화문광장 재구조화 중단 발표 후에야 광화문시민위원회 전체회의2019년 9월 19일 개최부터 회의록이 공개되기 시작했다.

시민참여단 활동 역시 수동적이었다. 서울시는 광화문광장 재구조화사업에 시민들의 의견을 적극 반영한다는 취지로 100명의 시민참여단을 모집하여 시민위원으로 위촉했다. 시민참여단의 역할은 세미나, 워크숍, 토론, 설문조사 등을 통해 실시계획 수립 및 운영 방안 마련에 참여하는 것인데 실제 활동은 2018년 7월 위촉식 후 2019년 1월 25일 정기총회, 3월 1분기 워크숍뿐이었다. 정기총회에 참석한 시민위원이 기자를 찾아 문제를 이야기하고, 언론[10]을 통해 알려지자 위촉한 지 7개월이 지나서야 서울시는 시민참여단 활동을 활성화하겠다고 했다. 그리고 100명 규모인 시민참여단의 대표성에 문제가 제기되자 시민참여단 67명을 더 모집하여 167명으로 확대하였고, 2019년 6월 3일 신규 시민참여단 위촉식을 진행했다. 이후 30명을 더 위촉하여 197명으로 확대되었다.

서울시가 발표한 2019년 시민참여단 활동은 정기총회1월 25일, 분기별 워크숍 총 4회, 역사인문학강좌 8회, 대학생 서포터즈 회의 5회와 카드뉴스 제작 4회, 소그룹활동 8회이다. 상당히 바쁘게 진행되었지만 문제는 인원수나 모임 횟수보다 서울시의 시민참여단에 대한 인식과 관점이었다.

대표성은 '활동의 공개와 공유'에서 형성된다. 시민참여단 내부 논의를 적극적으로 공개하고 참여하지 않은 시민들의 의견을 행정에 전달하고, 주요 쟁점은 공론화하는 것이다. 2019년 하반기에 들어서서 교통과 모니터링 두 개의 소그룹 활동이 시작되었으나 그 외 대부분 활동은 서울시 사업 추진에 대한 보고와 강좌, 홍보가 중심이었다. 대학생 서포터즈 활동 역시 카드뉴스 제작이 대부분으로 광화문광장 홍보가 주요 역할이었다.

2019년 11월 28일 오후 7시부터 2시간 동안 진행된 시민참여단 전체 워크숍 프로그램 역시 시민참여단을 광화문광장 홍보창구로 인식하고 있음을 보여준다.

서울시와 시민참여단이 함께 기획하고 운영한 워크숍에는 80여명이 참여하였으며, 행사명은 #GO 광화문광장 - 만나GO, 나누GO, 활동하GO, 화합하GO이다.

만나GO는 단체사진 촬영과 셀카타임, 나누GO는 포스트

잇에 시민참여단 활동에 대한 소감 적기와 포토존에서 인증샷 찍기, 활동하GO는 서울시 '민주주의 서울' 사이트에 들어가서 '시민이 즐겨찾는 광화문광장, 어떤 공간이 되기를 원하시나요?'라는 질문에 댓글올리고 선물받기, 포토존에서 찍은 인증샷을 페이스북이나 인스타그램에 해시태그#를 달아서 올리기, 시민참여단 활동소감 발표, 화합하GO는 영상 상영과 악기 밤벨을 배우고 다함께 '아름다운것들'을 연주하면서 마무리했다.[11]

④ 소통인가 통보인가

종로구의회 의원들은 2018년 5월 3일 제276회 임시회 제2차 본회의에서 광화문광장 확장계획 철회촉구 결의안을 만장일치로 가결하고 결의문을 발표했다.

종로구의원들은 결의문을 통해 서울시 교통 대책은 구체성이나 현실성이 없어 피해는 고스란히 종로구민들에게 전가될 것이기 때문에 확장계획에 대한 교통영향평가 실시와 결과 공개를 요구하였다. 또한 광화문광장 확장으로 가장 큰 영향을 받는 종로구민이나 종로구청과 어떠한 사전 협의도 없이 일방적이고 독선적인 서울시의 정책 결정은 지방 분권을 후퇴시키는 것으로 광화문광장 확장계획 즉각 철회를 요구했다.

> 저희 구하고 협의라든가 통보한 게 전혀 없었고 저희 부서에서, 그게 저희 구에서 어느 부서가 담당해야 될지에 대한 업무성격

이 명확하지 않아서 사실 거의 모르고 있었던 상태입니다. _ 종로구의회 제276회 임시회 제2차 본회의, 2018.05.03.

종로구 도시계획 국장의 답변을 보면 서울시는 문화재청과 공동발표 전에 종로구청과 별도의 논의 또는 계획안에 대해 통보조차 하지 않은 것으로 보이는데 자치와 분권의 기본인 정보 공유와 사전 협의 조차 없었다는 것이다.

주민소통 역시 일방적이었다. 2018년 7월 25일, 서울시는 광화문광장 조성 기본계획안 발표 및 본격적인 공론화를 위해 <광화문광장 조성 시민토론회>를 개최했다. 광화문광장 조성 기본계획안과 교통 대책에 대한 발제가 끝난 후 이어서 예정된 전문가 토론회는 참석한 주민들의 반발로 인해 주민 의견 청취 자리로 바뀌었다.

참석한 주민들은 서울시의 일방성을 문제 삼았는데 주민들의 의견수렴이 이루어지지 않았고, 시민토론회 역시 서울시와 전문가들의 입장만 전달하고 있다고 비판했다. 광화문광장 확장이 타당하지 않다는 문제제기도 있었는데, 광장 확장이 필요하기보다 광장을 확장하기 위해 필요성을 찾고 있다면서 조성한 지 10년 만에 1천억 원을 들여 재조성하는 이유를 이해하기 어렵다고 했다. 광장 형태에 대해서는 현 구조를 유지한 상태에서 시민 휴식을 위한 공원 성격을 강화하는 것이 필요하다는 의견과 함께 서울시의 교통 대책에 대한 불만도 표출되었다.

참석한 광화문시민위원회 위원과 서울시는 주민들과 소통을 강화하겠다고 약속했지만, 토론회 이후에도 여전히 주민들의 의견을 적극적으로 파악하고 반영하기보다 서울시의 입장을 설득하고 홍보하는 형태로 진행되었다.

1년 뒤인 2019년 8월 21일, 시민단체들의 토론회에 참석한 주민들의 서울시 일방성에 대한 문제제기, 삼청동·부암동·평창동·사직동 등 동네마다 광화문광장 재구조화사업을 반대한다는 주민들의 현수막, 서울시의 전문가 토론회에 참석한 주민들의 항의 등 일련의 상황을 돌아보면 서울시의 소통이 매우 일방적이었음을 확인할 수 있다.

⑤ 보상과 공사, 동시 추진이 가능한가

고병국 서울시의원도시계획관리위원회은 서울시 행정사무감사 과정에서 서울시가 광화문광장사업을 무리하게 강행하고 있음이 확인되었다는 보도 자료를 2018년 11월 15일에 배포했다.

문화재청의 역사 광장 월대 복원은 2023년 완공을 목표로 추진 중인데 서울시는 역사 광장과 시민 광장을 합친 새로운 광화문광장 조성사업을 2021년 5월까지 완공하겠다며 무리한 일정을 강행하고 있다는 것이다.

교통 대책에 대해서도 서울시는 교통대책위원회를 운영하여 세부적인 교통 대책 및 소통 창구를 마련하겠다고 했지만, 9월에 위원회 구성 후 활동이 전무하며, 공청회와 시민토론회에서 제기된 주민들의 의견에 대해서는 여전히 묵묵부답으로 일관하는 등 일방적이고 형식적인 공청회와 토론회의 문제점 등을 지적했다.

보상과 관련한 문제도 지적했는데, 광장 조성으로 이설 예정 도로에 저촉되는 토지 및 건물 보상이 선행되어야 함에도 서울시는 토지보상절차를 공사와 병행하겠다는 것이다.

광화문광장 재구조화로 수용당할 대상지는 중학동 광화문시민열린마당 옆 삼각형 부지에 있는 토지와 건물로, 토지 7필지536.3㎡, 건물 3동2,149㎡이며 토지 등 소유자는 총 4인이고 임차 영업장은 약 20개이다. 서울시가 책정한 보상비는 총 247억 원으로 토지 227억 원, 지장물 9.5억 원, 영업권 10.5억 원이다. 보상업무는 SH가 담당하였는데 SH는 2019년 5월 16일에 건물 소유자 거주지로 도시관리계획 변경 내용을 등기 발송하였으며, 9월로 예정된 실시계획 고시 이후 보상 대상자와 일대일 면담을 추진할 계획이었다.

도로개설로 수용당할 처지에 놓인 세입자들은 경실련을 찾아 부당함을 호소하였으며, 시민단체 토론회에 방청객으로 참석하여 이구동성으로 서울시의 일방성을 성토했다. SH 직원이 6월에 찾아와서 <새로운 광화문광장 조성사업 물건조사 안내>에 대한 서류를 주고는 별다른 설명 없이 이미 확정되었기 때문에 연말까지 보상 협의해야 한다는 일방적인 통보, 보상 절차나 보상 내용 등에 대해 자세한 설명회나 사전 협의도 없었고, 지금까지 서울시 공무원 누구도 설명을 제대로 해주지 않는다며 목소리를 높였다. 대대로 살아왔다던 주민부터 십 년이 넘도록 장사를 하던 주민들까지, 특히 상인들에게는 생계가 달린 문제이기 때문에 서울시의 일방성은 납득하기 어려울 뿐만 아니라 분노까지 일으켰다.

몇몇 주민들은 서울시가 좋은 일을 하겠다는 것이라면 충분히 협조할 생각도 있었지만, 주민들을 무시하는 처사에 대해 동의할 수 없다고 했다. 언론[12]에서도 서울시의 일방성을 지적했는데, 생계가 달린 상인들과 최소한의 협의도 진행하지 않은 상태에서 보상과 공사를 동시에 추진하겠다는 서울시의 발상은 어떤 자신감에서 비롯된 것일까.

고병국 의원은 보도 자료 마무리에 이렇게 썼다.

> 과연 누구를 위한 광장인가? 지금 이 시점에 해야 하는가? 지금의 광장을 확장하는 것은 옳은 일인가? 교통 문제는 어떻게 극복할 것인가? 진지한 고민이 필요하다. 설령 한다 하더라도 순리에 맞게 해야 한다. 정치적인 이유로 무리하게 서둘러서는 안 된다.[13]

⑥ 서울시와 행안부의 대립

광화문광장 설계안에 따르면 역사 광장 조성을 위해서는 정부서울청사의 정문과 차량출입구를 폐쇄하고 부속 시설인 어린이집, 민원실, 경비대를 철거해야 한다. 이처럼 정부서울청사 건물이 사업 범위에 포함되기 때문에 당연히 서울시는 행안부와 협의를 진행해 왔지만 합의 내용에 대해서는 서로 의견이 달랐다.

서울시는 충분한 협의 속에서 합의한 내용이라고 주장하고 행안부는 2019년 1월 23일 <광화문광장 재구조화사업 내용에 포함된 정부서울청사 일부 건물 및 부지 포함은 행안부와 합의된 바가 없다>라는 보도 자료를 배포함으로써 두 기관의 갈등이 수면 밖으로 떠오르기 시작했다. 이후 두 기관은 서로의 입장에 반박, 재반박을 주고받으면서 평행선을 달리다가 5월 15일, 정부서울청사 기능 유지가 가능하도록 충분한 대체 토지와 시설을 마련하기로 합의했다고 발표했다.

그러나 2019년 7월 22일 광화문광장 재구조화를 반대하는 시민단체의 기자회견이 진행되자 7월 25일 행안부는 서울시와 논의는 여러 번 있었지만 합의된 것은 없다는 의견을 밝혔으며, 7월 30일에는 서울시에 공문을 보내 '대중교통체계 미흡, 미래 청사진 부재, 시민소통없는 일방적 추진, 정부서울청사 입주기관들의 문제제기'를 이유로 사업 추진 일정 연기를 요청했다.

행안부 입장에 대해 서울시는 그동안 여러 번 협의를 진행했다며 반박 자료를 배포하고, <세종로지구단위계획 변경 고시>를 강행했다.

서울시의 강력한 대응에 행안부는 공문을 통해 "논란에 대한 근본적인 해소없이 월대 발굴조사를 위한 임시우회도로 공사, 실시계획인가 등 추가적인 절차를 진행할 경우에는 정부서울청사 편입토지 및 시설물 등에 대한 추가 논의가 어렵다는 입장을 알려드립니다."라고 강경한 입장을 표명했다.

〈표 7〉 서울시와 행안부의 대립과정

날짜	기관	발표 내용
2019. 01.23	행안부	• 서울시의 광화문광장 재구조화사업 내용에 합의한 바 없음
01.24	서울시, 행안부	• 두 기관 관계자 회의에서 공감대 형성. 양측 의견 조율하여 해결하기로 함
01.25	행안부	• 서울시 설계안은 절대로 받아들일 수 없으며 서울시가 여론전을 하려는 것
05.15	서울시, 행안부	• 정부서울청사 기능유지에 충분한 대체토지 및 시설 마련하기로 합의
07.22	시민단체	• 광화문광장 재구조화사업 중단 기자회견
07.25	행안부	• 서울시와 논의는 많았지만 합의된 것은 없음
07.30	행안부	• 광화문광장 재구조화사업 추진 일정을 늦춰달라고 요청 • 일정연기 근거로 대중교통체계 미흡, 미래 청사진 부재, 소통없는 일방적 추진, 서울청사 입주기관의 문제제기를 제시
08.08	서울시	• 일정대로 추진 예정 및 해명 (3회 청와대 주관 차관급 회의에서 큰틀 합의/10회가 넘는 실무협의를 통해 행안부 요구 100% 수용, 적극적인 시민소통 추진)
08.08	서울시	• 세종로지구단위계획변경 고시 강행 • 행안부의 의견 경청 및 요구 대부분 수용했음에도 행안부가 반대하는 이유 납득하기 어렵다고 반박
08.09	행안부	• 서울시의 지구단위계획변경 고시에 대해 우려 • 시민들의 폭넓은 이해와 지지가 선행되어야 하며 전반적인 사업일정 조정 필요 • 현 추진일정대로 진행할 경우 서울시와 추가 논의 어렵다는 입장 전달
09.04	당·정·청 9인회의	• 당·정·청 9인 회의에서 행안부 주장에 동조함으로써 서울시 계획수정이 불가피할 것으로 예측됨
11.19	서울시	• 박원순 시장 재구조화반대시민단체와 오찬 간담회에서 월대 복원 포기 밝혀
2020. 02.14	서울시	• 서울시의 계획 철회, 사직로 형태 유지로 행안부 부지는 사업에서 제외됨

이처럼 서울시와 행안부의 대립이 격화되자 9월 4일 민주당과 정부 기관, 청와대가 참여하는 당·정·청 9인 회의가 열렸고, 회의결과 참석자들은 행안부의 주장에 동조한 것으로 알려졌다.[14] 11월 19일, 시민단체들과 박원순 시장 오찬 간담회에서 박원순 시장은 월대 복원을 포기할 것이라고 말했는데 행안부의 강경한 입장과 당·정·청 9인회의 결과가 월대 복원 포기에 가장 큰 영향을 미쳤다는 것이 중론이다.

2020년 2월 14일, 서울시는 보도 자료를 통해 정부서울청사를 우회하는 U자형 우회도로계획을 철회하고 현 도로체계를 유지하겠다고 발표했다. 서울시의 계획 철회로 정부서울청사는 현 상태를 유지하게 되었고, 자연스럽게 행안부는 광화문광장 재구조화사업 이해관계자에서 빠지면서 서울시와 행안부의 갈등은 일단락되었다.

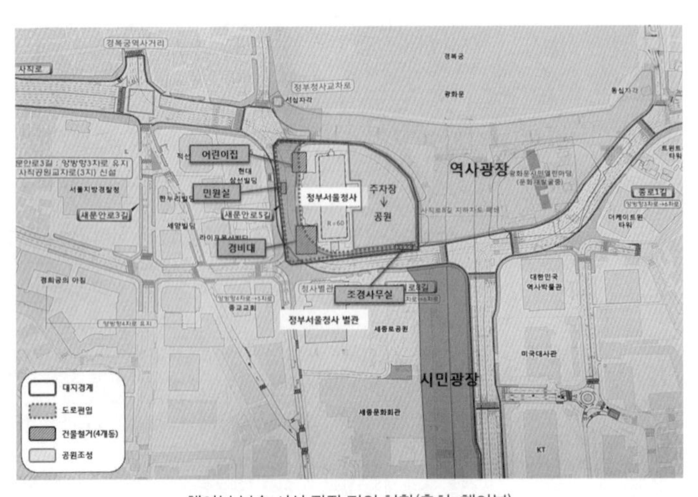

행안부 부속 시설 광장 편입 현황(출처: 행안부)

시민단체의 질문, 왜 재구조화인가(2014~2019년)

시민단체들의 네트워크 구성

① 문제의 원인은 다른 곳에 있다[15]

"722억을 들여서 조성한 지 5년도 되지 않았는데 왜?"

2013년부터 심심치 않게 들려오던 광화문광장 재조성에 대해 <걷고싶은도시만들기시민연대>이하 도시연대가 가진 의문이다. 조성한 지 5년도 되지 않은 광장을 뜯어고쳐야만 해결될 정도로 심각한 문제인지 따져보고 싶었는데 마침 광화문광장 연구를 진행하고 있던 서울연구원으로부터 시민참여 프로그램 용역을 받게 되었다.

청소년·대학원생·일반인과 함께 광화문광장 이용 형태에 대해 어떻게 생각하고 있는지 직접 광장을 이용하면서 현상에 대해 진단하고 개선 방안을 찾아 나갔는데 진행 결과 문제의 원인은 광장 구조보다 자동차 중심의 교통체계, 횡단 시설 절대 부족, 행정 주도 기획 행사 난립에 있었다.

우선, 광장과 연결된 횡단보도는 편측 3개씩 총 6개이며, 광장 입구세종대로사거리와 끝부분광화문 앞 횡단보도를 제외하면 550m 길이의 광장과 연결된 횡단보도는 서측에 세종문화회관 앞, 동측에 미국대사관 앞 1개씩 총 2개였다. 평균 230m를 걸어야 겨우 횡단보도를 만난다는 것인데 이처럼 보행성의 문제는 횡단보도 절대 부족이 원인이며, 횡단보도 확충으로 충분히 해결 가능했다. 횡단 시설과 함께 속도에 대한 규제도 필요했다. 당시 도심 내 차량 속도는 60㎞/h였는데 도심을 녹색교통진흥지역으로 지정하여 50㎞/h로 제한하고, 점진적으로 속도 30㎞/h로 추진한다면 소음 문제와 함께 보행 안전성도 높일 수 있기 때문이다.

보행 정책은 자전거 및 대중교통 활성화와 함께 실행해야만 한다. 도심부 업무시설 밀집지역이라는 특성을 고려하여 버스전용차로를 과감하게 편도 2차선씩 배치하여 보행과 버스 중심 체계로 재편하는 것이 바람직했다. 보도환경 개선도 필요했다. 보행량이 월등하게 많음에도 동측 KT 앞 보도는 매우 열악했는데 보도 확장 등 적극적인 개선이 이루어진다면 인사동, 북촌과 보행 네트워크를 형성할 수 있었다.

가장 큰 문제는 행정 주도의 기획 행사였다. 광화문광장에서 벌어지는 기획 행사 대부분은 서울시와 각 지자체, 기관들이 주최하는 것으로 광장을 빼곡하게 채운 대형 몽골천막과 광화문-경복궁-북악산으로 이어지는 조망을 차단하는 행사무대, 역사적 상징물을 덮어 버린 행사물품, 조악한 판매물품과 호객행위 등으로 광화문광장은 난리통이었다. 이처럼 1년 내내 펼쳐지는 대형 기획 행사로 시민들의 일상적이고 자유로운 행위들은 밀려났고 구경꾼과 물건 소비자로 전락시켰다.

서울시가 광화문광장 재조성이 필요하다는 이유로 보행성, 역사성, 시민성 문제를 지적했지만, 이는 광장 구조에서 기인하기보다 서울시의 잘못된 정책에서 기인한 문제였다. 조성한 지 5년도 안 된 광장을 뜯어고치는 것보다 보행과 버스 중심의 도시교통체계 확립, 광화문광장 운영 관리 방안 개선으로도 충분히 해결 가능하며, 점진적인 개선을 통해 시민 스스로가 미래의 광장을 만들어 나가는 것이 바람직했다.

광장은 만드는 것이 아니라 만들어지는 것이다. 전문가나 박원순 시장은 물리적 구조 재편으로 광장다운 광장을 만들겠다고 하였지만, 도심부 공간에 자신의 치적을 남기고 싶어 하는 욕망으로밖에 보이지 않았다.

② 시민공론화 방안 모색

광화문광장 재조성에 비판적 입장을 갖고 있었던 도시연대가 광화문포럼과 광화문시민위원회 위원으로 참여하게 된 이유는 두 가지였다.

하나는 2014년도 광화문광장 시민이용프로그램을 진행하면서 '보행 중심의 시스템 구축'으로 해결 가능할 것이며, 공식적인 논의기구에 참여하여 적극적으로 의견을 피력하는 것이 필요하다고 판단했다.

또 하나는 서울광장 조성과정과 같은 오류를 반복하지 말아야겠다는 생각이었다. 도시연대는 1996년부터 2002년까지 지속해서 서울시청 앞 교통 광장을 보행자 광장으로 바꿔야 한다고 주장했다. 이에 이명박 시장은 당선 후 전문가 중심의 '광장조성시민위원회'를 구성하고 위원회에 모든 권한을 위임했지만, 하이서울페스티벌을 조성된 광장에서 개최하고자 했던 이명박 시장의 조급성에 의해 설계안과 관계없이 잔디 광장으로 바뀌었고 위원회 활동은 중단되었다. 이후 광장조성위원들과 도시연대, 경실련도시개혁센터, 문화연대 등이 서울시 규탄 성명서를 발표하고 항의를 이어 나갔지만, 공사가 시작될 시점이어서 대응하기가 쉽지 않았다. 특히 전문가 중심의 위원회 활동은 시민사회단체와 과정 공유가 쉽지 않았기에 상황에 대한 사전 인지는 한계가 있었다. 당시 광장조성시민위원회 위원장은 도시연대 강병기 대표전 한양대 교수가 맡았으나 전문성과 운동성을 분리하여 생각하였으며, 도시계획 전문가로서 참여라는 인식이 우선했기 때문에 내부적으로 진행되는 상황을 도시연대 사무처와도 제대로 공유되기 어려웠던 것이다.

2016년도에 시작한 광화문포럼에서는 폭넓은 논의들이 오고 갔으며, 쟁점별 논의도 분과회의를 통해 심도있게 펼쳐졌지만 관점과 원칙을 수립하는 성격이 강했기 때문에 세부 논의보다 방향 설정에 대한 논의가 주를 이루었다. '당장 불가능하더라도 장기적인 방향을 갖고 아래로부터의 지지와 참여를 통해 실현해야 한다.'라는 방향을 설정했기에 전면 보행 광장안을 채택할 수 있었다. 그러나 재조성에 대한 당위가 압도적이어서 '왜 재조성해야 하는가'라는 논의는 제대로 펼쳐지지 못했다.

2018년 구성된 광화문시민위원회는 '서측 광장 조성' 추진 방안 마련이 주 역할이었다.

김은희도시연대가 참여한 시민소통분과에서도 서측 광장 조성과정에 어떻게 시민들을 참여시킬지, 재구조화와 연계한 광장 운영 관리 방안을 어떻게 수립할지가 논의의 핵심이었다. 시민소통분과임에도 서울시의 재구조화에 대해 다른 목소리를 받아내고 논의를 열어 나갈 방도가 없는 닫힌 구조, 그간 과정 및 광장 조성에 따른 예산과 일정 등은 공개하지 않으면서 교육과 설득으로 시민참여를 대체하려는 모습, 집회 시위 규제에 대해 노동 및 시민단체, 전문가와 공개토론회를 개최하여 논의를 모아 나가자는 제안이 흐지부지되는 상황 등을 겪으면서 도시연대는 광화문광장 재구조화에 대한 공개적이고 지속적인 공론화의 장이 필요하다고 판단하였다.

2018년 11월부터 도시연대는 내부 논의를 거쳐 경실련 도시개혁센터에게 연대를 제안하고 다른 단체와 공론화 방안을 모색하기 시작했다.

③ 공동원탁토론 - 광화문광장 조성계획 : 진단과 질문[16]

광화문광장을 둘러싼 사회적 논란에 대해 시민적 공론화 과정이 필요하다고 판단한 서울시민재정넷, 서울시민연대, 문화연대는 <광화문광장 조성계획 - 진단과 질문>이라는 주제의 공동원탁토론회를 2019년 3월 22일 정동 프란치스코 교육회관에서 개최하였다.

원탁토론회는 세 명의 발제와 자유토론으로 진행되었으며, 첫 발제는 정기황사단법인 문화도시연구소의 '광화문광장 조성에 대한 의문'이었다. 정기황은 왜 지금 광화문광장을 조성해야 하는가, 누가 어떻게 기획하고 계획하고 결정하였나, 왜 광장 논의가 광장이 아니라 부수적인 것들에 집중되고 있는가라는 세 가지 질문을 제기하면서 현재의 광장 재구조화는 이러한 질문에 답을 주는 것이 아니라 중앙분리대라는 조롱, 광화문 월대 복원, 상가 등 지하 개발, 동상 이전과 같은 가십성 논의에 매몰되어 있으며, 시혜적이고 관주도적 사업이라고 평했다. 물리적 환경이 아니라 스스로 가치를 부여한 광장이 만들어져야 한다고 했다.

두 번째 발제는 전상봉서울시민연대의 '시민과 동떨어진 새로운 광화문광장을 말하다.'였다. 전상봉은 광화문포럼과 광화문시민위원회를 실질적인 권한과 역할이 없는 형식적인 논의 기구라고 혹평했다. 광화문광장 설계에 대해서는 당선작의 경우 477개 팀이 참가 등록을 했지만 70개 팀국내는 38팀만 최종작품을 제출하는 등 다수의 조경가와 건축가는 공모를 외면했으며, 기본계획이 정해진 상태에서 진행한 설계공모에 대해 의혹을 제기했다. 그리고 2021년 5월 완공이라는 조급성을 버리고 장기간에 걸친 공론화를 통해 재구조화보다 어떻게 운영할 것인가를 모색해야 한다고 했다.

세 번째 발제자인 김상철공공교통네트워크, 서울시민재정넷은 '새로운 광화문광장은 어떤 교통환경을 꿈꾸나 – 교통盲 도시계획을 비판한다.'라는 주제로 교통 문제에 대한 우려와 논의가 가장 많았음에도 새로운 광장 조성 설계 공모지침에는 도로나 지하철 역사, 시민통행량, 버스 등과 같은 교통에 대한 정보가 없음을 지적했다. 또한 GTX-A 노선 추가와 관련하여 서울시의 입장을 조목조목 비판했는데, 서울시는 GTX-A 노선의 광화문복합역사 신설이 녹색교통진흥지역 특별종합대책의 실효성을 높이는 선도적 실행 방안이며, 5호선 광화문역과 1·2호선 시청역은 물론 GTX-A 노선과 선로를 공유하는 신분당선 서북부 연장과 연계도 가능하기에 경제성이 충분하다고 했다. 그러나 2018년 12월 3일 서울시의회 예산결산위원회 회의에서 서울시 도시교통본부장의 'GTX 역의 필요성은 광화문광장 활성화를 위해서이며, 예산은 교통본부가 아니라 재생본부에서 책정한 것'이라는 답변을 예로 들면서 광화문 복합역사가 필요한 이유는 교통 문제 해결이 아니라 지하 개발의 여지를 만들고 싶은 것으로 보인다면 서울시 정책에 대해 비판했다.

④ 시민사회단체 네트워크 구성

서울시의 속도를 제어하기 위해서는 공론화 방안을 빠르게 준비해야만 했다. 마침 서울시민재정넷 등에서 공동원탁회의 형식의 토론회를 개최한다는 소식을 듣고 참석한 도시연대는 그간 진행 상황을 설명하면서 '광화문광장 재구조화에 대응하기 위한 시민사회단체 네트워크' 구성을 공식 제안했다.

그러나 공식적인 네트워크 구성에는 여러 가지를 고려해야 했다. 도시연대의 의견인 '네트워크 활동은 지속적어야 하며, 우리들의 논의를 적극적으로 공개해서 사회적 공론화를 만들어야 한다.'라는 것에 대해 우리들의 역할이 어디까지여야 하는지, 어느 정도까지 문제를 제기해야 하는지가 막연했고 단체들의 활동 여건도 여유롭지 못했다.

도시연대 역시 분명한 목표 지점이 정해져 있지는 않았으나 우리들의 활동 종료 시점을 길어야 2019년 말까지라고 생각했다. 그간 박원순 시장의 사업 방식이나 시민소통 형태를 보면 분명 '논의하는 자리'는 만들겠지만 결국 서울시의 원래 계획대로 추진할 것으로 예측하였는데 박원순 시장의 사업 방식은 서울시가 결정해 놓은 정책 실행을 보조하기 위한 시민참여였으며, 시민소통을 강조했지만 실상은 시민설득이었기 때문이다.

그럼에도 네트워크를 구성해서 대응해야 한다고 생각한 이유는 '아래로부터의 소통과 협력을 통해 조성했다'라고 쓸 그들의 기록에 '광화문광장 재구조화사업에 문제의식을 가진 시민사회의 목소리'를 공식적으로 남길 필요가 있다고 판단한 것이다. 경실련, 도시연대, 서울시민재정넷은 사전모임을 갖고 네트워크 구성에 함께하기로 했다.

⑤ 2차 원탁회의와 서울시의 오판

4월 27일, 서울시의회 의원회관 간담회실에서 2차 원탁회의 형식으로 진행한 회의는 광화문광장 정책 수립과정과 쟁점, 참여한 시민사회 당사자들의 활동에 대한 토론을 이어나갔다.

2차 원탁회의에는 광화문광장추진단의 과장과 주무관도

참석했는데 시민단체들이 광화문광장추진단에 회의개최를 알린 이유는 시민단체들의 논의를 비밀리에 할 필요가 없고, 서울시도 이러한 움직임을 인지하여 대안을 제시할 것이라 기대했으며, 시민단체들의 의견전달 등 협의 창구는 박원순 시장 측근이나 흔히 어공이라 불리는 시민단체 출신 공무원들이 아니라 광화문광장추진단이어야 한다고 보았기 때문이다.

그러나 시민단체들의 의도와 달리 추진단의 판단은 불쾌함을 넘어서 황당할 정도였다. 서울시 회의 자료에 따르면 "도시연대, 녹색교통운동은 광화문시민위원회에 참여하여 의견을 개진하였고, 그 외 다수는 제도권 외 영역에서 사업 파트너로 협치를 기다려 옴. 이에 시민단체들은 새로운 광화문광장사업에 있어서 서울시의 선결정, 후소통 방식에 서운함을 표시하였고, 시민단체의 추가 참여명분으로 '준공시기 연기'에 대해 다음 주 시장님에게 공개질의 예정임. 향후 추진계획으로 시민단체 토론회 지속참여로 수시 정보공유 및 신뢰도 제고, 토론회 등 합리적 제안사항은 가능한 범위 내에서 반영, 향후 광장 운영과 활용에 연구용역 수행을 시민단체에 제안, 용역과 관련해서는 광장이용 네거티브 규제 검토와 시민규약 등 20년 본 예산에 반영"[17]이라고 했다.

서울시의 판단은 '공식 논의기구에 빠졌기에 소외감과 서운함을 가진 시민단체들에게 연구용역을 주겠다.'로 요약된다. 서울시의 어이없는 판단에 시민단체들은 서울시와 모든 협의는 공식적인 절차를 통해서만 진행하기로 했다. 또한 서울시와 비공식적인 연락이나 만남은 최대한 자제하며, 부득이 비공식적인 논의가 필요할 때는 반드시 참여단체들에게 내용을 공개하기로 했다.

⑥ 네트워크 활동 원칙

경실련, 도시연대, 서울시민재정넷은 향후 방향과 참가단체들의 확대 방안을 협의하였고, 문화도시연구소, 문화연대, 서울YMCA, 서울시민연대, 한국문화유산정책연구소, 행정개혁시민연합이 참여 의사를 밝힘으로써 최종 9개 단체가 '광화문광장 재구조화 졸속추진 중단을 촉구하는 시민사회단체이하 '시민단체들'를 구성하였다. 단체들은 6월 27일 회의를 통해 운영 및 향후 활동방향을 결정했다.

- '광화문광장 재구조화 졸속추진 중단을 촉구하는 시민사회단체'를 구성한다.
- '광화문광장 재구조화 졸속추진 중단을 촉구하는 시민사회단체'는 열린 네트워크로 활동에 동의하는 단체들은 누구나 자유롭게 참여할 수 있다.
- 내부에 별도의 운영체계를 구성하지 않는다. 모든 논의와 결정은 참여단체의 공개적인 협의와 합의로 진행한다.
- 별도의 소통방을 만들지 않고 서울시민재정넷의 텔레그램 단체방을 활용한다.
- 서울녹색당 등 정당의 경우 이후 활동에 있어 연대단체로 명시하고 참여하도록 한다.
- 서울 소재 교통·환경단체들에게 취지를 설명하고 참여의

사를 타진한다.

주요 활동에 관한 결정사항은 다음과 같다.

- 2021년 5월에 완공이라는 서울시의 계획에 반대한다는 것을 명확하게 하고 '졸속추진 반대 및 광화문광장 재구조화 중단'을 요구한다.
- 시민단체들의 활동은 추가적인 도시계획 변경을 막는데 주력한다. 8월로 예정되어 있던 도로용도 변경은 이미 진행되고 있고, 그 외 추가적인 도시계획 변경이 연말로 예정되어 있으므로 해당 절차를 막아 착공 자체를 백지화하는데 초점을 맞춘다.
- 광화문광장 재구조화 졸속추진 중단을 촉구하는 시민사회단체 발족과 함께 우리들의 의견서를 서울시에 공식적으로 전달하기 위해 기자회견을 한다. 1안은 7월 8일(월) 오전, 2안은 7월 15일(월) 오전으로 한다.
- 재구조화 중단사유를 5가지로 정리하고 이를 서울시에 전달한다.
  - 불과 10년 전에 오세훈 시장이 722억 원을 들여서 조성한 광화문광장을 성급하게 1천억 원에 가까운 돈을 들여서 다시 시행하는 것은 적절하지 않으며 무엇보다 현재 추진 중인 광장계획은 졸속이다.
  - 광장 형태에 대한 공론화가 제대로 이루어지지 않았고 행정주도로 광장 재구조화가 진행되고 있다.
  - 논의과정에 광장시민위원회 등 소통기구가 형식화되었으며 이에 대한 문제 지적에도 근본적인 변화가 보이지 않는 불통이 지속된다.

- 서울로7017과 같이 서울시의 도시 개발에서 반복적으로 드러나는 젠트리피케이션 문제에 대한 대응책이 전혀 보이지 않는다.
- 역설적으로 버스 등 대중교통 이용자에게 불편을 주는 도로계획, 상업시설 활성화를 위한 조형시설물, 복합역사 조성에 따른 지하통행로의 이익구조 등 광화문광장 재구조화에 따른 사회적 비용 분배가 명확하지 않다.

7월 9일, 시민단체들은 기자회견 내용과 일정에 대한 논의를 진행했다. 기자회견 내용은 재구조화가 토건사업임을 명확히 하고, GTX노선 변경 시 3,000억 원 추가 예산 소요 문제, 광장 조성보다 보행과 대중교통, 자전거 중심으로 혁신하고 승용차에 대한 억제 방안 제시를 강조하기로 했다. 일정은 박원순 시장이 해외순방 중임으로 귀국 일정에 맞추어 7월 22일 광화문광장에서 진행하기로 했다.

졸속·불통·토건, 광화문광장 재구조화사업은 중단되어야

광화문광장 재구조화 졸속추진 중단을 촉구하는 시민사회단체는 7월 22일, 광화문광장에 모여 <졸속·불통·토건, 광화문광장 재구조화사업은 중단되어야 합니다-사업은 중단하고, 귀는 열고, 생각은 모아야>라는 제목의 기자회견문을 발표했다. 기자회견문을 통해 "우리들이 반대하는 것은 현재 박원순 시장이 2021년 5월 준공을 목표로 추진하고 있는 사업"임을 분명히 하면서 과정 비공개, 광화문포럼 채택안 변경 이유, 상업개발에 따른 대책, 보행 중심의 교통 대책 불분명, GTX-A 노선 타당성 부재, 월대 복원에 대한 논의 필요 등을 근거로 제시했다. 주요 내용은 아래와 같다.

> 과정에 대한 공개가 전혀 없다. 광화문광장 재구조화는 당연히 그에 걸맞은 사회적 합의가 있어야 한다. 그러나 어떠한 내용도 공개되지 않고 있는데 작년 7월 완료한 <광화문광장 개선 종합기본계획 보고서>도 비공개이며, 현재 진행 중인 실시설계 중간보고, 서울시와 서울시경찰청의 교통 대책 회의 역시 어떤 논의가 진행되고 있는지 알 수 없다. 광장을 광장답지 않게 추진하고 있다. 광화문포럼이 채택한 전면 광장+지하차도(안)도 어떤 배경과 과정을 거쳐 현재와 같은 서측 확장안으로 결정되었는지 알 수 없다.
> 광화문광장 재구조화사업은 복합역사 사업비 마련을 위해 다양한 상업개발을 전제로 한다. 청계천 복원사업과 서울로 7017이 그랬듯이 광화문광장 재구조화 역시 공간의 상업화와 더불어 부동산 투기와 젠트리피케이션을 불러올 것이다. 하지만 현재 서울시의 광화문광장 재구조화사업에는 대책이 보이지 않는다.
> 가장 큰 우려를 낳고 있는 교통 대책에 있어서 현재의 계획이 차량 중심에서 보행과 대중교통 중심으로 전환되는 것인지 의문스럽다. 대중교통 연계 및 이용 활성화 방안도 찾아보기 어렵다. 더불어 노선 변경과 신규 역사 설치에 따른 추가비용과 비효율의 문제가 예상되는 GTX-A 역사 설치에 대해서는 전면 재고해야 한다. 당장 대심도 철도가 서울 도심에 왜 필요한지 논의를 해야 하고 민자사업으로 추진하고 있는 GTX-A사업에 막대한 재정을 지원해야 하는 조건도 따져봐

야 한다. 마지막으로 현재 시점에서 조선시대의 월대 복원이 정말 필요한 것인지에 대한 논의 자체가 필요하다.

시민단체들은 기자회견 후 박원순 시장에게 민원 형태로 의견서를 제출하고 공식적인 답변을 촉구했다.

7월 30일, 광화문광장추진단이하 추진단은 <협의를 통해 간담회를 개최하여 사업과 관련한 충분한 토의가 이루어지길 기대한다>라는 내용의 공문을 보내왔고 8월 8일 오후 7시에 추진단과 시민단체들은 첫 회의 자리를 마련했다. 추진단은 지속적인 협의를 진행하자는 적극적인 모습을 보였으나 시민단체들의 의견서에 대한 구체적인 답변은 들을 수 없었다.

광화문광장 재구조화, 이대로 좋은가

① 토론회 개최 배경

시민단체들의 기자회견 후 여러 곳에서 '시민단체 입장 파악', '박원순 시장과 가교 역할', '중재자' 등의 역할을 자임하면서 비공식적인 만남을 요청해 왔다. 이에 시민단체들은 우

2019년 7월 22일
기자회견

리들의 의견과 입장은 기자회견문을 통해 충분히 전달했으며, 공식적인 업무 담당부서인 추진단 외 비공식 라인을 통한 협의들은 혼선을 초래할 것으로 판단하여 거부하기로 했다.

한편으로는 상당히 불편했다. 서울시는 월대 복원 공사를 위해 지구단위계획 변경안을 6월에 전격적으로 통과시켰으며, 9월 중 고시를 통해 사업을 추진하겠다는 태도를 고수하고 있었다. 또한 7월 25일에는 종로구 사직동주민센터에서 주민설명회를 개최하였고, 행안부가 반대하더라도 동측부터 실시계획을 고시한다는 전략 속에서 민간토지 수용을 위한 보상절차에 들어갈 것이라는 소식이 들려왔다. 즉 시민단체의 이야기를 듣는 것과 광장 재구조화 추진은 별개로 진행하겠다는 의도로 광화문광장 재구조화에 대한 시민사회의 우려를 단순히 '만나 달라'는 혹은 '잘 설명하면 해결될 오해' 정도로 여기는 듯했다. 시민단체 기자회견 후 행안부와 서울시의 힘겨루기도 다시 시작되었는데, 행안부는 시민단체들의 반대를 근거로 서울시의 소통 부족을 지적했다.

이에 시민단체들은 광화문광장을 둘러싼 논란들이 소모적 협의나 행정 부서 간 힘겨루기에서 벗어나 의미있는 쟁점들을 만들어낼 필요가 있다고 판단하여 토론회를 기획하였다. 토론회 제목은 '광화문광장 재구조화 중단, 왜 필요한가'로 정하고 주제는 시민소통, 역사, 교통, 주변개발 4가지로 설정했다. 깊이있는 토론을 위해 21일부터 22일까지 이틀간 진행하기로 하고 주제별로 서울시와 서울시가 추천하는 1인이 토론자로 참석하는 것이 좋겠다는 판단에 따라 토론자 추천을 요청하는 공문을 발송했다.

② 피곤한 협의과정

토론회 관련된 서울시와 협의과정은 피곤했다.

서울시 담당부서 공무원과 서울시 추천 전문가 1인씩 총 4인을 토론자로 추천해 달라는 시민단체들의 요청에 대해 서울시는 토론회 제목에 난색을 보였다. '중단'이라는 단어가 들어가는 토론회에는 나갈 수 없다는 것이었다. 시민단체들 내부 논의를 통해 제목을 '광화문광장 재구조화 중단, 왜 필요한가'에서 '광화문광장 재구조화, 이대로 좋은가'로 바꿨다.

서울시의 두 번째 요구는 서울시도 발제하겠다는 것이다. 즉 시민단체만 발제하고 서울시는 토론으로만 들어가는 것은 모양새도 이상하고 서울시의 입장을 전달하기에 한계가 있다는 것이다. 이 부분은 받아들일 수 없다고 답변했는데 프로그램은 주최하는 쪽에서 결정하는 것이며, 그 대신 서울시에게 발제와 동등한 시간을 주기로 했다.

서울시의 세 번째 요구는 보도 자료에 관한 것이었다. 토론회 이후 평가 또는 논평에 대한 보도 자료를 낼 경우 사전에 서울시와 내용을 협의해 달라는 것이었다. 보도 자료는 서울시와 협의할 사항이 아니며, 서울시 쪽 참가자 발언을 옮기게 될 때만 의견을 주겠다는 정도로 마무리했다.

③ 쟁점과 토론

21일 토론회 주제는 시민소통과 역사 문화 복원 방향이었다. 김은희도시연대는 시민소통 발제를 통해 "서울시는 광화문포럼부터 시민위원회까지 4년간 거버넌스 논의를 풍부하게 했다고 하지만 중요한 것은 횟수가 아니라 광화문광장 재구조화에 대해 어떤 내용을 어떤 방식으로 어떻게 공론화했는지 이야기해야 한다."라며 "사회적 합의를 만들어가는 플랫폼인 시민위원회의 내부 논의내용을 공개하고, 시민과 함께 쟁점별 공론화하는 과정을 지속해서 가져야 한다."라고 했다. 또한 광화문포럼에서 채택한 전면 광장안이 어떤 과정에서 서측 광장으로 바뀌었는지 밝혀야 한다고 요구했다.

토론자로 나선 박수정행정개혁시민연합은 "형식적인 시민참여가 아니라 정말 시민들이 계획 과정에 실질적으로 참여할 수 있는가가 관건"이라며 "서울시뿐만 아니라 광화문광장에 이해관계가 있는 문화체육관광부, 행정안전부, 국토교통부 등 중앙 부처 역시 광장 재구조화 논의에 나와야 한다."는 점을 강조했다.

다음으로 월대 및 의정부터 복원이 중요한 역사 광장 조성에 대해서는 공감대 부재가 문제로 드러났다. 발제를 맡은 황평우한국문화유산정책연구소는 "누구를 위한 월대 복원인가"라고 물으면서 "조선시대로 한정된 문화재를 맥락도 없이 복원하는 것은 심각한 문제"라고 지적했다. 특히 문화재청이 장기사업으로 추진 중인 월대 복원사업을 서울시는 제대로 된 평가와 고민없이 그대로 가져와 추진하고 있다며 "21세기 현재에 권력자를 몰아낸 광화문광장에 경복궁의 월대를 다시 만들어야 하는지에 대한 시민적 합의"를 주문했다. 토론자로 나섰던 전상봉서울시민연대 역시 "이미 시민의 시대에 살고 있는 우리에게 왕의 자리인 월대를 복원한다는 의미가 충분한 것인지, 그 과정에서 역사 복원이라는 사회적 의미가 제대로 논의되고 합의되었는지"에 관해 물었다.

22일에 진행된 교통과 주변 재개발에 대해 김상철공공교통네트워크, 서울시민재정넷은 "서울시가 강조한 보행 중심은 지하 공간 개발로, 녹색교통진흥구역 종합대책과 연계는 GTX 건설밖에 보이지 않는다."고 지적했다. 즉 광화문광장 재구조화를 위한 교통 대책은 오로지 월대 복원을 위한 도로 변경에만 치우쳐 있고 서울시가 내건 보행성 강화는 계획상에 전혀 보이지 않는다는 점을 지적한 것이다.

또한 토론자로 함께 한 백인길경실련, 대진대 역시 "광화문광장 재구조화를 통한 도시교통체계의 변화라는 큰 방향성이 보이지 않는다."는 점을 지적했다. 토론자인 김규원한겨레21은

시민단체 토론회

"혼잡통행료 도입과 같은 강력한 자가용 수요관리 정책을 통해 광화문광장을 변화시켜 나가야 하지만 물리적 구조재편에만 매몰되어 있다."고 했다.

남은경경실련도시개혁센터은 "사업 추진에 대한 논란에도 불구하고 이미 토지수용에 따른 보상절차를 진행하는 것은 사업을 밀어붙이겠다는 것과 같다."며 서울시가 예정 중인 9월 지구단위계획 변경 고시 추진을 지적했다. 또한 "광화문광장 재구조화 추진 경과를 시민참여, 계획 수립, 정치과정이라는 맥락에서 재구성하면 언제나 시장의 정치적 의사가 시민참여와 계획 수립보다 우선되었다."며 비판했다.

④ 정보 공개 및 착공 백지화 요구

토론회에 참석한 서울시와 서울시 추천 전문가들은 시민단체의 의견에 대해 적극적인 해명과 반박을 했지만, 한계가 분명했다. 시민소통과 관련해서 2016년 광화문포럼부터 3년간 약 100여 차례 공론화를 진행했으며 시민들에게 투명하게 공개되고 있다고 했으나 광화문광장 관련 계획 및 100여 차례 논의내용이 어디에 공개되어있는가라는 질문에는 답을 하지 못했다.

또한 광화문포럼의 전면 광장안이 변경된 이유와 절차에 대해서는 기술적 검토에 따른 것이라는 점만 강조했다. 월대 복원에 대해서도 '일제에 의해 훼손된 역사 복원'이라는 답변 외에 이로 인해 발생할 교통 문제나 광장을 2개로 나누는 문제에 대해서도 분명한 답변을 하지 못했다.

교통 문제에 대해서도 '준비 중이다.', '이미 광역계획이 있으므로 큰 문제가 없다.'는 식의 면피성 해명이 줄을 이었다. 질문은 광화문광장이 표방하고 있는 보행 중심, 녹색교통진흥을 실현시킬 구체적인 계획을 묻는 것임에도 '고려하고 있다.'는 답만 내놓은 것이다.

이틀간 진행한 토론회에 대한 관심은 매우 뜨거웠다. 특히 광화문광장 재구조화로 수용위기에 몰린 주민과 상인들은 서울시의 일방적인 사업 추진을 강하게 성토했는데 서울시가 정말 귀를 기울여야 할 목소리들은 서울시의 외면을 받았다.

8월 26일, 시민단체들은 토론회 총평에 대한 보도 자료를 배포하면서 서울시에 다음과 같은 요구를 했다.

우선, 2016년부터 현재까지 서울시가 운영한 광화문포럼 및 시민위원회의 회의 자료와 논의 결과, 재구조화 추진에 따른 교통 및 도시계획 검토 자료 등의 공개이다. 두 번째는 월대 복원 공사를 위해 9월로 예정된 구역변경 고시 중단과 착공 일정 백지화이다. 세 번째는 광화문광장시민위원회를 공개적이고 투명하게 운영하면서 다양한 시민들과 시민사회단체들이 참여할 수 있는 개방형 거버넌스로 확대 강화하는 것이다. 네 번째는 행정안전부, 국토교통부, 문화체육관광부 등 정부 유관부처와 시민들이 함께 참여하는 다중 거버넌스를 제안하고 운영하는 것이다.

박원순 시장이 답해야 한다

토론회 다음날인 8월 23일, 서울시의회 신원철 의장은 개회사를 통해 광화문광장 조성에 대한 속도조절을 요구했다. 그러나 박원순 시장은 27일 진행된 서울시의회 시정질문 과정에서 청계천 복원사업 사례를 들며 '80%가 반대한 사업이지만 잘했다'라는 식의 답변을 함으로써 사업자체는 문제가 없으나 시민들의 이해 부족을 원인으로 보는 듯했다.

이에 시민단체들은 광화문광장 재구조화를 위한 추가적인 행정절차 중단을 촉구하는 기자회견을 열고 "부족한 공론과 소통을 보완하겠다면, 6월 변경된 지구단위계획의 고시를 보류하여야 한다. 공사는 공사대로 진행하고, 협의는 협의대로 진행한다는 것은 소통이 아니다. 2021년 5월 준공이라는 일정을 고집해서는 안 된다. 이는 행정의 시간표에 시민들의 숙의와 공론을 억지로 맞추는 것임으로 2021년 5월 준공이라는 일정을 폐기해야 한다. 시민위원회의 논의 구조를 개방하고 주요한 사항을 공개적으로 진행해야 한다."고 입장을 밝히고 박원순 시장의 답변을 요청했다.

시민단체들은 그동안 기자회견, 추진단과 간담회, 연속토론회 개최를 통해 충분한 입장을 전달했음에도 서울시가 계획대로 강행하겠다는 입장을 고수한다면 추진단과의 협의는 더 이상 의미가 없으므로 박원순 시장이 공식적인 답변을 해야 할 시점임을 분명히 했다.

광화문광장 재구조화 중단에 대해 전문가들의 논의는 8월

13일부터 시작되었는데 시민단체들의 공론화에 동의를 표하면서 전문가 성명서 작성과 서명운동을 하기로 했다. 전문가들은 성명서를 통해 광화문광장 재구조화사업을 급하게 서두르는 이유가 무엇인지 질문을 던지면서, 우선 중단하고 주민과 시민, 전문가, 언론, 서울시와 중앙 부처 등의 지혜를 모아 광화문광장과 관련한 전반적이고 종합적인 문제에 심도 있게 접근해 갈 수 있어야 한다고 주장했다. 전문가 서명은 9월 4일부터 9월 20일까지 진행하기로 했는데, 9월 19일, 박원순 시장의 광화문광장 재구조화사업 중단 발표로 전문가 서명도 중단했다. 총 99명이 서명했다.

새로운 전환과 동상이몽(2019년 10월~2020년 7월)

서울시의 중단 발표와 바쁜 행보

① 공론화를 위한 9차례 토론회

9월 19일 박원순 시장은 긴급브리핑을 통해 "새로운 광장이 조성되는 시기에 연연하지 않고 시민소통과 공감의 결과에 따르겠다."며 설계 작업에 대한 전면 재검토와 지구단위계획 변경 등 행정절차도 보류하기로 했다.

박원순 시장의 발표 후 추진단은 시민단체들과 협의를 위해 적극적인 모습을 보였지만 시민단체들이 제안했던 쟁점보다 참여프로그램 진행 방식과 내용에 치중하는 듯했다. 일례로 시민단체의 자문과 의견이 필요하다며 논의 테이블에 올린 '시민숙의프로그램 운영 방식'은 서울시소통위원회 회의에서 결정할 문제였다. 뜬금없는 제안도 있었다. 다른 경로로 제안된 것이지만 '9월 22일 차없는날 행사를 광화문광장에서 진행하는데, 광장에서 박원순 시장과 시민단체들이 광화문광장 재구조화에 대해 간담회를 개최하는 것은 어떻겠는가'라며 공론화를 이벤트로 인식하기도 했다.

시민단체들은 추진단 외 비공식적인 제안들은 거부하기로 하고, 우선 박원순 시장의 중단 선언에 대해 환영의 뜻을 밝힌 보도 자료를 10월 8일 배포하였다. <의견은 모으고 토론을 넓히고 참여는 확장해야>라는 제목의 보도 자료를 통해 시민단체들 내부에서도 생각의 차이는 있으나 '광화문광장을 왜 재구조화해야 하는가'에 대한 서울시의 당위성 부족과 광화문광장의 미래에 대한 기본적인 논의가 제대로, 충분하게 이루어지지 않았다는 사실에 공감했기에 함께 나선 것이며, 서울시의 가장 큰 문제는 추진 방식이었음을 지적했다.

서울시의 추진 방식은 속된말로 '답정너'였는데 이미 광화문광장 재구조화사업의 밑그림을 그린 상태에서 소통은 형식화될 수밖에 없으며, 따라서 서울시는 가장 먼저 광화문광장을 왜 재구조화해야 하는지 필요성과 당위성에 대한 설득력 있는 제안을 내놓고, 공론의 장을 펼쳐야 한다고 주장했다.

박원순 시장의 긴급브리핑 이후 추진단은 다양한 의견 청취와 대안 모색을 위한 토론회를 기획하였는데 <새로운 광화문광장 조성, 왜 필요한가>라는 제목의 4차례 토론회, 찾아가는 전문가 토론회 3회, 시민대토론회 2회로 석 달 동안 무려 9차례 토론회를 추진한 것이다.

서울시의 급한 행보는 시민단체들에게 고민을 안겨 줬다. 짧은 시간에 많은 수의 토론회를 진행하겠다는 것은 서울시 내부 사정에 의한 것이겠지만 토론회마다 토론자 협조 요청에 일일이 다 응해야 할지, 혹은 외면해야 할지 쉽지 않은 상황이었다. 전문가 토론회를 제외하더라도 <새로운 광화문광장 조성, 왜 필요한가>라는 주제의 4차례 연속토론회가 기획한 것처럼 쟁점들을 만들어내면서 깊이를 가질 수 있을지, 어쩌면 같은 이야기를 계속 반복해야 할지 모른다는 회의감이 들었다.

〈표 8〉 서울시의 광화문광장 토론회 개최 현황

날 짜	주제	주최·주관
10월 18일	새로운 광화문광장 조성 관련 1차 토론회 - 광화문광장 재구조화, 왜 필요한가	서울시/ 광화문시민위원회
11월 7일	새로운 광화문광장 조성 관련 2차 토론회 - 보행을 중심으로 하는 도심부 교통정책	서울시/ 광화문시민위원회
11월 27일	새로운 광화문광장 조성 관련 3차 토론회 - 광장민주주의와 성숙한 집회·시위 문화	서울시/ 광화문시민위원회
12월 4일	새로운 광화문광장 어떻게 조성해야 하나 - 새로운 광화문광장 조성 원칙과 방향	서울시/ 광화문시민위원회
11월 15일	찾아가는 전문가 토론회 1 - 광화문광장의 위상 및 주변 지역의 발전 방향	서울시/대한국토 도시계획학회
11월 21일	찾아가는 전문가 토론회 2 - 광화문광장의 역사적 위상과 월대	서울시/문화재청/ 한국역사연구회
12월 11일	찾아가는 전문가 토론회 3 - 전문가가 바라본 광화문광장의 미래	서울시/새건축사협의회/ 한국건축가협회/ 서울건축포럼
12월 7일	시민대토론회 1 - 광화문광장 조성 비전과 원칙 / 광장 운영 및 활용 방안	서울시/ 광화문시민위원회
12월 15일	시민대토론회 2 - 광화문광장의 구조와 교통	서울시/ 광화문시민위원회

한편으로는 서울시의 일정에 쫓기듯이 참여할 필요가 있느냐는 문제제기도 내부에 있었으며, 이에 시민단체는 18일 1차 토론회만 참여하고 그 외 토론회는 서울시가 최대한 밖의 주체들이 참여할 기회를 만드는 것이 필요함으로 우리들이 관여하는 것은 타당하지 않다고 정리했다. 단, 서울시가 토론자 추천을 요청할 경우에는 추천하는 정도로 했다. 시민단체들이 토론자 또는 토론자 추천 방식으로라도 참여를 결정한 이유는 서울시가 제안한 첫 토론회이기에 우리의 의견을 분명히 밝히는 것이 좋겠다고 판단했기 때문이다.

② 의미를 잃어가는 토론회

1차 토론회 이후 추진단은 토론회 평가와 향후 토론회에 대한 협의를 제안해 왔다. 시민단체들의 입장은 1차 토론회는 개괄적인 논의가 이루어지는 자리이기 때문에 그 자체로 의미가 있었지만, 향후 토론회는 분명한 쟁점을 가지고 진행하자는 것이었다. 그러나 2차 토론회에서도 쟁점들을 모아나가기는 쉽지 않았다. 토론자 모두 여러 가지 의견들을 제시했지만, 피상적인 의견 개진 정도였고, 쟁점을 모아 나가면서 향후 방향을 설정하는 것은 한계가 있었다.

시민단체들은 토론회를 통해 쟁점을 명확하게 하고 후속 논의를 여는 방식이 아닌 다양한 의견을 들었다는 정도의 서울시 토론회에 우려를 갖고 GTX-A 등 쟁점 별 토론을 우리 스스로 기획하고 진행할 필요가 있다는데 의견을 모았다.

3차 토론회는 청운·효자동의 집회시위반대대책위가 집회·시위와 관련한 토론회를 서울시에 제안했다는 소식을 듣고 시민단체들은 '광장 문화와 민주주의'로 주제를 넓히는 것이 어떻겠느냐는 의견을 제시했다. 집회 시위에 대한 찬반논쟁이 아니라 시민 주도의 광장 문화 형성을 주제로 행정 주도 기획 행사 및 광장 운영 관리까지 포괄해서 접근한다면 시설물 중심의 운영 관리에서 벗어날 수 있을 것이라 판단했기 때문이다.

그러나 시민단체들의 제안은 희망사항일 뿐이었는데 전체적인 프로그램은 서울시 법무담당관실에서 담당하고 주민들도 집회 시위 관련만 집중하기로 했다는 것이다. 이런 상황이라면 시민단체들이 참석할 이유가 없다고 보았지만 결국 토론자 1인을 추천하는 것으로 마무리되었다. 3차 토론회에서는 참가한 주민들의 거센 항의가 시작되었다.

3차까지 토론회가 마무리된 후, 추진단은 '4차 토론회는 지금까지 진행된 1~3차 토론회를 정리하고 12월 7일과 15일 양일간 개최될 시민대토론회 논의 의제와 방향 설정을 위한 토론회'라며 4명의 토론자 추천을 요청해 왔다. 그리고 심도있는 토론이 진행될 수 있도록 토론시간을 조정하여 주민들의 항의나 질문에 의해 토론이 중단되는 일이 없도록 하겠다고 했다.

그러나 추진단의 노력과 관계없이 토론회는 논의의 연속성을 갖지 못하고 일회적이고 형식적으로 끝나가고 있었다. 다양한 주민들과 시민들의 이야기를 들을 수 있는 자리를 마련했다는 점은 분명 높이 평가해야 하지만, 연속토론회를 기획한 이유가 무엇인가에 대해 되짚어야 했다.

문제는 논의형식이 아니라 논의에 대한 기본 관점에 있었다. 서울시는 '서측 광장 중심의 재구조화를 기정 사실로 한 상태'에서 논의를 열어 나가고자 했다. 쟁점을 끄집어 내고, 찬반에 대해 충분한 논의를 열어 나간 결과물이 '광장 조성 여부와 광장 형태'여야 했음에도 이미 '서측 광장으로 조성한다'라는 결과물을 정해 놓은 상태에서 부분적인 의견 수렴이나 개선 방안을 찾고자 했다.

시간을 갖고 설득하는 것을 소통으로 생각한 것이다. 당연히 월대 복원, 서측 광장, 광장 재구조화의 필요성 등은 논의할 사안이 아니었고 토론회를 통해 계속된 시민단체들의 문제제기에 서울시는 '수많은 논의 결과, 기술적 검토 결과'라는 답변만 반복했다.

이런 이유로 시민단체들은 내부 협의를 통해 '4차 토론회에 참가하지 말자'라고 의견을 모았지만 마지막으로 다시 한 번 쟁점을 도출하자는 의미를 설정하고 참여하기로 했다.

그러나 4차 토론회 역시 주제 발표도 토론도 같은 이야기들이 반복되었다. 게다가 피켓이나 팻말, 현수막을 들고 자신의 의견을 피력하기 시작한 주민들은 토론자의 발언에 박수 또는 야유를 거침없이 해대면서 토론회는 아수라장으로 바뀌었다. 결국 토론자 한 명이 청중석으로 내려가 주민과 대치하는 상황도 연출되었다.

4차례 토론회에서 남은 것은 무엇일까.

서측 광장안이 어떻게 도출되었는지, 과연 타당한지에 대한 논의는 제대로 이루어지지 않았다. 승용차 억제 정책이나 GTX-A 광화문역의 타당성에 대한 깊이 있는 논의도 없었다. 월대 복원에 대해 제대로 된 논의도 없었다. 서울시의 발제 자료 역시 그간 제기된 쟁점에 대해 명확한 근거를 제시하지 않으면서 '100회 이상의 소통과정'만 강조하고 있었다. 추진단의 노력과 상관없이 시민단체들의 참여는 서울시의 소통 횟수만 늘려준 꼴이 되어 버렸다.

4차례 토론회를 끝내면서 시민단체들은 쟁점없이 진행되는 서울시의 토론회가 아니라 시민단체들이 만들어나가는 토론회가 필요하다는데 의견을 모으고 쟁점을 중심으로 다양한 입장들이 깊이 있게 오가는 자리를 만들어서 GTX-A 광화문역, 서측 광장, 혼잡통행료, 운영 관리, 절차와 예산 그리고 사업의 타당성까지 논의하기로 했다.

당시 평창동 주민들은 재구조화 반대 서명을 받고 있으니 도와달라는 요청을 해왔다. 이에 대한 논의도 있었으나 우리가 직접 주민들을 만나서 주민들의 활동을 지원하기보다 주민들

토론회장에 걸린 반대 현수막

스스로 진행하면서 추후 협력 방안을 찾아보기로 했다. 우리가 반대주민들을 조직하러 다닌다는 오해를 받고 싶지 않았다.

③ 서측 광장만 남은 시민대토론회

서울시는 12월 7일과 15일 이틀간 진행한 시민대토론회 프로그램에 대해 시민단체도시연대의 제안으로 진행된 것이라고 했으나[18] 이는 사실이 아니다. 도시연대의 제안이 아니라 갈등조정담당관실에서 이미 기획한 것이며, 광화문광장시민소통위원회에서 논의들이 진행되고 추진된 사안이었다.

시민대토론회는 2019년 9월 30일 광화문시민위원회 시민소통분과 10차 회의에서 '시민숙의 방안'이라는 제목으로 논의된 안건이었다. 당시 갈등조정담당관은 시민숙의프로그램(안)을 갖고 와서 시민참여단 모집 방법과 사전 교육 등 숙의 프로그램을 진행할 계획이며, 교육 자료와 교육 방법, 학습 정도에 대해 논의를 요청했다. 소통분과 위원들의 의견은 다양했는데, 왜 해야 하는지부터 목적이 무엇인지 등 질문이 이어졌고, 그 외 시민대토론회로 명칭을 바꿀 것, 쟁점을 명확히 할 것, 시민단체와 이견 등 뚜렷한 의제를 정한 후 공개토론을 하는 것이 필요하다는 의견들을 제시했다.[19]

10월 1일 갈등조정담당관은 시민단체와 추진단의 회의에 기획한 시민숙의프로그램(안)을 제시하면서 시민단체의 의견을 적극적으로 반영하겠다고 했지만, 숙의프로그램 목적이나 역할은 불분명했었고, 시민단체가 주장한 시민참여가

'시민숙의프로그램-시민대토론회'인 것도 아니었다. 당시 회의에서 시민단체들은 행정의 필요는 있겠으나 지금은 숙의프로그램 확정이 급한 것은 아니며, 갈등조정담당관에서 만든 프로그램에 대해 우리들이 왈가왈부할 사항이 아니라고 했었다. 주로 논의된 내용은 광화문광장 재구조화 관련 광화문시민위원회 회의 자료 및 관련 자료 공개, 광화문포럼과 광화문시민위원회에서 제기된 쟁점을 재정리하여 공론화, 광화문광장 재구조화에 대한 정당성 확보 여부, 박원순 시장의 구체적인 비전 제시 등이었다.

12월 7일과 15일에 갈등조정담당관에서 진행하는 시민대토론회에 참여할 것인가는 내부적으로 결정하기가 쉽지 않았는데 기획 의도가 무엇인지 이해하기 어려웠으며, 기획 의도나 프로그램 전반에 대한 이해 없이 서울시의 기획된 프로그램에 떠밀리듯이 참여하는 것이 타당하냐는 고민이 있었기 때문이다. 그럼에도 서울시민 300명이 참여하는 자리에서 우리들의 입장을 전달하는 것도 필요하다는 판단 아래 김상철, 남은경이 참석하였다.

시민대토론회 진행은 10명씩 조를 구성하여 주제 발표를 들은 후 조별 토론을 통해 의견을 모으고 발표하는 방식이었는데, 사전 내용을 숙지하지 못하고 참여한 시민들도 많았으며 진행기관 역시 진행내용이나 방식에 대해 매우 피상적으로 이해했던 것으로 보인다.[20]

서울시는 서측 광장 조성은 시민의 뜻에 따른 것이라고

했는데 근거로 시민대토론회에 참여한 268명의 참여자 중 64.9%가 서측 광장을 찬성했기 때문이다. 이틀간 진행된 시민대토론회에서 30여 개의 조별 참가자들의 수많은 이야기가 있었을 텐데, 서울시에게 의미있게 남은 것은 서측 광장 동의율밖에 없는 듯하다.

④ 공론화 중에도 여전한 공사 강행 의지

서울시는 박원순 시장과 오찬을 겸한 간담회를 제안해 왔고 시간이 가능한 단체들은 참여하기로 했다. 11월 19일 오찬을 겸한 간담회가 진행되었다.

간담회에서 박원순 시장은 월대 복원을 포기할 생각이라며 관련해 우회도로 포기를 밝혔다. 또한 시민들의 의견대로 공원적 기능을 담기 위해 식재를 더 많이 하고, 광장 조성은 단계별 접근하겠다고 했는데 1단계는 서측 광장, 2단계는 합의를 전제로 월대 조성, 3단계는 완전 보행 광장 조성을 목표로 시민단체 및 전문가 합의를 전제로 추진하겠다고 했다. 오찬을 겸한 간담회에서는 쟁점에 대한 상호토론은 이루어지지 않았다. 우리 스스로 입장을 정하고 간 것도 아니고, 간담회를 통해 이야기하기보다 공식적인 논의를 여는 것이 필요하다고 보았다.

이러한 배경에는 서울시의 예산수립과정이 한몫했다. 서울시는 2020년 광화문광장사업과 관련해서 역사 광장 공사비 213억, 시민 광장 공사비 294억, 광화문 일대 보행환경개선사업 114억 원을 편성해둔 상태였다. 충분한 공론화를 거친 후에 광화문광장 재구조화사업을 진행하겠다고 했음에도 공론화가 이제 겨우 시작된 시점에서 2020년 예산안에 공사비 600억 원을 편성한 것은 서울시의 진정성을 의심하게 했다.

서울시는 '시민소통 결과에 따라 사업 방향이 정해지면 조속히 추진하기 위해 편성한 것'[21]이라고 답변했지만 이해하기 어렵다.

당시 여기저기에서 '사업 추진 알리바이를 만들기 위해 시민단체들을 활용하고 있다.'라는 이야기가 떠돌고 있었는데 단시일에 쉴 새 없이 토론회를 몰아친 이유도 공사 강행을 위한 절차적 정당성을 확보하기 위함이라는 것이었다.

이후 시민사회단체들의 참여는 서울시의 성과 홍보용으로 전락했다. 서울시에게 소통은 '설득이자 만난 횟수'라는 것을 다시금 확인하게 되었는데 시민단체의 참여는 광화문광장 추진을 위한 알리바이용이라는 외부의 시선은 사실이었다.

좁혀지지 않는 입장 차이

① 광장 재추진 명분이 되어 버린 소통과정

2019년 12월 18일 시민단체들은 내부회의를 통해 세부 쟁점을 중심으로 일회적인 논의가 아니라 릴레이 형식의 지속적이고 집중적인 토론회 자리를 마련하기로 했다. 서울시의 토론회가 의도와 달리 단편적이고 반복적인 논의에서 한 발짝도 벗어나지 못하고 있었으며, 서측 광장 등 광장 구조와

GTX-A 광화문역에 대한 논의는 추진단에서 회피하고 있다는 느낌도 있었다.

주요한 논의 주제는 혼잡통행료 등 강력한 승용차 억제 방안 추진과 보행과 대중교통시스템 강화, GTX-A 광화문역 타당성에 대한 전면 재검토, 세종문화회관 쪽으로 확대하는 서측 광장안 재검토 등 세 가지를 설정하고, 추진단에 의견을 우선 전달한 후 공식화하기 위해 2020년 1월 28일 기자회견을 개최했다.

성명서 <광화문광장은 서울의 현재와 미래를 바꾸는 디딤돌이 되어야 합니다 - 공동의 미래를 위한 출발점>을 통해 서울시의 결단과 노력은 인정하지만, 이젠 박원순 시장이 명확하게 답을 해야 한다고 했다. 그간 토론회를 통해 시민과 전문가들이 제기한 문제와 구상에 대해 수용은 물론이고 불수용에 대해 명확한 입장이 제시되어야 하며, 이러한 과정이 수반되어야 서울시의 공론화 프로그램은 의미를 가질 수 있기 때문이다.

그리고 시민단체들이 지속해서 제기한 'GTX-A 광화문역

2020년 1월 28일 기자회견

신설안 폐기, 혼잡통행료 도입, 편측 광장안 반대, 재구조화 사업 편익 공유방안'에 대한 논의를 촉구했다.

기자회견 후 서울시는 박원순 시장과 시민단체간 간담회를 제안해 왔고 2월 10일 오찬을 겸한 간담회 자리가 마련되었다. 이 자리에서 시민단체들은 보행과 대중교통 중심의 교통체계를 위한 정책 집행을 요구하였고 도심 내 승용차 억제 정책은 반드시 추진되어야 하며 시민단체들도 돕겠다고 나섰다. 편측 광장이나 GTX-A에 대해서는 간단한 이야기만 오고 갔는데 박원순 시장은 여러 가지 검토를 하고 있다고 답했다. 오찬을 겸한 자리이기에 논점이나 쟁점에 관한 이야기보다 여러 이야기가 맥락없이 오고 갔지만 그동안 서로의 노력에 대해 인정하고 향후 잘해보자는 덕담을 남긴 자리였다.

2월 14일 서울시는 <서울시, 시민소통 결과 발표-시민 뜻 담아 사업 추진>이라는 제목의 보도 자료를 배포했다.

보도 자료를 통해 지난해 9월부터 시민, 전문가, 시민단체, 지역 주민 등과 총 61회 소통하였으며 새 광장 조성에 시의 입장제시가 필요하다는 의견을 수렴하여 소통 결과를 포함한 광화문광장사업 추진 방향을 마련했다고 했다.

주요 추진 방향으로 우선 전면 보행화는 대부분의 시민과 전문가, 시민단체 의견이 일치하였으나 한 번에 조성한다면 현재 광장 구조에서 야기될 수 있는 시민불편 등 현실적 문제를 고려하여 단계적으로 추진하기로 했으며 이에 행안부와 갈등을 빚었던 사직로는 현재 노선을 유지하고 월대 복원은 문화재청 발굴조사 후 복원을 결정하기로 했다.

세종문화회관 쪽으로 확대하는 서측 광장에 대해서는 시민대토론회에 참석한 시민참여단 268명 중 서측 도로 광장 전환 64.9%, 중앙 광장 19.8%, 양측 광장 9.0%, 동측 도로 광장 전환 3.4%로 서측 광장 전환이 압도적으로 우세하여 기존안과 동일하게 서측 광장을 조성하기로 했다. 또한 대한민국 대표 공간이자 시민의 일상 속 공원 요소가 담긴 광장 조성, 시민불편 최소화를 위한 교통 대책 마련과 최우선 집행, 집회·시위 소음 규제를 위한 집시법 개정 건의, 교통 불편과 생활 민원 등 지역의 고질적 문제 적극 해결 노력, 광화문 일대 미래지향적 계획 마련을 위한 광장 주변부 포함 종합발전계획 수립 등이다. 마지막으로 그동안 반대했던 시민단체들도 공감하고 시의 소통 노력을 높이 평가했으며, 시민소통 결과를 담아 전문가 등과 함께 구체적 계획을 마련해 나가고 필요시 시민의견을 들을 예정이라고 했다.

서울시의 발표에 대해 시민단체들은 <광화문광장 재구조화, 큰 그림을 그리고 미래로 가자>라는 제목의 논평을 발표했다. 우선 서울시가 재구조화 추진 중단 발표 후 진행한 공론화와 교통 문제 및 주변 난개발 등 우려되었던 문제에 대해 적극적으로 고려하고 있다는 것은 매우 긍정적이라고 했다. 그러나 공론화 자체가 기존 계획을 전제로 시행되었기에 시민 공론화를 보완할 수 있는 구체적이고 세부적인 전략이 필요하며, 공론화를 서울시의 이미 확정된 안의 재추진 명분으로 삼아서는 안 된다고 했다. 특히 서측 광장과 같은 편측안은 백지화하는 것이 옳고 지속적인 공론화를 위한 후속조치 마련을 촉구했다. 그리고 서울시만이 아니라 행정안전부와 문화재청도 논의의 전면에 나서야 한다고 했다.

② 일회성으로 끝난 쟁점 논의

시민단체의 논평 발표 후, 추진단과 시민단체는 '쟁점별 공론화 방안'에 대한 협의를 진행했다. 시민단체의 혼잡통행료 중심의 교통 대책과 광장 형태에 대한 쟁점별 논의가 필요하다는 의견에 대해 추진단은 토론회를 개최하겠다고 했다.

4월 13일 정동아트센터에서 '광화문일대 종합발전계획 및 도심부 수요관리정책'이라는 주제의 쟁점 논의가 개최되었고 주요 논의 내용은 승용차 억제를 위한 적극적인 방안을 어떻게 수립할 것인가였는데 시민단체들의 입장은 서측 광장 등 광장 구조 변경보다 우선되어야 할 정책이 녹색교통진흥지역에 대한 적극적인 수요관리 방안 수립과 버스 중심의 대중교통 Ver2 정책수립이었다. 도시교통실에서도 혼잡통행료 추진에 대해서는 긍정적이었다. 그동안 여러 차례 정책검토가 이루어졌고 시행 방안도 마련되었으나 정치적 판단으로 번번이 좌절되었기에 향후 도시교통실 주관으로 혼잡통행료에 대한 논의를 진행하기로 했다.

두 번째 쟁점토론은 광장 형태에 대한 것이었다.

광장 형태에 대해서는 시민단체들 안에서도 중앙 광장 확대, 동측 광장 조성, 양측 광장 확대 등 여러 의견이 있었다. 그렇기에 적극적인 공론화가 필요한 사안이기도 했다.

4월 27일 서울시 서소문제2청사에서 진행된 2차 토론회에서 정기황문화도시연구소은 광화문광장 양측안을 제안했다. 역사적으로도 서울의 주진입은 숭례문에서 보신각을 거쳐 종로, 육조거리, 광화문의 경로였기에 종로에서 광화문광장 방향의 동측 경로가 중요하므로 서울시의 기존 안에서 상징성으로 표현되는 광화문과 광장의 일직선 축은 역사적으로는 의미가 없다고 했다. 그리고 서측안은 동측 보행로의 불편을 전혀 개선하지 못하며, 종로와 연계가 어렵다고 했다. 정기황이 제안한 양측안은 중앙부에 5~10m 내외의 보행섬을 유지하고, 서측 35m, 동측 25m의 광장 공간을 확보하자는 것으로 동측의 보행문제 해소와 전면 광장으로 가기 위한 순차적 개선 방안으로 적합하다고 했다.

김규원한겨레21은 서울시의 서쪽 편측안은 타당성이 매우 부족하다고 비판했다. 형태적 상징성이나 보행성, 상권 분석, 대중교통 연결성, 주변 지역과 통합성 등을 고려할 때 양쪽 광장이 가장 타당하다고 했다. 또한 서쪽 편측안은 세종문화회관이 중심성을 갖기 때문에 세종문화회관광장이지 광화문광장이 아니라고 했다.

광장 형태에 대한 토론은 서로 다른 생각이 확인된 자리였다. 토론 마무리에 시민단체들은 광장 형태에 대해서는 지속적인 공개토론을 이어가야 한다고 했는데 다양한 전문가들과 함께 치밀한 논의를 지속하여 의견을 모아 나가는 것이 필요하다고 본 것이다. 그리고 현 상황에서 광장 서측안 중심의 행정작업에 대해 공개적으로 반대한다는 입장을 추진단에게 전달했다.

그러나 추진단의 입장은 달랐다. 혼잡통행료에 대한 논의 지속은 동의하지만 광장 형태에 대한 논의는 피해가려고 했다. 서측 광장을 기정사실화하고 발생할 여러 문제를 보완해 나가자는 것이었는데 장기적으로 전면 광장화가 실현될 것이기 때문에 서측 광장을 먼저 시행하는 것이 문제가 없다는 입장이었다.

이처럼 시민단체와 추진단의 입장 차이는 좁혀지지 않으면서 쟁점토론은 주제별 1회씩 진행한 후 중단되었다.

③ 민관 거버넌스 모색과 폐기

서울시는 그동안 공론화를 통해 시민단체들과 협의가 어느 정도 마무리되어 간다고 생각한 듯하다. 서울시의 향후 계획[22]을 살펴보면 시민단체 의견을 청취하여 광화문시민위원회에서 논의를 진행한 후 시장에게 최종 의견을 전달할 구상이었다.

이러한 구상 속에서 광화문시민위원회 상임위원, 재구조화반대 시민단체가 참여하는 행정2부시장 주재의 간담회를 제안했는데 시민단체들은 참석하지 않기로 했다. 쟁점에 대한 논의들이 제대로 열어지지 않은 상태에서 마무리 성격의 서울시 간담회는 참석할 이유가 없었다.

쟁점에 대한 논의가 제대로 열어지지 못하자 시민단체들도 '광화문광장 재구조화 졸속추진 중단을 촉구하는 시민사회단체' 활동을 일단락할 준비를 하고 있었다.

사회적 공론화를 열어낸 시민단체들의 지금까지 활동은 '민관 거버넌스의 토대'를 만들어낸 것이고 사회적 공론화를 내실있는 정책 결정과정으로 전환하기 위해서라도 민관 거버넌스가 형성될 필요가 있었다. 혼잡통행료와 서측 광장 조성, GTX-A 광화문역 등은 새로운 틀과 방식으로 대응하는 것이 필요하다고 판단한 것이다.

민관 거버넌스 형성을 위해 시민단체들은 두 가지를 계획하였는데 하나는 시민단체들의 활동을 평가하는 토론회를 개최하여 향후 방향에 대한 입장을 정리하는 것이었다. 또 하나는 민관 거버넌스 구축을 위해 시민단체들과 서울시가 공동으로 합의 사항을 발표하는 것이었다. 서울시와 시민단체의 합의 내용과 이견 또는 쟁점에 대한 논의를 어떻게 열어갈지 발표함으로써, 광화문광장 재구조화에 대한 일련의 과정들이 사회적 성과로 정리될 수 있다고 보았다.

물론 합의 내용에 대해 서울시와 이견은 있겠지만 시민단체들 내부적으로는 "전면 보행 광장을 추구한다. 광장의 구조변화와 동시에 강력한 교통수요관리를 위해 혼잡통행료, 버스노선 개편 등 교통정책과 병행하여 추진한다. 광화문광장 역사 복원은 학계 및 시민사회와 새롭게 논의를 시작한다.

기후 위기 등 미래 사회를 위해 지하 공간 개발계획을 중단하고 이미 시행 중인 사항도 최소화한다."라는 내용을 서울시에 제안하고 협의를 통해 의견을 모아 나가기로 했다. 이러한 구상을 가지고 토론회 및 서울시 제안 등을 준비하고 있었는데 5월 22일, 갑자기 서울시 비서실에서 문자가 왔다.

> 광화문광장과 관련해 시장님이 내일 공관에서 시민사회 분들과 별도로 차담을 좀 나누고 싶어하셔서요. 시간이 촉박하긴 하지만 참석가능하신 분들과 가능한 시간을 좀 조율해 주실 수 있을까요?

무슨 영문인지는 모르겠으나 참석하기로 했다. 차담회는 서울시장 공관에서 오후 5시부터 6시까지 진행되었고 참석자는 박원순 시장과 비서실 관계자, 추진단 공무원, 시민단체는 김상철, 김은희, 남은경, 정기황과 한겨레21 기자이면서 시민단체와 논의를 함께 해 온 김규원이 참석했다. 박원순 시장은 광화문광장 재구조화사업을 중단할 생각이라고 분명하게 말했다. 시민단체들의 의견을 물은 것도 아니었고, 토론이 이루어진 것도 아니었다. 갑작스러운 발표였는데 코로나뿐만 아니라 여러 가지 정치적 부담을 느끼는 듯했다. 이에 시민단체들도 박원순 시장의 중단 의견에 동의하면서 그간 서울시가 보여준 공론화과정에 대해 함께 백서를 만들자는 제안도 했다.

박원순 시장과 차담회를 마친 후 시민단체들은 광화문광

장 재구조화사업은 당연히 중단될 것으로 생각했다. 비공식 자리였지만 하루 전날 급박하게 시민단체들을 불러서 '중단할 생각이다.'고 했고 차담회 이후 박원순 시장 사망 때까지 다른 이야기는 전혀 전달받지 못했기 때문이다.

그러나 추진단 내부 기류는 달랐다. 광장 내 식재계획 등을 논의하기 위한 광화문시민위원회 전문위원 전체회의가 개최되었고 도시공원위원회 본회의 심의 안건으로 광화문광장 식재계획이 올라갔다. 광장 조성에 따른 교통처리 방안 협의도 진행 중인 것으로 파악되었다. 이에 시민단체들은 서울시가 광화문광장 조성을 위해 빠르게 움직이는 듯하다며 내부 논의를 통해 추진단에 다음과 같은 사항을 전달했다.

우선, 서울시는 혼잡통행료 시행 방안과 광장 조성 방안은 동시에 추진한다는 것을 명확히 해야 하며, 혼잡통행료 논의에 앞서 4월 27일 쟁점 토론회에서 제기한 것처럼 광장의 형태와 관련해 시민단체와 본격 논의를 시작할 것을 서울시에 제안한다는 내용이었다.

시민단체의 제안에 대해 추진단은 교통실과 혼잡통행료 관련 협의테이블을 만들기로 했다며 적극적으로 나섰으나 광장 형태에 대해선 난색을 보였다. 그리고 시민단체들을 개별적으로 만나 혼잡통행료 논의는 지속하되 광장 구조에 대한 논의는 제외하자고 했다.

내부적으로 여러 의견이 있었으나 시민단체들은 광장 형태에 대한 논의 없이 혼잡통행료에 대한 논의만 지속시킬 수는 없다는 입장을 견지했다. 서울시의 서측 광장 조성 근거는 납득하기가 어려울 뿐더러 서측 광장 등 광장 구조에 대한 논의 자체를 거부하는 이유를 도저히 이해할 수 없었다. 보이지 않는 손이 있는가라는 의문까지 들었다.

광장 조성과 관련된 일련의 심의진행에 대해서도 시민단체들이 문제를 제기하자 추진단은 추후 광장을 조성할 여건이 될 수도 있으니 미리 준비하는, 일반적인 행정절차라고 설명했다.

그러나 6월 22일 도시재생실의 '새로운 광화문광장 현안사항 보고'는 추진단의 설명과 달리 2021년 8월 완공을 위해 빠르게 움직이고 있었다.

새로운 광화문광장 현안사항 보고내용은 7월말까지 교통영향평가와 교통규제 심의 완료, 7~9월 광장 서측세종문화회관 쪽 보도구간 문화재 발굴, 8월 광장 동측교보빌딩·KT빌딩 쪽 도로공사 발주, 9~12월 광장 서측세종문화회관 쪽 도로구간 문화재 발굴 및 광장 동측교보빌딩·KT빌딩 쪽 착공 및 완료, 2021년 12월~4월 광장 남측세종대로사거리-세종문화회관 300m 조성, 4~8월 광장 북측세종문화회관-정부서울청사 약 150m 조성이라는 일정을 갖고 추진하는 중이었다.

어떠한 발표도 없이 공사를 위해 움직이는 서울시의 빠른 행보를 뒤늦게 파악한 시민단체들은 구상했던 '서울시와 공동 합의문 발표 제안'을 자체적으로 폐기하고 성명서를 발표하기로 했다. 추진단은 시민단체들에게 성명서 발표 전 사전 협의 진행을 요청했지만, 시민단체들과 논의는 논의대로, 공사를 위한 사업 추진은 사업 추진대로 움직여왔던 추진단과 사전 협의는 아무런 의미가 없었다.

7월 1일 시민단체들은 <광화문광장, 다시 행정절차의 볼모가 되어서는 안 된다 - 교통수요관리, 주변상업개발, 광장의 개방성 등 쟁점 빠진 서측안 재추진을 우려한다>는 제목의 성명서를 발표했다.

성명서는 시민단체들의 제안에 대해 서울시가 보인 수용성과 적극성은 매우 고무적이었고 다양한 쟁점 논의가 폭넓게 열릴 수 있었으나, 물리적 공간재편에 대한 공론화 부재, 공간재편 이전에 적극적인 교통수요관리정책 수립 미비, 시민의 자유를 보장하는 광장 운영에 대한 논의 부족을 한계로 지적하였다. 이러한 한계에도 불구하고 서울시가 광화문광장 재구조화를 추진한다면 이는 시민의 요구에 의해서가 아니라 박원순 시장을 비롯한 서울시 행정의 필요와 요구에 의한 것이며, 지금은 광화문광장에 대한 논의가 일단락되는 시점이 아니라 또 다른 공론화가 필요한 시점임을 분명하게 했다.

7월 9일, 박원순 시장의 사망으로 시민사회단체들은 광화문광장 조성사업이 당분간 중단될 것으로 예상하였으며, 2021년 4월에 선출될 차기시장에 의해 결정될 것으로 생각했다. 그러나 행정 관료들의 손으로 넘어가면서 일사천리로 추진되어 버렸다.

시장 권한대행의 폭주와 강행(2020년 9월~2021년 4월)

공무원들의 빠른 움직임과 공사 강행

박원순 시장이 사망하자 시민단체들은 서울시장 보궐선거가 2021년 4월 7일에 치러지는 만큼 광화문광장에 대한 결정권은 차기 시장에게 넘기는 것이 타당하다고 보았다. 2020년 2월 13일 발표한 서울시의 보도 자료 이후 구체적인 계획에 대해 어떠한 발표도 없었기 때문이기도 했다.

그러나 시장 권한대행을 포함한 부시장단과 광화문추진단의 생각은 달랐다.

선출직 시장이 없기에 행정 관료들은 정치적 책임을 가질 이유가 없었고 여러 가지 사업들은 공무원들의 의지에 따라 추진여부가 결정되었다. 광화문광장 재구조화사업을 밀어붙여야겠다는 공무원들의 의지는 매우 높았던 것으로 보인다. 이 사업만을 담당하는 부서인 '광화문광장추진단'이 있었으니 당연한지도 모른다. 세종대로 사람숲길사업에 광화문광장추진단이 광화문광장사업을 의도적으로 연결시키면서 재촉하고 있다는 다른 부서 공무원들의 불만도 들려왔다.

9월 17일경 여러 곳에서 소식을 알려 왔다. 청와대도 동의하였기에 광화문광장 공사를 10월에 시작할 예정이며, 현재 경찰청과 교통 대책에 대해 최종 조율 중이라는 것이다. 그리고 9월 26일 전후로 관련 내용을 서울시가 발표할 것이라고 했다.

9월 28일, 서울시는 <시민의 뜻 담아 쉬고 걷기 편한 광화

문광장으로 변화한다>라는 제목의 보도 자료를 배포했다.

보도 자료를 통해 작년 9월부터 연말까지 총 61회 12,115명과 소통했으며, 금년에는 약 100여 차례 소통을 지속하였다고 했다. 그 결과 시민의 뜻을 담아 '변화되는 광화문광장 기본방향을 전면 보행화의 단계적 추진, 공원적 요소 반영, 광화문 일대를 아우르는 미래지향적 계획 마련으로 잡았으며, 구체적으로 사직로는 현 상태를 유지하며 세종대로사거리~광화문 구간의 동측 차로를 양방향 7~9차로로 확장 조정하고, 세종문화회관 서측은 공원을 품은 광장으로 조성, 대규모 지하 개발 대신 현 지하 해치마당 리모델링, 광화문 일대 종합발전계획 수립이다. 그리고 10월말부터 동측차로 양방향 통행을 위한 확장 공사를 시행하고, 월대는 광장 변화와 연계하여 단계적으로 시행하겠다는 것이다.

① 시민의 뜻이 아니라 서울시의 뜻이다.

서울시의 보도 자료는 박원순 시장이 2019년 9월 광화문광장사업을 전면 재논의하겠다고 공개 선언한 이후 진행된 광범위한 토론 결과를 제대로 담아내지 못하였을 뿐만 아니라 애초 서울시의 계획과 거의 달라지지 않은 내용을 그대로 담고 있었다.

2월 13일 발표 이후 쟁점이 무엇이었으며, 쟁점들의 수용 또는 수용하지 못하는 이유 등에 대해서는 아무런 언급이 없었다.

시민단체들은 10월 5일 기자회견을 통해 <근시안적인 광화문광장 재구조화사업 추진을 당장 중단하라>라는 제목의 성명을 발표했다.

박원순 시장이 5월 23일 시민단체와 만남을 통해 광장 중단 의견을 피력한 바 있으나 이후 이렇다 할 공식 또는 비공식 결정이나 발표가 없었음에도 권한대행 체제의 서울시 공무원들이 공사 결정 및 빠른 집행을 추진하는 것은 타당하지 않으며 서측 광장의 경우 지속적인 공론화가 필요하다고 숱하게 지적했음에도 제대로 된 공론화 없이 그대로 강행하겠다는 것에 우려를 표했다. 또한 혼잡통행료 등 차량수요억제 정책도 전혀 내놓지 못한 상태에서 이렇게 급하게 서두르는 이유는 무엇인지 밝힐 것을 요구했다.

그리고 광화문광장 재구조화사업 결정과 진행은 새 시장에게 넘겨야 하며 서울시 부시장단과 긴급 간담회를 요구했다.

② 시민의 뜻을 담아 추진한 것이다.

시민단체의 기자회견문이 나오자 당일 오후 서울시는 반

2020년 10월 5일
기자회견

박 자료를 배포했다. 서울시는 시민단체들의 성명서에 대해 2019년 9월부터 연말까지 총 61회 12,115명과 소통하였으며, 2020년도에는 100여회 소통한 결과를 토대로 시민의 뜻을 담아 추진하겠다고 2월 14일 발표하였고 이를 기반으로 전문가 및 관계기관과 논의하여 구체적인 계획안을 마련한 것이라고 했다.

또한 5월 23일 박원순 시장과의 차담회는 시민단체 만이 아니라 광화문시민위원회 위원과도 차례로 면담하여 종합적인 자문을 받은 것이며, 차담회 이후 5월 27일, 사업관련 회의에서 어떠한 흔들림없이 현재 계획에 따라 행정 역량을 집중하여 추진하기로 했다고 주장했다.

또한 2020년 상반기에만 시민단체와 20여 차례 간담회 및 토론회를 개최하였으며 4월에는 광장 구조에 대해 집중 토론회를 실시하였고, 시민의 뜻을 고려하여 서측 광장으로 추진하겠다는 것을 시민단체에 밝혔다고 했다. 차량억제정책은 녹색교통진흥구역정책과 연계한 교통수요관리정책을 병행하여 실시 중이며, 광장의 변화는 공간적 조화, 교통영향, 시민불편 등을 고려하여 단계적으로 추진하는 것이라고 했다. 그리고 광화문광장 동측 도로 확장 공사는 세종대로 사람숲길 조성사업의 공정과 연계하여 마무리하겠다고 했다.

③ 공사를 서두르는 이유는 무엇인가

서울시의 해명 자료는 어이가 없었다.

2018년부터 시작된 광화문광장에 대한 문제제기에 서울시는 항상 2016년 광화문포럼을 시작으로 끊임없이 소통한 결과라고 했다. 그러나 시민의 뜻이 구체적으로 무엇인지, 반대 의견은 무엇이고, 반대의견을 검토한 결과는 무엇인지에 대해서는 여전히 묵묵부답이었다.

박원순 시장이 흔들림없이 추진하라고 했다는 5월 27일 회의에 대해서는 구체적인 회의내용과 참석자에 대해 제대로 답변하지 못했다. 서울시가 주장하는 2020년 상반기에 시민단체와 진행한 20여 차례 간담회와 토론회는 시민단체들도 잘 모르는 일이며, 아마도 개별 만남까지 포함한 듯하다. 광장 구조에 대한 집중토론 역시 사실과 달랐다.

이에 시민단체들은 기자회견을 통해 공개질의서를 발송하기로 했다. 공개질의 내용은 서울시가 공사를 급하게 서두르는 이유는 무엇이며, 5월 27일 현재 계획을 확정하여 추진하였다면 누가 확정했으며, 당시 수립한 '현재 계획' 내용은

1인시위

무엇인지, 서울시 보도 공사 '클로징Closing11'을 위반하면서까지 이렇게 급하게 추진하는 이유는 무엇이며, 만약 보도 공사 '클로징11'에 적용되지 않는다면 그 이유는 무엇인지, 공사 진행 계획에 대해 공청회 또는 공개설명회를 개최할 계획은 있는지 등이다.

광화문광장 재구조화에 반대하는 전문가들도 나섰다. 성명서 및 서명 작업에 돌입하였고 123명의 전문가는 재구조화를 반대한다는 성명을 발표하기 위해 10월 22일 기자회견을 진행했다. 행정개혁시민연합의 청년회원들은 인스타그램에 광화문광장 공사반대 손글씨 릴레이 프로그램도 진행했다.

공무원들의 독주를 막기 위해서는 적극적인 여론전과 시의회의 관심이 필요하다는 판단 아래 원내 정당에 자료 발송, 서울시의회 의원 방문 및 자료 전달, 시의회 의장 면담, 피켓팅과 시민홍보물 배포, 광화문광장 무효소송까지 바쁘게 움직였다.

④ 광장이 아니라 공사를 하고 싶었던 서울시

서울시 공무원들은 강했다.

11월 16일, 서울시는 '지난 4년간 300회 넘게 시민과 소통하며 마련한 청사진 사람이 쉬고 걷기 편한 광화문광장 조성을 위한 공사를 오늘11월 16일 시작'한다고 발표했으나 이미 이른 아침 동측 도로 확장 공사는 시작된 상태였다. 얼마나 급했던지 공사 당일 어디에도 공사안내표지판은 없었고 당시 현장소장은 시간이 없어 준비를 못했다며 바로 설치하겠다고 했다. 하물며 동네 하수도 공사도 사전 공식 발표와 함께 안내판 부착 등 사전 공지를 한다. 그런데 서울시는 공사 당일, 그것도 이미 공사가 시작된 후에 발표하는 어처구니없는 상황을 만들어 냈다. 최소한 광화문시민위원회에게는 알려야 했음에도 전혀 알리지 않았다. 2003년 서울광장 조성 당시 독단을 치닫던 이명박 시장 때보다 더 어이없는 상황이 벌어진 것이다. 최악이었다.

첩보 작전하듯 이렇게까지 급하게 서울시가 서두르는 이유는 무엇일까. 아마도 광장 재조성보다 '광장 공사'를 너무나 하고 싶었기 때문일 게다. 그래야 서울시의 서두름이 이해된다. 시민단체들은 16일 오전 시청 앞에서 기자회견을 갖고 <서울시의 일방적인 착공을 즉각 중단하라>라는 성명을 발표했다. 그리고 공사 현장까지 행진하며 서울시를 규탄했다.

> 지금 서울시는 공론화과정을 통해서 정당성을 확보하였고 계획의 많은 부분이 개선되었다고 말하지만, 이는 우리가 확인한 사실과 매우 다르다.
>
> 우선 종합적인 광화문광장 재구조화와 관련한 계획은 발표된 것이 없다. 현재 진행 중인 내용은 모두 개별적인 사업으로, 도로 따로 공원 따로 진행될 뿐이다. 서울시의 공고나 고시에도 2019년 9월 잠정 중단 이후 발표된 내용이 없다는 데서 확인된다. 현재 서울시가 추진하고 있는 사업들은 모두

2019년 1월에 발표된 국제현상공모작의 후속조치로 해왔던 것이다. 즉, 서울시가 말한 공론화는 허울이었다. 무엇보다 최소한의 정보 공개가 이루어지지 않고 있다. 서울시가 정보 공개 차원에서 정비했다고 하는 광화문광장 홈페이지는 2020년 2월 이후 어떤 자료도 게시되지 않고 있다. 난데없는 도로 조성 공사 안내만 올라왔을 뿐이다. 지금 서울시가 어떤 광화문광장을 조성할 것인지는 광화문광장추진단이라는 부서 외에는, 서울시의회조차도 제대로 모르는 상황이다.

이런 상황에서 공사를 시작한다고 나섰다. 우리는 과거 이명박 전 시장의 서울광장 조성과 오세훈 전 시장의 광화문광장 조성과정을 기억한다. 그렇게 만들었던 광장에 정말 '광장다움'이 있었던가. 과연 지금 서울시가 하고자 하는 광화문광장 재구조화는 그것과 무엇이 그렇게 다른가? 지금 서울시가 하는 것은 광장정신이 없는 광장을 만드는 것이다. 그런 광장이 새로운 민주주의의 가치와 개방성, 포용성, 다양성을 담을 리 없다. 무엇보다 이 광장사업은 시민에 대해 어떠한 책임도 질 수 없는 관료들에 의해 주도된다.

우리는 이런 사태를 묵과하지 않을 것이다. 수차례 대화 요구

2020년 11월 16일
서울시 공사 강행
항의 행진

에도 꿈쩍하지 않는다면, 과거 부패한 정권을 몰아냈던 그 광화문광장에 다시 설 수밖에 없다. 마지막으로 간곡하게 요구한다. 당장 착공을 중단하라.

여야 힘겨루기로 왜곡시킨 서울시의회

시민단체들은 시의회 의장 및 더불어민주당 대표의원, 예결위원장, 도시계획 관리위원 등을 만나 광화문광장 재구조화사업에 관한 관심을 요청하면서 관련 자료를 전달했다. 11월 30일 개최될 도시계획관리위원회에서 광화문광장 예산 심의가 진행될 예정이기 때문이었다.

시민단체들의 자료를 검토한 의원들은 제298회 서울특별시의회정례회의 제7차 도시계획관리위원회에서 광화문광장 재구조화에 대한 질의를 이어 나갔다.

우선 광화문포럼이 제시한 안과 기본종합계획, 기본종합계획을 근거로 진행된 국제현상설계공모 당선작 그리고 현재 진행 중인 광화문광장사업이 각각 다르다는 지적과 함께 2년전 서울시의회 의원들을 설득했던 취지나 의미들이 현 광화문광장 공사에는 담겨 있지 않다는 질책이 이어졌다.

동절기 보도 공사를 금지하는 클로징11을 위반하면서까지 공사를 서두르는 이유는 무엇인지, 타당성이 없는 GTX-A 광화문역 신설, 월대 복원 예산 수립에서 나타난 문제 등이 제기되었고 광화문포럼과 광화문시민위원회의 의견을 제출하라는 요구도 있었다. 이에 서울시는 급히 의견서를 만들어 광화문포럼과 시민위원회 위원들의 찬반을 묻기도 했다.

이처럼 광화문광장에 대한 질책과 질문들이 이어졌으나 시의원들은 예산 대부분을 승인하였고, 단지 광화문역 연결 지하보행로 조성사업 30억 원, 경복궁 광화문 월대 등 문화재 복원 및 주변 정비 25억 5천만 원, 광화문 일대 보행환경 조성사업 30억 원만 감액했다.

이미 동측 도로 공사가 시작된 것도 영향을 미쳤겠지만 광화문광장 재구조화사업을 정당 싸움으로 변질시켜 버린 것이 결정적이었다.

도시계획관리위원회 회의 이전인 11월 23일 국민의힘·민생당·정의당 등 야당 의원 8명은 서울시의회 본관 기자회견실에서 합동으로 '광화문광장 재구조화 전면 중단 촉구 기자회견'을 가졌다. 야당 의원들은 코로나19 상황에서 더욱 중요한 공공의료 및 공공돌봄 예산들이 삭감되었는데 시민들의 이견이 합의되지 않은 광화문광장에 791억 원이라는 혈세를 졸속으로 추진하고 있다며 당장 중단해야 한다고 촉구했다. 또한 시장 궐위 상황에서 시장 권한대행의 밀어붙이기 강행을 이해할 수 없다고 했다.

야당 의원들의 기자회견에 시의회 110석 중 102석을 차지한 민주당 의원들은 같은 날 오후 서울시의회 더불어민주당 차원의 입장문을 내고 광화문광장 재조성사업은 4년간 300회 이상의 소통을 거쳤기 때문에 중단없이 추진되어야 하며, 그동안 야당 의원들의 적극적인 반대의견이 없었음[23]을 지적하면서 야당 의원들의 기자회견은 뚜렷한 명분이 없다고 했다. 그러나 그동안 야당 의원들은 광화문광장 관련사업비에 대해 수차례 질의를 하는 등 반대 의견을 피력한 바 있었다.

여당과 야당 시의원들의 성명서를 접한 시민단체들은 11월 24일 <시장 없는 서울시 대신 서울시의회가 제 역할을 해야 할 때다>라는 제목의 보도 자료를 통해 서울시의회는 정파적 이익보다 서울시의 장기 비전과 시민들의 편익을 중심으로 살펴야 하며, 시장 공석 상황에서 서울시의회가 적극적으로 나서 다수당의 힘겨루기보다 합리적 토론의 계기를 마련하기 위해 공개토론회를 개최해야 한다고 했다.

그러나 서울시의회의 적극적인 역할은 보이지 않았다. 예산심의 이후 곧 닥칠 서울시장 보궐선거가 더욱 중요했기 때문이다. 정책에 대한 논의보다 정당 간 힘겨루기가 더욱 중요했던, 그래서 정책에 대한 논의를 실종시킨 서울시의회 의원들의 행보는 비판받아야 한다.

서울시의 기획된 무례함

시민단체들은 광화문광장과 관련하여 11월 4일 김학진 부시장과 면담을 공식 요청하였으나 광화문추진단과의 우선 만남을 권고하여 11월 10일 시민단체들과 광화문추진단의 의미없는 간담회가 10여분 동안 진행되었다.

그리고 2020년 11월 19일에 개최된 시민단체들과 서울시 김학진 부시장과의 간담회는 광화문추진단의 기획된, 의도적인 무례한 행동으로 30여분 만에 파행으로 끝났다.

시민단체들의 요구로 어렵게 마련된 자리였으나 참가자 소개 후 어떤 내용과 방식으로 진행할지 논의하기도 전에 추진단은 시민단체들이 발표한 성명서 문장 몇 개를 가지고 "시민사회단체들도 서울시의 소통 의지를 높게 평가했으면서 그간 소통이 절차적 도구로 전락했다는 등의 문제를 제기하는 이유가 무엇인지, 앞뒤가 맞지 않는다."는 등 억지 주장을 추궁하듯이 늘어놓기 시작했다.

우선 어떤 논의를 어떻게 할지를 먼저 정한 후 이야기를 해 나가자는 시민단체들의 만류에도 "먼저 이야기를 들어라."라며 작심하듯이 발언을 이어 나가는 추진단에 의해 시민단체들의 의견은 철저하게 무시되었고, 시민단체 일부가 퇴장한 뒤에야 추진단의 무례한 언행은 중단되었다. 그리고 이러한 행동에 대해 방관하듯이 두고 보는 태도는 김학진 부시장을 포함한 서울시 간부들이 의도적으로 기획한 무례함이라는 것을 확인시켜 주었다.

민관 거버넌스 형성과정이 처참하게 실패하였다는 것을 상징적으로 보여준 자리였다.

성공한 서울시의 알박기 공사

시민단체들은 3월 8일 서울시장 후보자들에게 <광화문광장 재구조화에 대한 질의서>를 발송하였다. 이에 대해 국민의힘 오세훈, 국민의당 안철수, 무소속 신지예 후보가 답변서를 보내 왔는데 국민의힘 오세훈 후보는 광화문광장 재구조화사업에 반대하며 당선 후 공론화 재개를 밝혔다.

또한 "제가 다시 서울시장이 된다면, 이미 예산이 투입되어 강행 중인 공사의 전면적인 중단으로 초래되는 또 다른 예산낭비를 최소화하는 방향으로, 빠른 시일 내에 광화문광장이 어떻게 좀 더 의미 있는 형태로 조성되어야 하는지에 대한 부족한 공론화과정을 마무리하여 모든 대안을 열어두고 대처하겠습니다. 그리하여 추가비용이 최소화될 수 있는 범위 내에서 시민들의 의견수렴 결과를 바탕으로 진정한 시민의 광장으로 돌려드리겠습니다. 중략 시장도 없는 대행체제에서 800억 원이라는 혈세를 집행하는데 있어 어떻게 저런 통크고 빠른 결정을 내릴 수 있었는지, 취임 즉시 반드시 그 책임을 물을 것입니다."라는 답변을 보내 왔다.

오세훈 시장 당선 후 시민단체들은 4월 14일 입장문을 통해 후보 시절 약속과 같이 공사 중단 및 공론화를 통해 새로운 논의를 시작하라고 촉구했다.

그러나 오세훈 시장은 약속과 달리 공론화과정도 거치지 않고 4월 27일에 현재의 광화문광장 재구조화사업을 그대로 추진하겠다고 밝혔다. 근거로 공사가 1/3 이상 진행된 상태에서 원상회복하려면 최소 400억 원의 매몰비용이 발생하며, 재검토할 경우 장기간 광장 사용이 어려워 시민불편 가중과 소모적 논쟁 및 갈등을 더 일으킬 우려가 있다고 했다. 또한 공무원의 책임을 묻지 않겠다며 '철학과 판단기준이 달랐을 시기에 어쩔 수 없이 각자의 자리에서 소임을 다한' 것이라고 했다.

오세훈 시장의 발표 내용은 받아들일 수가 없었다.

시민단체들은 단 한 번도 원상회복을 요구하지 않았다. 시민단체들이 요구한 것은 원상회복이 아니라 공사를 진행한 동측 도로는 그대로 두되 서측 광장 조성 공사를 중단한 다음 논의를 재개하자는 것이었다. 원상회복에 관한 이야기는 어떤 근거에서 나온 것인지 이해할 수 없었다.

또한 소모적인 논쟁과 갈등을 우려하기 전에 서울시는 먼저 사과를 해야 했다. 소모적인 논쟁과 갈등의 당사자는 시민 공론화와 사회적 합의가 부족한 광장계획을 일방적으로 결정하고, 스스로 금지한 동절기 공사를 강행한 서울시 행정 공무원들이다. 그러나 정작 250억 원이란 큰 예산을 임의로 집행한 행정공무원의 책임에 대해서는 아무런 언급이 없었다.

사회적 합의가 없는 오시장의 일방적 결정은 결국 오시장이 스스로 말한 것처럼 "시장이 바뀔 때마다 광장이 공사장이 되는 비합리적이고 소모적인 역사를 반복"[24]하게 할 뿐이다.

서울시의회 김인호 의장 역시 오세훈 시장 당선 후 광화문광장 공사를 중단하면 혈세를 낭비한다는 의견을 언론을 통해 강하게 피력하면서 오세훈 시장을 압박했다. 그러나 서울시의회야말로 일련의 과정에 대해 책임을 통감해야 한다. 서울시의회는 광화문광장 재구조화사업의 문제점이나 박원순 시장 사후 서울시의 졸속추진 문제점을 잘 알고 있었으나 대행체제의 서울시가 무리한 공사를 할 때 어떤 의견도 제시하지 않았다. 오히려 정책적인 논쟁을 여야 간 힘겨루기 싸움으로 몰고 간 당사자였다.

그렇기에 '공사를 중단하면 혈세를 낭비하게 된다.'라고 말하기 전에 서울시의회가 건강한 감시자와 견제자의 역할을 제대로 했다면 혈세를 낭비하지 않았을 거라고 반성해야 했다.

시민단체들이 이 사업에 반대한 가장 큰 이유 가운데 하나가 예산 낭비였다. 사회적 합의가 이뤄지지 않았고, 이를 추진하던 박원순 시장이 갑자기 세상을 뜬 상황에서 삽을 뜨는 것이 그리 긴급했는지, 모든 시민이 어려움을 겪는 코로나시기에 멀쩡한 도로와 광장을 파헤치는 사업을 그렇게 서둘렀어야 했는지, 만약 정상적으로 사업 추진에 따른 책임을 져야 한다는 생각이 있었다면 무리한 공사를 했겠는지 도저히 이해할 수가 없었다.

누가 시장이 되더라도 되돌릴 수 없도록 의도적으로 빠르게 공사를 추진한 것인데, 이것이야말로 서울시 공무원들과

2021년 4월 28일
기자회견

시의원들이 합작한 성공적인 '알박기', '대못박기' 행정이었다.

도시관리계획 무효확인 소송 및 패소

시민단체들은 2020년 12월 1일, 한양대 법학전문대학원 리걸클리닉센터[25]와 함께 서울시를 상대로 광화문광장 재구조화사업 무효확인소송을 제기했다.

시민단체들이 무효확인소송을 제기한 이유는 상위기본계획에 없는 위법한 사업이며, 실시계획 고시도 없이 790억 원 예산의 공사를 집행하는 것도 위법이며, 헌법상 기본권표현의 자유, 환경권 등을 침해한다는 것이다. 그리고 선출직 공무원의 유고 상황에서 권한대행의 업무 범위를 초과한 행위이기 때문이다.

3월 25일 첫 재판이 열렸으나 별다른 내용 없이 5월 13일로 연기하였고, 5월 13일, 서울행정법원은 소를 각하함으로써 시민단체들은 패소했다.

이것으로 광화문광장 재구조화 졸속추진 중단을 촉구하는 시민단체 활동은 종지부를 찍었다.

무효소송 기자회견

도대체 쟁점은 무엇인가

소통이었는가 설득이었는가

서울시의 발표[26]에 따르면 광화문광장 재구조화사업은 2016년부터 4년간 총 300여 회, 2만여명이 넘는 시민과 온·오프라인을 망라하여 소통을 진행했으며, 시민사회단체와도 33회 소통을 통해 2019년 하반기에 진행한 공개토론회 토론주제와 토론자, 토론방법 뿐만이 아니라 시민토론단 구성방법까지 같이 논의해서 결정했다고 한다. 이러한 서울시의 소통 노력에 대해 광화문광장사업을 반대했던 시민단체들까지 높이 평가했다며 구체적인 근거로 시민단체가 발표한 성명서 일부 문장을 서울시 보도 자료에 소개하기도 했다. <시의 시민소통 노력에 대해서는 높이 평가>20.01.28. 시민단체 성명서, <시가 보인 수용성·적극성은 매우 고무적>20.07.01. 시민단체 성명서가 대표적이다. 그렇기에 시민단체들의 제대로 된 소통이 아니라는 문제제기에 동의할 수 없다고 했다.

실제 서울시가 각종 토론회나 보도 자료를 통해 발표했던 소통 횟수들을 따져보면 광화문포럼 시기'16.09.~17.06. 29회, 광화문시민위원회 시기'18.07.~19.08. 64회, 박원순 시장 전면중단 발표 후'19.10.~19.12. 61회, 2020년도 상반기 100회 시민소통을 진행하였다. 서울시가 소통 문제에 대해 억울해할 정도로 어마어마한 숫자이며, 서울시의 노력에 대해서는 인정해야 한다.[27]

그러나 소통에 대한 문제제기는 '횟수'가 아니라 '과정과 결과'라는 것을 서울시는 간과하고 있다.

2019년 7월 22일 기자회견을 시작으로 시민단체들의 주장은 한결같았다. "모든 정보는 공개되고 쟁점에 대한 공개 공론화가 지속해서 추진되어야 한다. 물리적 구조 재편 이전에 다양한 사회실험을 통해 참여와 합의, 지지를 모아 나가야 한다. 통과교통 억제 프로그램 및 대중교통과 보행, 자전거 등 녹색교통네트워크 구축은 물리적 구조 재편과 동시에 추진되어야 한다. 동측, 서측, 양쪽 확대 등과 관계없이 광장 구조에 대한 공론화가 지속해서 진행되어야 한다."라는 것이다.

2020년 1월 28일 의견서를 통해서는 궁극적으로 광화문광장의 미래는 보행 중심의 도시 구조를 전제로 만들어져야 하며, 월대 복원이 최우선 과제가 되어서는 안 된다는 것을 기본으로 GTX-A 광화문역 신설안대규모 지하 개발 포함 폐기, 혼잡통행료 등 교통수요 관리 방안 도입, 물리적 형태 변화 이전에 이용환경 변화 필요편측 광장안 반대, 젠트리피케이션 대응 방안 모색을 요구했지만, 어느 것 하나 제대로 반영된 것은 없다.

공론화과정 역시 토론자들의 의견과 쟁점은 광화문광장 계획으로 피드백되지 못하고 일회성에 끝나 버렸다. 당시 시민단체들은 서울시의 요구에 따라 토론자를 추천하였으나 토론회가 형식적으로 끝나는 것을 보고 2020년 1월 28일 의견서를 통해 서울시의 의욕에 의해 숨가쁘게 쫓기듯 진행되는 토론회는 이제 중단하는 것이 타당하며, 일회적이고 형식적인 공론화를 극복하기 위해서는 토론회에서 나온 구상에 대해 수용은 물론이고 불수용에 대해서도 명확한 입장을 표명해달라고 요청했다. 그리고 쟁점별로 지속적인 토론이 필요함을 제안했다.

2020년 2월 14일 서울시는 시민소통 결과를 반영한 것이라며 새로운 광화문광장의 대략적인 추진 방향을 발표했지만, 소통과정에서 제기된 쟁점들 - 월대 복원, 혼잡통행료, 사회실험, 연계도로의 보행안전, 광장 구조와 형태, 집회 시위를 통한 기본권과 생활권 갈등 등 - 에 대해서는 제대로 된 언급이 없었다. 요구한 어느 것 하나도 제대로 반영되지 않았으며, 왜 반영할 수 없는지에 대한 정확한 설명도 없었다.

서울시가 보도 자료를 통해 서울시의 소통을 높이 평가했다는 시민단체의 7월 1일 자 입장문에는 <광화문광장, 다시 행정 절차의 볼모가 되어서는 안 된다 - 교통수요 관리, 주변 상업개발, 광장의 개방성 등 쟁점이 빠진 서측 광장안 재추진을 우려한다>는 입장을 명확히 했다.

그러나 서울시는 2월 14일 발표 후 어떠한 공식적인 발표도 없다가 9월 28일에 전격적으로 광화문광장 재구조화 계획과 10월 착공을 발표했다.

서울시가 주장하는 소통 결과물은 무엇일까.

사직로 우회도로는 정치권의 만류로 포기한 것이며, 지하개발의 신호탄인 GTX-A 광화문역은 예산까지 편성했음에도 공사가 너무 많이 진행되어 2021년 6월에야 할 수 없이 포기한 것이다. 광화문광장 서측안에 대한 공론화는 한 번 진행한 후 중단했고, 혼잡통행료 등 적극적인 수요 관리 방안은 녹색교통진흥지역을 운영하고 있다는 것으로 대신해 버렸다.

적어도 박원순 시장의 광화문광장 중단 발표 후 진행한 170여 회 논의 쟁점이 무엇이었고 쟁점들이 어떻게 정리되었는지를 제대로 밝히는 것이 소통이다. 또한 9월 28일 발표한 광화문광장 최종안은 언제, 어디서, 누구와 어떻게 공론화를 가진 결과물이었는지도 밝혀야 한다.

서울시에게 소통은 '서울시의 계획안을 실현하기 위한 설득'이었다. '진정성을 가지고 열심히 만났던 이유'도 소통하기 위함이 아니라 '설득'하기 위함이었다. 시민소통이 서울시의 절차적 도구로 활용되었다는 이유다.

박원순 시장은 중단을 이야기했는가

2020년 5월 23일, 서울시장공관에서 오후 5시부터 6시까지 진행한 박원순 시장과 시민단체의 차담회에서 박원순 시장은 "광화문광장사업을 중단하려 한다."고 분명하게 이야기했고 시민단체도 중단에 동의하면서 마무리되었다. 들리는 이야기로는 새로 구성된 비서실에서 강력하게 중단을 요구했다고 한다.

박원순 시장 사망 후 "광화문광장사업을 중단하기로 했는데 권한대행이 강행하고 있다."는 시민단체의 주장과 언론 기사에 대해 서울시는 박원순 시장의 중단발언은 사실

무근이라며 "시민소통 결과와 사업 추진 방향 발표 이후 시민단체뿐만 아니라 광화문시민위원회 위원 등을 차례로 면담하여 사업 일정 등을 포함한 종합적 자문을 받은 바 있으며'20.05.23, 시장공관, 당시 자리를 함께하였던 시민위원회 위원소통분과 이정구 위원장이 언론 기고를 통해 '박원순 시장은 사업의 지속 추진 의사를 최종적으로 분명하게 밝혔었다.'는 사실을 언급한 바, 사업을 중단하려고 했다는 보도는 사실이 아님"이라는 해명 자료[28]를 발표했다. 또한 5월 27일 서울시 내부회의를 통해 박원순 시장은 "광화문광장사업을 흔들림 없이 추진할 것"을 지시했다고 한다.

서울시가 근거로 제시한 이정구 위원장의 한국일보 기고문에는 "시민단체 이들은 지난 5월 시장공관에서 '박 전 시장이 사업을 중단하겠다.'고 말했다는 주장을 한다. 그날은 시민단체와 광화문시민위원회를 만나 사업 일정 등 종합적 자문을 하는 자리였다. 이날 박 전 시장은 필자를 포함한 위원회 사람들과 시 직원들 앞에서 사업의 지속 추진 의사를 최종적으로 분명하게 밝혔었다."[29]고 했다.

이정구 위원장은 '그날은 시민단체와 광화문시민위원회를 만나 사업 일정 등 종합적 자문'하는 자리라고 했는데 광화문시민위원회정확하게 상임위원은 3시~4시 반까지 차담회를 진행한 것이고, 시민단체들과 차담회는 5시~6시까지였다. 이정구 위원장의 의도는 아니겠지만 마치 시민단체와 광화문시민위원회 위원들이 한자리에 있었으며 '사업 추진 의사' 분명하게 밝혔음으로 시민단체들이 허위주장을 하고 있다고 읽힌다.

한술 더 떠서 오마이뉴스 기자는 사실 확인도 하지 않고 이정구 위원장의 기고문을 그대로 인용하여 <박원순, 광화문광장 조성사업 그만 두려했다는 주장 사실무근>이라는 제목의 기사를 쓰기까지 했다.[30]

시민단체들이 서울시의 해명 자료에 반박하며 당시 정황에 관해 설명하자 추진단장은 "박원순 시장이 시민단체에게 중단을 이야기한 것은 이야기를 끌어내기 위한 것이지 정말 그렇게 생각해서 그런 것은 아니었다."고 했다. "다른 사람 이야기를 잘 들어주는 평소 스타일 때문에 나온 발언"[31]이라고도 했다.

추진단장의 이야기처럼 박원순 시장의 스타일이라고 백 번 양보하더라도 사업 중단이라는 엄청난 결정을 한낱 이야기를 끌어내기 위한 잡담 정도로 했다는 것이 상식적인가. 광화문시민위원들에게는 사업 추진을, 바로 30분 뒤에 시민단체들에게는 사업 중단을 분명하게 이야기했던 상황을 어떻게 이해해야 할까. 박원순 시장이 오락가락한 것일까. 아니면 박원순 시장이 중단을 이야기할 때 광화문시민위원회 상임위원들과 추진단이 지속해야 한다고 강력하게 설득한 것은 아닐까. 여전히 의문이다.

오마이뉴스의 손병관 기자는 기사를 통해 2020년 6월 3일 박원순 시장이 직접 기자에게 "광화문광장은 예정대로 가고 있다. 처음 구상보다는 많이 바뀌었지만. 본래는 완전한 보행 광장으로 바꾸는 게 바람직하지만, 비용이 너무 많이 든다. 내가 임기 중에 다 바꿔놓는 게 아니라 내 임기에는 이만큼, 다음 시장은 이만큼 이런 식으로 단계적으로 나가야 하지 않나 생각 중이다. '새로운 안'을 내놓으면 반대여론이 상당부분 정리될 수 있다고 생각한다."[32]고 했다.

위 기사 내용이 사실이라면 서울시는 2월 13일 발표 이후, 박원순 시장 사망 이전까지 논의되었던 '새로운 안'에 대해 박원순 시장 사망 후 공개하고 논의를 모아 나가야 했다.

그러나 2월 13일 공식 발표 후 어떠한 언급도 없다가 서정협 시장 권한대행은 9월 28일 확정된 계획안 발표 및 11월 16일 공사를 강행했다. 서울시 공무원 말처럼 5월 27일 내부회의를 통해 박원순 시장이 '흔들림없이 사업을 추진하라.'고 했다지만, 박원순 시장의 의지보다 서정협 권한대행 등 행정관료와 광화문광장추진단의 '공사를 하고 싶은' 의지가 강했던 것은 아닐까. 확인할 방법은 없다.

서측 광장은 신성불가침의 영역인가

광화문포럼에서 채택한 광장 구조는 '전면 보행 광장'이었지만 서울시는 내부 실무진들의 검토 결과를 토대로 '서측 광장'으로 확정했다. 서울시의 기술검토 자료에 의하면 전면 보행 광장은 경복궁 주변 대규모 지하 개발로 인한 역사성 훼손 우려, 6년이라는 장기 공사 기간으로 시민불편 예상, 대규모 지하차도 설치에 약 5,000억 원이 소요되는 재정투자 부담

등의 문제가 있으므로 서측 광장안으로 확정했다고 한다.

그런데 왜 서측 광장일까.

전면 보행 광장에 대한 여러 가지 우려들이 있다면 중앙 광장 확대 방안이나 양측 보도 확대를 통해 양측으로 광장을 조성하는 방안, 교보문고 쪽인 동측 광장 조성 등 여러 형태에 대한 재검토와 논의가 필요했음에도 왜 서측 광장이어야 하는지 근거에 대해 의문을 제기하자 서울시는 전문가 의견, 주변과 연계성, 시민의견 조사를 종합적으로 고려한 결과이며 시민단체 내부에서도 다양한 의견이 존재하고 시에 각각의 의견을 주장하였으나 시는 시민의 뜻 등을 고려하여 서측 광장으로 추진하는 것을 시민단체에 밝힌 바 있다[33]고 했다.

서울시의 주장이 타당한가?

① 268명 중 64.9% 찬성을 시민의 뜻이라고 한다.

서측 광장 확정은 서울시 또는 한 개인 건축가의 의견이 아니라 시민의 뜻이었다는 점을 강조하기 위해 근거로 제시한 것은 시민참여단 268명 중 64.9%가 서측 광장을 선호했다는 조사결과였다.

268명의 표본 타당성에 대한 논란이 일자 서울시는 보도자료와 해명 자료[34]를 통해 시민대토론회에 참석한 시민토론단 268명이 대표성을 갖도록 19세 이상의 서울시 25개 자치구별 거주자를 성별, 연령별로 분류해 총 300명을 균형표집하여 구성한 것이며, 토론회 전 광화문광장에 대한 사전학습을 실시하여 충분한 이해가 전제된 상태에서 토론에 임한다고 했다. 또한 시민토론단이 균형 잡힌 시각으로 판단할 수 있도록 시민단체경실련 등를 발표자로 참여하게 하였고, 설문조사는 2차례 시민대토론회에 모두 참석한 토론자만 응답한 것으로 응답자들이 서울시 의견으로 치우쳤을 가능성이 크다는 보도는 사실이 아니라고 했다.

서울시의 주장은 균형표집하여 구성하였으며, 사전학습과 16시간 워크숍 모두 참석한 참여단만 응답할 수 있으므로 단순 숫자비교는 타당하지 않다는 것이다.

그러나 중요한 정책 결정의 근거가 되는 설문조사에서 모집단의 숫자는 매우 중요하다. 또한 설문조사에서 대표성과 객관성은 사전학습과 16시간 워크숍 모두 참여라는 '사업이해력과 인지정도'에서 확보되는 것도 아니다. 설문조사는 '표본구성에 대한 신뢰' 및 '조사기관의 독립성', '설문구성과 조사방법의 타당성' '분석의 객관성' 등에서 신뢰가 확보된다. 서울시가 운영하고 있는 대표적인 숙의제도인 서울시민회의는 3,000명 규모이나 '서울시 전체 인구를 고려할 때 참여규모의 확대 필요성에 대한 검토가 필요하다'[35]는 연구결과에 비추어봐도 시민참여단 268명을 시민의 대표라고 주장하는 것은 타당하지 않다.

휴일 시간을 쪼개서 참여한 시민참여단의 의견은 매우 소중하며 절대로 과소평가해서는 안 된다. 그러나 서울시는 시민참여단의 활동을 '서측 광장 조성의 중요한 근거'로만 활용하고 있다. 서울시의 이러한 태도는 시민참여단을 존중하는 자세가 아니다.

서울시가 서측 광장 조성 근거로 제시하는 또 하나의 여론조사는 2020년 6월에 서울시민 1,000명을 대상으로 시행한 서울시민인식조사이다. 응답자 85%가 세종문화회관 쪽 광장 확대에 긍정적[36]이었다고 했다.

서울시 여론조사 홈페이지를 찾아보았는데 관련하여 2020년 6월에 진행한 여론조사는 <서울시 보행친화도시 서울, 세종대로 도로공간 재편 관련 서울시민 인식조사>2020.06.[37]가 유일하다. 담당부서는 시민소통기획관으로 주요 조사내용은 걷기와 자전거 이용실태 및 서울시 보행환경에 대한 평가, 주요정책도로공간 재편, CRT 구축 인식: 정책공감도, 기대 및 우려 사항, 현재 세종대로에 대한 평가: 이용 형태, 보행 및 교통환경 평가, 세종대로 공간 재편을 통한 대표 보행거리 조성에 대한 의견: 정책공감도, 기대 및 우려 사항, 주요 공간 조성계획에 대한 공감도 및 이유 등이다. 그런데 인식조사 보고서 어디에도 세종문화회관 쪽 광장 확대에 대한 설문문항은 찾아볼 수 없다.

유일하게 유추해 볼 수 있는 문항은 세종대로 공간 재편을 통한 대표 보행거리 조성사업에 대한 인식으로, 87.3%가 대표 보행거리 조성사업에 긍정적으로 생각했다는 것뿐이다. 서울시가 근거로 제시한 2020년 6월 설문조사는 무엇인가. 근거로 제시하려면 서울시는 설문제목과 설문문항, 어느 기관이 어떤 방식으로 설문을 진행했는지를 우선 밝히는 것이 순서이다. 그래야 신뢰할 수 있다.

② 서울시의 여론조사는 공정성을 갖추지 못했다.

어떤 조건에서 여론조사를 진행했는가 역시 공정성 확보의 조건이다. 우리가 서울시 여론조사에 대해 문제를 제기하는 이유는 서울시가 개최한 시민대토론회 프로그램 중 하나로 진행했기 때문이다. 서울시 나름대로 공정성을 기하기 위해 쟁점에 대한 서로 다른 입장의 발제와 조별토론, 질의응답 등으로 진행했지만 전반적인 진행내용은 서울시의 서측 광장 조성으로 귀결되었다.

서울시가 보여준 영상 자료와 발표 자료에서 광장 구조에 대한 설명은 서측 광장으로 많이 치우쳐 있다. 광화문광장 구조에 대한 사전 설명 자료를 보면 중앙 광장 확대 방안은 중심성과 상징성은 유지할 수 있으나 도로가 양쪽에 있어 여전히 단절되고 보행성과 광장활성화 효과가 떨어진다는 문제점이 있으며, 중앙 광장을 도로로 바꾸고 양측 보도를 확대하는 양측 광장은 동서쪽 모두 접근성은 좋아지나 광장 활용성이 떨어지는 문제점이 있다고 했다.

편측 광장인 세종문화회관 쪽으로 확대하는 서측 광장은 접근성이 좋아지고 세종문화회관과 연계하여 문화 공간을 확대할 수 있는 장점과 광화문에 대한 정면성과 상징성을 확보할 수 있으며, KT 앞을 확대하는 동측 광장은 접근성이 좋고 민간건물과 연계해 상업 공간을 확대할 수 있다고 했다. 즉 편측 광장은 장점만 이야기한 것이다. 설문조사 당일에는 추진단에서 나와 세종문화회관 쪽 광장이 동향이어서 아침에는 햇빛이 들어오고 더울 때는 시원하다는, 기후적인 측면에서 유리하다는 설명까지 덧붙이면서 서울시의 입장을 슬며시 던지기도 했다. 서울시가 기획하였고 박원순 시장과 부시장 등 서울시 간부들도 참여한 프로그램 말미에 시행한 설문조사였다.

서울시의 이러한 움직임이 시민참여단에게 얼마나 큰 영향을 끼쳤는지 예단할 수는 없지만 일반적으로 어떤 조건에서 여론조사를 진행했는가는 공정성과 신뢰성을 판단하는데 매우 중요한 요소다.

만약 시민단체들이 토론회를 개최하고 토론회 프로그램 일환으로 여론조사를 했다면 어떤 결과가 나왔을까.

여론조사는 매우 객관적인 판단을 할 수 있는 여건에서 진행해야 한다. 특히 이미 결정된 정책 판단을 위한 여론조사는 더더욱 그래야 한다.

따라서 서울시가 여론조사 결과를 광장 형태의 근거로 제시하려면 여론조사를 제대로 해야 한다. 신뢰를 획득하려면 설문을 만드는 과정에 다양한 이해관계자가 참여해 공정성과 객관성을 확보해야 하며, 전문적인 여론조사기관에 의뢰하여 여론조사의 객관성을 확보하는 과정을 가져야 한다. 반대하는 시민단체를 발표자로 참여시켰기에 공정하다는 주장은 설문의 공정성을 서울시가 어떻게 이해하고 있는지 보여줄 뿐이다.

③ 전문가의 의견은 중앙과 서측, 양측이 팽팽하다.

서측 광장에 대해 서울시는 전문가들의 의견이라고 했지만 그동안 광장 형태에 대한 전문가 연구결과는 다양하다.

서울시와 중앙 정부는 모두 9차례에 걸쳐 광화문광장 형태에 대해 발표했는데 결과는 중앙 광장 3회, 서측 광장 3회, 양측 광장 2회, 전면 광장 1회로 전문가들의 의견도 팽팽하다.

가장 처음 광장 형태를 검토한 서울시의 시범조망가로 기본계획은 세종로와 사직로를 대상으로 수립하였으며, 제시한 광장 형태는 중앙 광장이다. 단계적으로는 중앙분리대 좌우 1차로 확폭, 2단계로 중앙분리대를 중심으로 2개차로 추가 확보, 3단계로 중앙에 폭원 25m의 조망 광장 조성이다.

〈표 9〉 광화문광장 형태에 대한 선행연구

제안 주체 (년도)	광장 형태	출처
서울시 (1999년)	중앙 광장	시범조망가로 기본계획
문화재청 (2002년)	중앙 광장	경복궁광화문권역 문화재환경 정비
서울시 (2003년)	양측 광장	시민 광장 조성 기본계획
문화재청 (2005년)	서측 광장	광화문역사광장 조성계획
서울시 (2007년)	중앙 광장	도심재창조 종합계획
국토부, 국가경쟁력강화위원회 (2010년)	양측 광장	국가상징거리 조성계획
서울시 (2015년)	서측 광장	인문보행도시를 위한 광장 재구조화
서울시 (2017년)	전면 광장	광화문포럼 채택(안)
서울시,문화재청 (2018년)	서측 광장	새로운 광화문광장 조성 기본계획

2002년 문화재청의 경복궁광화문권역문화재환경정비기술용역에서는 세종로를 왕복8차선으로 축소하여 중앙 공원을 조성하며, 장기적으로는 세종로 전체를 차없는거리로 조성하는 것을 제시했다.

서울시 시민 광장 조성 기본계획 연구는 양측 보도 배치형과 중앙 광장형을 비교분석하여 양측 광장이 타당하다고 했다. 양측 광장을 제시한 이유는 차로를 줄이더라도 현 교통체계 유지가 가능하기 때문인데, 조망과 행사 개최 시 연계 문제 등을 해결하기 위해 중앙분리대 제거와 은행나무 이식을 제안했다.

서측 광장은 2005년 문화재청의 광화문역사광장 조성 기본계획에서 제시된 안이다. 광화문역사광장 조성 기본계획은 당시 문화재청장인 유홍준과 기본계획을 수립한 용역업체 이로재총괄 승효상에 의해 진행되었다. 이후 서측 광장 제안은 모두 박원순 시장 임기 중인 2015년과 2018년인데, 당시 서울시 총괄건축가는 승효상이었고 광화문광장 재구조화 기본계획안은 서측 광장이었다는 점에서 여러 가지 의문[38]을 품게 한 부분이기도 하다.

이처럼 전문가들의 의견도 다양하기 때문에 광장 형태에 대해 연속적인 전문가들의 논의를 공개적으로 열 필요가 있었지만 서울시는 서측 광장에 대한 논의 자체를 거부하였다.

④ 주변 연계성은 동측이 우세하다.

서울시가 2019년 9월에 광화문광장 동쪽과 서쪽지역의 상권을 분석한 결과를 보면 점포수와 상주인구는 서쪽이 약간 우세하고 매출액은 동쪽이 훨씬 우세하다. 두 지역 중 어느 쪽이 더 중요하다고 말할 수 없다는 것인데, 이와 함께 알 수 있는 것은 서쪽은 주거 지역 성격이 더 강하고 동쪽은 상업 업무 지역 성격이 더 강하다는 점이다. 동쪽은 방문자가 많고 서쪽은 거주자가 더 많다는 것인데 광화문광장을 조성하는데 방문자 지역을 버리고 거주자 지역 쪽으로 편향되게 만드는 것은 타당하지 않다.

상권 분석과 함께 진행한 보행자 통행량은 동측이 서측의 2배에 이른다. 2019년 5월 평일 오후 6~7시 사이 서울시가 조사한 광화문 앞의 보행 통행량을 보면 세종로 동측이 1,815명으로 압도적으로 높고 세종로 서측은 동측의 절반인 941명이다. 시민들의 보행통행량은 서울시가 조성 중인 세종로 서측이 아니라 동측이 2배 가까이 많다는 것이다. 이유는 주변 환경에 있다. 동쪽에는 교보문고와 한국통신KT, 대한민국역사박물관 등 시민 이용 시설이 많고, 그 뒤쪽은 상업 업무 지역인 종로1가이기 때문이다.

〈표 10〉 광화문광장 동쪽과 서쪽지역 상권 분석

	동쪽 (교보문고 방면)	서쪽 (세종문화회관 방면)
점포수	1,537개	1,820개
하루매출액	67억 1,600만원	29억 7,400만원
상주인구	49,030명	63,313명

출처: 서울시, 2019년

해외 광장 사례들을 보더라도 광장은 주변 건물 및 상가와 긴밀하게 연결되어 있으며, 그렇기에 시민들의 일상과 비일상이 항시 교차되어 활력에 넘친다.

서울시는 서측 광장에 대해 세종문화회관과 연계하여 다양한 문화와 시민들의 자유로운 활동이 넘치는 광장을 이야기하고 있지만 이는 결국 '기획된 문화행사'로 귀결될 것이다. 편측 광장을 선택해야 한다면 동측으로 광장을 조성하고 교보문고나 한국통신, 대한민국역사박물관 공개공지와 1층을 활용하여 자연스러운 일상적인 활동이 이루어지도록 하는 것이 광장 문화에 훨씬 더 가깝다. 서울시가 서측 광장 근거로 제시한 주변 환경과 연계성은 무엇을 연계한 것인지 도저히 이해할 수가 없다.

이처럼 서울시가 제시하는 서측 광장 타당성에 대한 근거는 납득하기 어렵다. 서측 광장 주장 근거인 보행 편의 및 보행량, 주변 네트워크도 타당성이 없다. 전문가들의 의견도 다양하며 시민의견도 근거로 삼기에는 부족하다.

〈표 11〉 광화문광장 평일 오후 6~7시 보행 통행량

	위치	보행량
1위	세종로 동측	1,815명
2위	세종로 서측	941명
3위	사직로 북측	867명
4위	사직로 남측	125명

(출처: 서울시, 2019년)

그럼에도 서울시는 서측 편측안이 가장 타당하다며 2020년 11월부터 공사를 강행하고 있다.

서울시의 입장문처럼 시민단체 내부에서도 다양한 의견이 존재하기 때문에 광장 형태에 대한 전문가들의 공개적이고 지속적인 토론을 요구한 것인데 서울시는 계속 회피해 왔다. 2019년 7월 30일자 한겨레신문에 실린 <'답정너' 광화문광장 재조성... 돌고 돌아 결국 '승효상 안'>이라는 제목의 기사에 고개가 끄덕여지는 이유다.

서측 광장에 대한 논의는 누구도 언급할 수 없는 신성불가침의 영역인가. 왜 서측이어야 하는지 납득할만한 답을 서울시는 반드시 제시해야 한다.

도시교통혁신 방안은 있는가

광화문광장 재구조화와 관련하여 시민단체들의 입장은 크게 세 가지였다. 친환경교통시스템 구축, 혼잡통행료 도입, 시민참여와 지지를 얻기 위한 사회실험 시행이다.

우선 광화문광장이라는 물리적 공간재편은 지속가능한 도시교통을 만들어 나가기 위한 수단이어야 하며, 서울시 도시교통 혁신의 계기가 되어야 한다는 것이다. 해외 여러 나라에서는 이미 도심 속도 30㎞제한, 통과차량 억제, 보행자 및 자전거 이용자 중심의 도로재편 등 자동차 의존적인 도시교통을 보행과 자전거, 대중교통 중심으로 바꿔나가고 있다.

그러나 보행성 강화를 전면에 내세운 광화문광장 재구조

화 계획에는 이러한 방안이 보이지 않는다.

서울시의 논리는 1단계로 세종문화회관 쪽인 서측 광장 확대와 기존 12차로를 7~9차로로 줄이고 다음 단계로 전면 보행 광장과 차도 전면 지하화를 하면 보행성이 강화된다는 것이다. 그러나 물리적 구조 재편만으로 보행성은 강화되지 않는다. 차도는 줄어들었지만 대중교통이나 자전거 전용도로에 대한 계획은 없다. 더구나 차도 전면 지하화는 대규모 지하 개발을 전제로 하는 것이기에 개발에 따른 비용과 에너지 사용 등 기후변화 대응에 역행하는 처사다. 전면 보행 광장과 차도 전면 지하화는 동일선상에서 논의할 수 없는 사안임에도 광화문포럼은 이를 동일시하는 오류를 범한 것이다. 보행성 강화는 공간을 분리시키는 것이 아니라 공간을 보행 중심으로 재편하는 것을 의미한다.

그렇기 때문에 시민단체들의 주장은 서울시가 물리적으로 공간을 재편하기 전에 자동차 의존적인 도시 공간을 보행과 자전거, 대중교통 중심으로 과감하게 재편하는 것이 우선되어야 한다고 했다. 광화문 주변 도로를 단순 통과하는 교통량은 전체 교통량의 46.5%다. 광화문광장 재구조화가 보행성을 강화하기 위한 정책이라면 단순통과교통을 억제하고 보행과 자전거, 버스 중심의 대중교통체계로 전환해야 한다. 세종대로 사람숲길과 맞물려 광화문에서 서울역까지 차도에 자전거 등 개인형 교통수단 전용차로를 설치하고 대중교통 품질을 높이기 위해 2003년도부터 시행한 서울시 버스정책도 재검토하여 혁신적인 서울시 버스정책 2.0을 수립해야 한다.

두 번째는 혼잡통행료 도입이다. 혼잡통행료 도입에 대해서는 1기 오세훈 시장시절부터 검토했으며, 박원순 시장 임기 기간인 2014년도엔 <지속가능한 도시교통관리방안 연구>서울연구원라는 보고서를 통해 한양도성을 중심으로 도심 내 혼잡통행료 도입이 필요하다고 했다.

보고서는 그동안 도시철도 확충, 버스전용차로 시행, 버스준공영제 시행, 환승요금 도입 등의 정책을 통해 승용차 감축을 꾀하였으나 대중교통활성화 정책만으로는 한계가 있다고 했다. 공간의 물리적 여건이나 재정 상황을 고려한다면 직접적인 승용차 감축 방안을 시행해야 하며 구체적인 방안으로 혼잡통행료 도입이 필요하다고 했는데 한양도성을 중심으로 혼잡통행료를 시행하면 교통량감축효과가 높고 시행과 관리도 용이한 것으로 분석되었다.

이런 측면에서 이미 서울시가 한양도성 중심으로 녹색교통진흥지역을 시행하고 있으며 등급별 차량통행을 제한하고 있기 때문에 혼잡통행료 도입은 어려운 일이 아니었다.

세 번째는 시민들의 참여와 지지를 받기 위해 사회실험을 해보자는 것이었다. 지금까지 서울시는 일요일 차없는거리 시범사업을 진행해 왔지만, 임시적으로 평일 특정 요일을 설정하여 승용차 억제정책을 실행해 나가고 시민과 함께 결과를 공유하면서 시민들 스스로 자발적 불편을 선택하게 해야 한다.

서울시는 서측으로 광장이 조성되면, 차도가 줄어들기 때문에 승용차 통행이 불편해질 것이고, 따라서 승용차를 이용하는 사람들이 줄어들 것이라고 하지만, 이는 매우 구시대적인 발상이다. 강요되는 불편이 아니라 자발적인 불편을 시민 스스로 선택해 나가는 것이 시민사회의 모습이고, 이것이 바로 시민력이다. 도시 정책의 기본은 시민력에서 출발한다. 사회실험을 통해 정책수립에 시민들도 몫을 하자는 것이다.

그러나 서울시는 여전히 도로 공간 재편에 치중하고 있었다. 서울시가 발표한 광화문광장 재구조화 관련 도심 교통시스템 개선 주요 내용은 대중교통 인프라 확대 및 개편, 도심권 신호운영과 원거리 우회 추진, VMSVariable Message Sign, 도로전광표지판 및 교통정보 제공, 자전거 전용도로 설치, 대형버스 주차대책 및 집중 단속 등이다.

앞서 <지속가능한 도시교통관리방안 연구>의 '대중교통 활성화정책만으로는 한계가 있기 때문에 직접적인 승용차 감축을 위한 혼잡통행료 도입이 필요하다.'는 지적에 대해 서울시는 귀 기울여야 한다. 동일한 정책적 오류를 반복하지 말아야 한다.

시민단체들은 서울시가 광화문광장 재구조화가 의미를 가지려면 도시교통시스템의 혁신이 수반되어야 한다고 했다. 기후변화라는 전 지구적 아젠다에 적극적으로 대응하는 서울시의 정책이 필요한 시점이기 때문이다. 특히 혼잡통행료는 이미 연구결과 및 세부적인 실행 방안까지 도출된 상황이었고 수차례 시행 단계까지 갔다가 정치적인 판단으로 번번이 중단되었기에 광화문광장 재구조화를 계기로 우선 시행하자고 했다. 시민단체들이 발 벗고 나서서 돕겠다고도 했지만 박원순 시장은 선거를 의식하며 주저했다. 오히려 기존 자동차 교통 시스템을 유지하는데 급급하는 모습까지 보여줬다.

GTX-A 광화문역, 정말 필요한가

GTX-A에 대한 서울시의 입장은 단순하다. 현재 수도권광역급행철도GTX A노선의 주요 거점 정거장은 서울역과 연신내역으로 두 정거장 사이에 광화문시청역을 신설하면 통행시간과 환승 과정을 줄일 수 있다는 것이다.

서울시 보도 자료에 의하면 이용객이 킨텍스역에서 GTX를 탑승해 2호선으로 환승해야 할 경우, GTX 탑승 ↔ GTX-지하철 1호선 환승서울역 ↔ 지하철 1·2호선 환승 등 여러 번 환승해야 하는 번거로움이 발생하는데 광화문시청역이 신설되면 GTX 탑승 후 곧바로 2호선으로 환승할 수 있어 통행시간은 5분 절감23분 → 17분되고, 환승 과정도 줄일 수 있다는 것이다.[39]

이러한 서울시의 주장은 광역급행철도의 취지에 맞지 않을뿐더러 이미 실시설계까지 마친 사업에 광화문역을 신설할 경우 서울시가 막대한 재정적 부담을 떠안아야 한다.

그럼에도 서울시는 단 한 차례의 공론화과정도 거치지 않았으며 2021년 2월 25일에는 기존 GTX-A, B, C노선 전체에 역을 추가로 신설하는 안을 국토교통부에 제출했다. 서울시가 추가로 요구한 역은 A노선광화문(시청)역, B노선동대문(동대문역사문화공원)역, C노선왕십리역이다.

① GTX-A 광화문역은 왜 추진했을까

시민단체들은 GTX-A 광화문역 신설은 교통편의보다 광화문광장 활성화를 위한 것이며, 교통 불편에 대한 지역 주민들의 반발을 무마하기 위한 대비책으로 보고 있다.

이에 서울시는 광화문광장 재구조화와 관계없는, 녹색교통 대책 일환으로 2014년 국토부의 노선 기본계획 당시부터 서울시가 국토부에 요청한 사항[40]이라고 했다.

> GTX-A 노선 광화문역 신설은 보행친화 공간 조성을 위한 녹색교통진흥지역특별대책의 일환으로, 광역철도와 연계된 대중교통 이용 촉진을 위해 추진된 건이며, 현재 타당성 조사 결과 및 사업관계자국토부, 사업시행자 협의 등을 종합적으로 검토하고 있다. _ 서울시, 시민단체 공개 질의서에 대한 답변, 2021.05.

그러나 2018년 12월 3일에 개최한 제284회 서울특별시의회 예산결산특별위원회에서 서울시도시교통본부장의 답변은 서울시광화문광장추진단의 답변과 다르다.

> 이 부분에 대해서는 광화문광장을 조성하면서 논의가 있었는데요. 광화문광장의 활성화를 위해서는 GTX 노선의 정차가 필요하고 그러기 위해서는 지금 GTX-A 노선을 민자사업

자가 거기에 역사를 신설하지 않았기 때문에 서울시에서 이 부분에 타당성이 있는지 한번 검토해 볼 필요가 있다 해서 광화문광장을 조성하고 있는 재생본부에 예산이 편성된 걸로 알고 있습니다. _ 서울시의회 예산결산위원회 회의록, 2018.12.03.

서울시 내부회의 자료[41]에는 광화문광장 재구조화사업에 대해 지역 주민들의 의견은 찬반으로 나누어져 있으나 교통혼잡 및 생활소음에 대해서는 한목소리로 우려하고 있기 때문에 주민 설득 방안으로 GTX-A 광화문역을 활용하고자 했다. 사직로 남측 주민에게는 GTX-A 광화문역이 들어서면 교통편의와 재산가치가 상승될 것이고, 사직로 북측 주민에게는 역사 광장 내 문화행사 및 방문객 증가로 상권이 활성화될 것이라는 논리로 주민을 설득하기로 한 것이다. 더불어 GTX-A 노선이 가능하다는 것과 서울시가 노력하고 있다는 것을 주민들에게 보여줄 필요가 있으며, 신분당선 서북부 연장의 B/C 분석을 높이기 위한 다양한 방안을 검토하고 필요시 재정투입도 고민하고 있다고 했다.

사실대로 이야기하면 될 것을 왜 서울시는 GTX-A 광화문역 신설은 광화문광장 재구조화와 관계없이 그 이전부터 추진한 것이라고 주장할까. 너무 뻔한 거짓말이다.

② 서울시의 주장은 광역급행철도 취지에 맞지 않다.

시민단체들이 이렇게 판단하는 이유는, 광역급행철도 광화문역 추가설치 근거가 부실하다는 점이다. 서울시는 GTX-A 노선에 광화문역이 필요한 이유로 2호선 시청역과 환승 시간을 줄일 수 있다고 했다. 그러나 특수한 환승수요를 고려하면서 역을 신설하는 것은 광역급행철도 취지에 부합하지 않는다. 게다가 서울시는 광화문에서 서울역까지 대중교통 편리, 자전거이용 활성화, 쾌적한 보행환경 제공을 취지로 세종대로 사람숲길 공사를 진행하였는데, 보행으로도 20분이면 도착하는 거리에 굳이 환승역을 신설하는 것은 옳지 않다.

광역급행철도는 평균 시속이 100㎞를 넘어야 원래 목적을 달성할 수 있으며, 역간 거리가 최소 7㎞ 이상은 떨어져 있어야 하는데 서울역에서 광화문까지 거리는 2㎞ 정도다. 서울시 의회에서도 광화문역 신설은 타당하지 않다고 지적한 사안이었고 이미 국토부의 2차례 평가에서 도심 우회 노선시청역 경유은 높은 사업비와 느린 속도로 타당성과 경쟁력이 떨어진다는 평가를 받고 탈락했음에도 서울시는 흔들림없이 꿋꿋하게 추진하고 있었다.

서울시는 지방행정연구원에서 수행한다는 광화문역 건설 타당성 조사 결과도 공개하지 않고 있다. 서울시가 이 사업을 추진하려면 비용 대비 편익B/C부터 공개해야 한다. 이미 완료된 수도권광역급행철도 A노선 광화문 복합역사 신설 타당성 조사 및 기본계획 용역 결과 역시 공개하지 않고 있다. 서울시의회 보고에서 서울시는 국토부 평가와 달리 타당성이 있는 것으로 결과가 나왔다고 했지만 공개하지 않는 탓에 상호 검증이 불가능한 상태다.

③ 추가 비용 3천억 원은 누가 부담하는가

동탄에서 운정까지 운행하는 GTX-A 노선에서 서울을 경유하는 역은 삼성-서울역-연신내이다. 2018년 5월부터 10월까지 협상 및 실시계획을 진행하였고, 2018년 12월 삼성-운정지구 착공식과 함께 현재 공사가 진행 중이다.

이처럼 이미 공사가 시작했음에도 GTX-A 노선에 광화문역사 신설을 서울시가 국토부에 요구하고 나선 것은 2018년 12월로 국토부의 입장은 서울시가 역 추가에 따른 비용을 부담하지 않으면 검토하기 어렵다는 입장이었다. 따라서 광화문역 신설비용은 서울시가 모두 부담해야 한다.

무려 3천억 원으로 예상되는 추가 비용은 간단한 문제가 아니다. 더욱이 서울시는 2021년 예산을 편성하면서 코로나19 관련 예산을 늘리고, 일반사업 예산을 상당 부분 감축한 바 있다. 이런 상황에서 누가 3천억 원의 광화문역 추가 비용을 부담하겠다는 것인지, 중앙 정부의 재정사업으로 추진 중인 광역급행철도사업에서 광화문역만 서울시의 대규모 예산을 투입해서 건설할 것인지, 아니면 국토부가 기존입장을 변경해 광화문역 추가 비용을 부담해 주기로 약속이라도 했다는 것인지에 대해서는 전혀 언급하지 않은 채 서울시는 2021년 2월 25일 광화문역 추가를 신청한 것이다. 참으로 무책임하다.

④ 환경주의에 반하는 정책이다.

광화문역 추가 건설은 광화문~시청 일대의 지하복합역사 개발을 염두에 둔 것으로 보인다. 지하 공간 개발은 기후위기 시대에 전혀 걸맞지 않은 반환경적인 사업이다. 낮에도 조명 등 각종 에너지를 사용해야 하는 지하 공간을 구태여 개발해야 할 이유가 무엇인가? 광화문 일대의 지상 공간도 제대로 활용하지 못하는 상황에서 지하 공간 개발은 토건주의 세력의 요구를 반영한 일일 뿐이다. 서울시의 도시 정책은 토건주의가 아니라 환경주의에 바탕을 두어야 한다는 것이 시민단체들의 판단이다.

이처럼 광역급행철도 A노선의 광화문역 추가사업은 사업 근거가 부족하고, 막대한 예산이 들며, 환경적으로도 우려가 큰 사업임에도 서울시는 제대로 된 공론화 한 번 없이 일방적으로 추진계획을 발표했다가 2021년 6월 25일, 서울시의회 교통위원회에 사업 추진이 어렵다고 보고하면서 중단한 것으로 보인다.

2023년 말 개통예정인 GTX-A 노선 공사가 상당 부분 진척된 상황이기에 중간에 노선을 바꾸는 것은 불가능하다는 것을 인지한 것인데, 외부적인 요인에 의해 겨우 포기한 것이다.

보도 공사 클로징11을 위반한 알박기 부실 공사

박원순 시장은 2012년도에 동절기 보도 공사는 전형적인 행정의 쇼윈도라고 비판하면서 동절기 보도 공사를 금지하는 '보도 공사 클로징11'을 선언했다. 이에 따라 담당부서인 보행정책과는 매년 클로징11 이행 철저 및 예산집행 관련 협조 요청을 서울시 각 부서에 공문으로 발송하고 있다.

주요 내용은 동절기 내 모든 보도 공사 일절 금지 및 동절기 전 사전 행정지도. 진행 중 또는 추진 예정인 사업은 2020년 11월 30일까지 완료하도록 하며, 예외적인 사항으로는 긴급 굴착 공사 및 소규모 굴착 공사에 한정하고 있다. 또 공정상 공사 완료 불가 시 동절기 이후로 일정 조정 등을 규정하고 있다. 보도 공사 클로징11 지침에 따르면 서울시의 광화문 차도 확장 및 동화면세점 앞 보도 공사는 내부규정을 위배한 것이다.

① 세종대로 사람숲길 조성사업과 연관성이 없다.

클로징11을 위배하면서까지 11월 16일 광화문광장 동측 도로 공사를 시작한 이유에 대해 서울시는 현재 공사 중인 세종대로 사람숲길 조성사업과 연계 추진되어야만 차량 병목 현상 방지, 시민통행 불편 및 주변 상권 영업 지장을 최소화할 수 있다고 주장하고 있다. 그러나 서울시의 주장은 타당하지 않다.

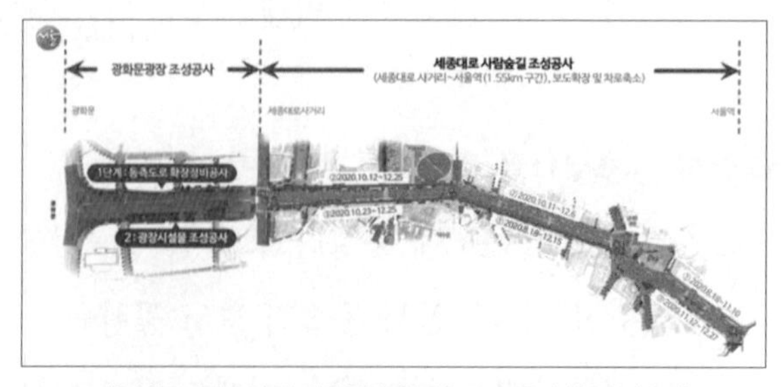

세종대로사람숲길 및 광화문광장 동측 도로 공사 (출처:서울시)

세종대로 사람숲길 도로 공사 1구역서울시청↔청계천은 현 11~14차로를 7~14차로로 차도를 축소하는 사업으로, 양측 자전거도로 설치, 관광버스 대기 공간 설치, 공유차량 주차 공간 설치가 주 내용이며 좌회전 및 유턴과 택시 및 공항버스 정류장은 현 상태를 유지한다.

그러나 광화문광장 도로 공사는 광장 일부를 차도로 바꾸는, 즉 차도를 넓히는 공사로 광화문광장 동측의 6차로를 7~9차로로 넓히는 공사이다.

공사위치도와 공사내용을 비교해 보면 서울시의 입장과 같이 세종대로 사람숲길 공사가 광화문광장 동측 도로 공사를 급히 서둘러야 할 정도로 영향을 미치지 않는다. 차량 병목 현상이나 시민통행 불편 등과 큰 연관성이 없다는 것이다.

서울시의 입장처럼 두 개의 사업이 연계되어 있어 차량 병목 현상이나 시민통행 불편 등을 초래하기 때문에 11월에 반드시 착공해야 한다면, 서측 도로 공사와 함께 세종대로사거리 광화문빌딩동화면세점 앞 20m 너비의 보도 신설 공사를 시행해야 한다. 그러나 광화문빌딩동화면세점 앞은 '보도 공사'로 클로징11에 위배된다.

② 동화면세점 앞 보도 확장 공사는 부실 공사였다.

동화면세점 앞 보도 20m 확장 공사는 12월말 경에 시작했다. 겨울철 보도 공사를 강행한 이유에 대해 서울시는 '서울지방경찰청 교통안전시설교통규제 심의 시 광화문광장 조성사업과 동화면세점 앞 보도확장사업을 통합하여 신청하였고 심의 완료되어 관련사업을 연계하여 추진 중'이라고 했는데 참으로 궁색하다. 서울시 스스로 금지한 동절기 공사를 강행한 결과 광화문 동화면세점 앞 보도 공사는 공사를 마친 후 3개월도 되지 않아 다시 재공사를 해야만 했다. 심각한 부실시공이었기 때문이다. 이에 대해 서울시 관계자는 "통행량이 많은 보도인데 공사 장비를 쌓아두거나 파헤친 상태가 길어지면 오가는 시민들이 불편할까 봐 예외로 한 것"[42]이라고 했는데, 겨울철 공사를 시작하지 않았다면 시민불편이나 부실시공은 일어나지 않았을 것이다. 이런 사태를 더는 좌시하지 않겠다는 박원순 시장의 의지가 클로징11 선언의 배경이었는데 참으로 아이러니하다.

이렇게 무리수를 쓰면서까지 겨울철 공사를 강행한 이유는 누구나 쉽게 유추할 수 있다.

새로 취임할 시장에 의해 광화문광장사업 방향이 흔들릴 것을 우려한 전형적인 알박기 공사였다.

부실 공사로
재공사하는 모습

3개월 뒤 취임할 새 시장에게 넘기는 것이 상식적이다

서정협 시장 권한대행의 공사 강행은 월권이라는 시민단체들의 문제제기와 언론기사들이 쏟아지자 서울시는 "서 권한대행이 월권 또는 직권남용을 했다는 지적이 나오고 있다. 즉, 직무대행자는 현상을 유지·관리만 해야 한다. 이에 따라서 권한대행 역시 광화문광장을 유지할 뿐, 재구조화사업 개시를 결정할 수는 없다는 것이라는 보도와 관련해서 개시 결정된 사업을 지방자치법 제111조 및 행안부 <자치단체장 권한대행 시 업무처리요령>에 따라 진행한 것으로, 월권 또는 직권남용을 했다는 보도는 사실이 아니다."라고 했다.[43] 의사결정이 완료된 사안이기 때문에 추진하는 것은 당연하다는 것이다.

상식적으로 생각해 보자.

서울시 보도 공사 '클로징11'에 따르면 광화문광장 관련 공사는 2021년 3월에 시작해야 한다. 서울시의회에서도 동절기 공사 시작에 대해 지적했는데, 광화문광장추진단장은 "보도 공사가 아니라 차도 공사여서 동절기에 해도 된다."고 답변했다가 의원들의 질책을 받았다. 추진단장 말대로라면 동화면세점 앞은 보도 공사이다. 12월에 시작하면 안 된다.

그렇다면 2021년 3월부터 공사를 시작하는 것이 서울시 지침을 지키는 것인데 한 달 뒤인 4월 7일 시장보궐선거가 있으니 새로 취임할 시장에게 광장계획에 관한 결정권한을 넘기는 것이 누가 보더라도 상식적이다.

또한 서울시는 광화문광장 공사는 개시 결정된 사업이기 때문에 권한대행이 추진하는 것은 당연하다고 하지만 박원순 시장은 2월 14일 발표 후 어떠한 공식적인 발표도 하지 않았다.

2019년 11월 28일에 개최한 시민참여단 워크숍에서 서울시는 토론결과를 바탕으로 시민토론단을 구성하여 2차례 집중 논의한 다음, 2020년 상반기에 광화문 중심 도심권 2030 미래플랜을 발표할 예정이라고 했다. 광화문 중심 도시권 2030 미래플랜은 집회·시위 종합대책, 도심권 교통 종합대책, 지역상권활성화계획, 주거환경개선계획, 보행환경개선계획, 광화문일대 도시활성화계획으로 구성할 계획이었다. 그러나 역시 아무런 발표도 없었다.

2020년 6월 3일, 박원순 시장은 오마이뉴스 손병관 기자와 인터뷰에서 새로운 안을 내놓을 것이라고 했는데, 박원순 시장 사망 후 새로운 안이 무엇인지 공개한 적도 없다. 서울시는 내부회의에서 결정했다는 확인하기 어려운 주장을 근거로 제시하고 있지만, 내부회의 역시 구체적으로 어떤 계획안을 결정했는지 분명하지 않다.

이처럼 결정된 사업이 아니기 때문에 대행체제에서 새로운 결정과 집행을 하는 것은 타당하지 않다. 박원순 시장은 긴급 브리핑을 통해 분명 모든 것을 내려놓고 시민소통과 공감의 결과에 따르겠다고 했다. 서정협 권한대행은 박원순 시장 사망 후 그동안 진행된 내용에 대해 시민 공유를 먼저 해야 했다. 그것이 바로 권한대행의 역할이다.

그러나 광화문광장 재구조화사업의 공식적인 참여구조인 광화문시민위원회 위원 중 상임위원 6명을 제외한 44명의 시민위원조차 최종안에 대해 어떠한 내용도 전달받지 못했다. 또한 광화문광장처럼 사회적 관심이 높고 상징적인 사업은 최종안을 발표하는 공청회 개최가 일반적이다. 코로나 시국이더라도 온라인을 통한 정책간담회나 공청회는 수없이 많이 열리고 있다. 그러나 대행체제의 서울시는 어떠한 공개적인 공청회나 토론회 없이 기자 브리핑조차 일방적으로 진행해 버렸다.

시민들로부터 권한을 위임받는 사람은 선출직 시장이며, 서울시 직업 공무원이 아니다. 대행체제는 대행체제일 뿐이다. 그렇기에 대행체제에서 직업 공무원 논리대로 결정과 집행을 하는 것은 결코 옳지 않다. 그러나 서울시 직업 공무원들은 그들의 논리와 필요에 의해 아랑곳없이 공사를 강행했다.

직업 공무원들의 논리를 바꾸는 것은 정말 멀고도 험한 일이다.

반성문 : 거버넌스는 왜 실패했는가[44]

거버넌스와 거버넌스 토대만들기

거버넌스란 다양한 주체들 간의 협력적 통치[45]를 의미하며 일반적인 주민참여와 다르다. 주민참여는 직접적인 이해

당사자인 주민들이 자신의 요구나 목소리를 관철시키기 위해 참여하는 것이라면, 거버넌스는 다양한 이해관계자들로 참여가 확대되며, 행정과 동등한 위상을 가진다. 또한 공식적인 구조에서 움직이며 발언이나 의사 역시 행정과 대등하게 관리된다. 특히 정책 전 과정에 참여하고 결정된 사항은 실행으로 이끌어내며 공동으로 책임을 진다.[46]

이처럼 거버넌스는 주민참여나 마을공동체와 다른 경로를 갖게 된다. 우선 행정과 대등한 관계이며, 부분적인 사안을 보충하거나 행정의 입장을 보완하는 것이 아니라 문제를 총체적으로 바라보고 함께 해결대안을 만들어 나가면서 결정까지 책임지는 구조이다.

그동안 마을공동체사업을 적극 지원해 왔던 서울시는 2016년도부터 협치協治, collaborative governance를 시정의 핵심기조로 채택하였는데, 광화문광장 재구조화사업의 거버넌스는 '광화문포럼'과 '광화문시민위원회'이다.

그러나 행정과 대등한 관계에서 움직여야 할 광화문광장 거버넌스는 여러 가지 한계를 갖고 있었다. 위원회 활동의 비공개, 위원회 역할을 불분명, 위원회와 서울시 관계의 모호함 등인데, 소속된 위원들의 문제이기보단 서울시의 필요에 의해 만들어진 위원회이다보니 서울시의 주도성이 강할 수밖에 없었다. 이는 거버넌스 자체의 문제이기보다 거버넌스가 형성될 수 있는 토대가 구축되지 못했기 때문이다. 거버넌스는 사회적 책임을 가져야 한다. 사회적 책임을 갖기 위해서는 거버넌스에 참여한 이해당사자들의 노력이나 활동도 매우 중요하지만 사회적 책임을 부여할 사회적 조건이 갖추어 있어야 한다. 거버넌스가 작동될 수 있는 조건이 마련되지 않으면, 개개인이 참여하는 위원회는 존재하지만 공동의 해결과 공동의 집행, 공동의 책임은 불가능하기 때문이다.

거버넌스가 제대로 작동하기 위해서는 토대가 마련되어야 한다. 필자는 '정보 공개 및 공유, 쟁점 도출, 사회적 시선, 주체 간 긴장 관계 유지, 의사소통 경로의 공식성, 공동합의 구조 형성'을 거버넌스 토대로 보고 있는데 이런 측면에서 광화문광장 재구조화에 대응했던 시민단체들의 2년간 활동은 '거버넌스 토대 구축'이라는 의미를 갖는다.

① 정보 독점을 정보 공개 및 공유로 전환시켰다.

행정의 정보 독점은 일반적인 관행이며 그들의 특권으로 인식되어왔다. 그동안 정보를 확보하기 위해서는 비공식적인 경로를 통해야만 했고 정보 공개를 청구하더라도 주요 내용 대부분은 별표**로 가려져 있어 정보가 아니라 문서형식을 제공받는 일이 비일비재했다. 행정의 선택에 의해 정보 공개 여부가 결정되기 때문이다. 행정에게 정보가 독점됨으로써 행정은 모든 협의에서 우월적 지위를 갖고 있었으며, 행정의 입맛에 따라 정보는 여러 형태로 가공되어 왔다.

대등한 관계에서 논의는 모든 정보의 공개와 공유에서 시작한다. 행정이 항상 모든 면에서 우월적 위치에 있었던 이유는 막대한 양의 정보를 갖고 있기 때문이며, 그 정보가 어떻게 쓰이는지 우리는 알 수 없었기 때문에 행정의존적으로 갈 수밖에 없었다.

시민단체들이 광화문광장 재구조화에 대응하면서 가장 최우선으로 요구한 것은 '독점된 정보의 공개와 공유'였다. 서울시는 2016년부터 100여회 소통 결과라고 했지만 100여회 소통과정에 대한 자료들을 서울시 홈페이지에서 찾는 것은 불가능했다. 하물며 <광화문광장 개선 종합기본계획> 2018.07. 조차 공개되지 않고 있었다. 철저하게 정보를 독점하고 있었던 것이다.

2019년 10월 18일 1차 토론회에서 다시 제기한 정보 공개 요구와 박원순 시장의 새로운 온라인 플랫폼 조성 지시[47]에 따라 광화문광장 홈페이지에는 구체적인 정보들이 올라가기 시작했다. 여전히 서울시의 선택적 공개라는 한계는 분명하지만 광화문광장 홈페이지에는 필요한 자료들이 공개되기 시작한 것이다.

② 쟁점을 분명히 했다.

광화문광장 재구조화의 필요성에 대해 서울시는 시민과 전문가들의 문제 제기에 따라 '시민성, 역사성, 보행성'을 확보하기 위함이라고 했다. 그러나 시민성이나 역사성, 보행성 확보 방안이 왜 '서측 광장 + GTX-A 광화문역 신설 + 월대 복원' 인지에 대해 제대로 된 공개적인 논의는 열어지지 않았다.

총론이 옳더라도 각론에 대한 깊이 있는 검토가 이루어지지 않으면 총론의 정당성까지 훼손된다. 서울시가 개최한 토론회가 동일 이야기의 반복이라는 한계를 가질 수밖에 없었던 이유는 쟁점에 대한 논의보다 총론에 집중했기 때문이며, 결국 왜 재구조화를 해야 하는가에 대한 의문은 해소되지 못했다.

쟁점 정리는 추상적 논의에 구체성을 부여하며, 논의의 구체성은 이해당사자 또는 관련자들의 참여폭을 확대시킨다. 정책의 타당성을 검증하게 하며, 실천적인 정책 대안을 도출해낸다.

시민단체들이 서측 광장, GTX-A, 혼잡통행료, 월대 복원 등에 대한 쟁점을 명확하게 하고, 쟁점별로 깊이 있는 토론회를 지속적으로 열어나갈 것으로 요구한 이유이다.

③ 사회적 시선을 만들었다.

그동안 광화문광장 재구조화 논의의 중심 주체는 서울시와 광화문시민위원회였다. 직접적인 이해관계가 있는 인근 주민들은 논의 주체가 아니라 정책에 대한 홍보와 설득을 통해 민원을 파악하고 해소해나가는 '설득 대상자'였다. 다양한 전문가들과 일반 시민, 시민단체는 관리해야 할 '여론'이었다. 서울시와 다른 의견들은 일부 언론을 통해 간간이 나올 뿐이었고 냉소적인 무관심도 많았다. 당연히 서울시 의도대로 진행되고 있었다.

거버넌스가 제대로 작동하기 위해서는 '사회적 시선'이 절대적으로 필요하다. 행정의 의도를 관철하기 위한 조작된 거버넌스나 테이블 당사자 간의 독단적 결정을 방지하기 위함이고, 다양한 이해관계를 객관화시키는 과정이기도 하다.

시민단체들이 광화문광장 재구조화에 대해 문제를 제기하고 나서면서 다양한 의견들이 수면위로 올라오기 시작했다. 다양한 이해관계자들이 논의구조에 직접 또는 간접적으로 연결되기 시작했고 주민에서 시민으로 이해관계가 확장되었다. 광화문광장 재구조화사업에 대해 질문을 던지고 의견을 피력하는 시민들의 시선이 나타나기 시작한 것이다.

④ 서울시와 긴장관계를 최대한 유지하려고 했다.

'공식 논의기구에 빠졌기에 소외감과 서운함을 가진 시민단체들에게 연구용역을 주겠다.'

시민사회단체들의 원탁회의에 참석한 후 광화문추진단이 보고한 위와 같은 내용의 내부 회의 자료는 서울시와 시민사회단체 간 협력이 어떤 방식이었는지 적나라하게 보여준다.

행정정책에 대응하기 위해 구성된 시민단체 네트워크들이 가장 경계해야 할 지점이기도 한데, 예를 들어 광화문광장 재구조화와 연계된 용역사업을 맡는다거나 연계된 행사를 개최하면서 행정의 후원이나 협찬을 요구하는 방식은 수직적 협력을 강화시키며 비공식적이며 은밀한 관계망만 확장시킨다.

거버넌스가 구성되기 위해서는 당사자 간의 신뢰가 중요

하다. 신뢰는 긴장을 기초로 형성되며, 긴장에 기초한 신뢰는 논의를 객관화시키고 공적인 영역에서 협력을 만들어낸다. 건강한 비판이 가능한 조건이다.

광화문광장 대응 시민단체들 모두 이러한 문제점들을 이미 잘 알고 있었기에 광화문추진단과 개별적인 협의나 사적인 교류 등은 최대한 자제하기로 했으며, 부득이 필요할 경우 단체 소통방을 통해 모든 것을 공개해나갔다. 우리 스스로 최대한 긴장관계를 유지하기 위한 노력들은 서울시의 관행을 바꾸는 과정이기도 했다.

⑤ 의사소통은 공식적인 경로를 우선했다.

시민단체들이 광화문광장 재구조화에 대한 기자회견을 시작하자 이곳저곳에서 만나자는 연락들이 빗발쳤다. 시민단체들의 요구 파악, 향후 전개과정에 대한 협의, 박원순 시장과 핫라인 개설 등 이유는 다양했는데 공통적인 것은 공무원들은 한계가 분명함으로 다른 논의구조가 필요하다는 것이었다.

협상은 공식적인 논의와 비공식적인 논의를 넘나들어야 한다. 그러나 거버넌스는 '모든 것을 최대한 공식화'해야 한다. 거버넌스는 협상이 아니며 누군가에게 유리한 고지를 만들어나가는 것이 아니라 문제 해결을 위해 공동으로 대안을 만들고 공동으로 실행에 책임을 지는 구조다. 논의 테이블 당사자들의 책임구조가 분명해야만 거버넌스는 책임과 권한을 가지고 운영될 수 있다.

시민단체 입장에서는 당연히 광화문광장추진단이 논의의 파트너였고 비공식 논의구조는 배제했다. 비공식 절차나 측근이라 불리는 사람들이 어떤 책임을 갖는지도 불명확할뿐더러 비공식이 공식보다 우선하는 구조는 바람직하지 않기 때문이었다.

그러나 가끔 얄팍한 생각이 맴돈다. 광화문광장 추진단에게 최종 결정권자인 박원순 시장이 어느 정도 결정권을 주었는지, 어쩌면 추진단의 역할은 서울시 정책 방향에 대해 시민단체들을 설득하고 홍보하는 것 정도였다면 추진단을 공식 파트너로 삼더라도 박원순 시장과 비공식 핫라인을 개설해야 하지 않았을까.

⑥ 공동합의문을 만들고자 했다.

2020년 5월, 시민단체들은 그간의 활동을 종료하고 서울시에게 공동합의문 작성과 공동발표를 제안하기로 논의를 모아 나갔다. 사회적 공론화를 열어낸 시민단체들의 활동은 '민관 거버넌스 토대'를 만든 것이며, 사회적 공론화를 내실있는 정책 결정과정으로 전환하기 위해서라도 민관 거버넌스가 새롭게 형성될 필요가 있었다. 거버넌스가 구성된다면 광화문광장 재구조화에 대한 대응들이 사회적 성과로 정리될 수 있을 것이라고 보았다.

시민단체들이 구상했던 공동합의문 내용은 '논의한 내용

과 논의가 열어져야 할 내용들, 행정과 시민단체 간 쟁점과 입장' 등으로 공동합의문을 통해 향후 구성될 거버넌스의 역할과 책임을 분명히 할 필요가 있다고 보았다. 행정에 의해 역할이 주어지는 것이 아니라 사회적으로 역할을 부여받는다면 거버넌스의 권한과 책임이 형성될 수 있기 때문이다.

이처럼 시민단체들의 활동은 거버넌스 토대 구축이라는 성과를 만들어냈지만 거버넌스로 전환되지 못했다. 공동합의문에 대한 구상은 서울시에 제안도 하기 전에 폐기하고 2020년 7월 1일자 성명서로 대체되었다. 박원순 시장 사망 이후에는 첨예한 대립으로 치달았다. 모든 것은 서울시의 구상대로 추진되었고 시민단체들은 다시 거리로 나가야만 했다.

만약 박원순 시장이 사망하지 않았다면 거버넌스가 형성되었을까.

필자 개인적인 생각으로는 '형성되지 않았을 것이다.'

물론 서정협 시장 권한대행이 하듯이 마구잡이식으로 밀어붙이지는 않겠지만 쟁점을 명확하게 하기보다 '소통 횟수와 소통 참여 인원'을 전면에 내세우면서 쟁점을 무마시켜버린 것을 보면 서울시 정책에 동의하는 거버넌스 만을 '완곡하게' 고집했을 것으로 보인다.

거버넌스의 실패, 시민단체의 오류

박원순 시장은 서울시장에 당선되면서부터 마을공동체에 대한 지원을 아끼지 않았으며, 민선 6기에 들어서면서 서울시정의 최우선 과제로 협치를 전면에 내세웠다. 서울시 행정구조에 협치담당관까지 신설했는데 박원순 시장의 민주주의와 주민참여를 적극 지지했던 시민단체들도 서울시 행정과 보조를 맞춰 나갔다. 그러나 박원순 시장에게 거버넌스는 '서울시 정책에 동의한 상태에서 과정과 절차를 풍부하게 해주는' 구조일 뿐이었다. 그런데 왜 시민단체들은 그동안 적극적으로 문제를 제기하지 않았을까.

① 박원순 시장의 시정철학과 거버넌스

박원순 시장은 서울시장 당선 초기부터 마을공동체 활성화를 모든 시정의 중심으로 설정하고 적극적인 지원을 아끼지 않았다. 마을공동체 지원 조례, 마을공동체 담당 부서 설치, 지원센터, 지원사업 등을 통해 지역 단위에서 주민참여를 적극적으로 활성화하고자 했다.

그러나 박원순 시장의 마을공동체에 대한 한계도 분명했는데 자본에 의해 마을공동체가 와해되는 현실은 외면한 채 마을단위의 주민참여로 해결하려는 모습은 문제의 본질을 왜곡시키고 있었다.

> 현재 마을만들기운동에 대한 사회적 관심은 매우 높아지고 있으나 한편에는 마을만들기운동이 과연 운동인가라는 문제도 제기되고 있다. 이는 마을만들기운동이 우리 사회가 갖고 있는 본질적인 문제들을 비켜가면서 다양한 사회현상 및 문

제점들을 단순화시키지 않았는가라는 질문에서부터 시작된다. 일례로 '공동체를 만들자'라는 기치를 내걸고 주민참여 프로그램을 진행하면서 바로 옆 동네에서 벌어지고 있는 무차별적인 재개발에 대해서는 함구하고 있는 모습이다. 공동체가 깨져나가는 사회구조적 현상에 대응하지 못하면서 '주민참여를 통해 주민공동체를 만들자'라는 단순논리, 사회구조의 본질에 대한 고민없이 동네단위의 주민참여만이 해답인 양 왜곡하고 있는 모습, 달동네에 대한 향수에 젖어 방문하는 관광객들은 반기면서 그곳에 살고 있는 주민들의 삶은 바라보지 못하는 모습들이다. _ 김은희, 마을만들기는 운동이다, 2012.

2016년부터는 현장시장실, 정책박람회, 사업별 위원회 설치, 숙의제도 도입 등 협치 친화적인 행정체계 구축을 위해 협치시정2.0을 도입하고 협치를 서울시정의 핵심기조로 채택했다. 또한 '시민이 시장이다.'라는 슬로건을 내세우며 '시민들에 의해 결정되고 추진되는 시스템'을 꾀하기 위해 정책 결정과정에 외부 전문가나 시민사회의 협력을 강화하고자 했다.

그러나 시민참여 역시 서울시가 정해 놓은 틀 속에서의 시민참여였다. 일례로 박원순 시장의 대표적인 사업인 서울로 7017는 박원순 시장이 뉴욕의 하이라인 파크를 시찰하면서 '고가 공원화사업'을 공식 발표했고 빠르게 추진되었다. 이에 대해 서울시가 급히 서두르는 이유가 무엇인지, 민주적 과정을 밟고 있는 것인지, 고가 철거 방침을 철회하고 공원화라는 결정 근거는 무엇인지 등에 대한 문제들이 지적[48]되었지만 오히려 서울시는 함께 사업을 이끌어 갈 시민단체를 발굴하고자 했으며[49] 파트너인 시민단체는 7017사업 홍보와 시민아이디어공모, 고가 개방 행사 등의 사업을 수행하였다.

당시 서울역 고가에 대해 전면 철거에서 부분 철거, 원형 보존까지 형태에 대한 논의부터 자전거 전용도로, 공원, 전망대, 전시관 등 기능에 대한 것까지 많은 논의와 상상력들이 시작되었지만 박원순 시장의 '고가 공원화' 발표로 모든 논의들은 시작도 하기 전에 중단되었고 뉴욕의 하인라인 파크에는 벤치마킹을 위한 발걸음이 이어졌다. 서울시의 소통과 참여, 협치는 프로그램이나 이벤트로 전락해 버렸다.

이처럼 박원순 시장의 소통과 참여, 협치는 정책 자체에 대한 접근이 아니라 서울시가 정해놓은 정책 방향에 맞춰 '집행과정에서 풍부함'을 더해 주는 소통이고 참여였다.

> 현재 서울시의 사업은 주요 시책을 망라하여 21개 사업을 설정하고 자치구에 하달하는 방식이다. 비공식적 이야기로는 우수 사례또는 지역에 인센티브를 준다고 한다. 과연 기존 방식과 무엇이 다를까? 마을공동체마을만들기는 동네마다 주민들의 특성이나 조건 등에 따라 다르다. 서울시의 지침에 따르고 우수하면 인센티브를 준다는 발상은 마을만들기와 역행하는 사고다. 즉 서울시 작동시스템 속에서 움직인다는 것이다. _ 김은희, 서울시마을공동체사업에 대한 질문들, 2012.

광화문광장 재구조화 역시 서울시에 의해 정해진 것이며, 현 광장의 문제가 재구조화여야 하는지 따질 겨를도 없이 서울시는 정해진 방향에 따라 논의를 모아 나갔다. 광화문포럼이 결정한 전면 보행 광장 역시 제대로 된 논의도 없이 서울시에 의해 서측 광장으로 바뀌었다.

이에 대한 문제제기는 홍보와 진정성 있는 설득 부족으로 치부되었다. 반대의견을 잘 듣고 서울시의 의도를 잘 전달하고 진정성있게 설득하면 해결된다고 본 것인데, 서울시 공무원들이 최선을 다해 부지런히 주민과 시민단체를 만났지만 평행선을 달릴 수밖에 없는 이유다.

결국 박원순 시장의 사업 방식은 서울시가 결정해 놓은 정책 실행을 보조하고 정당성을 부여하기 위한 시민참여였으며, 시민소통을 강조했지만 실상은 시민설득이었다.

② 문제의 원인은 시민단체에게 있었다.

박원순 시장은 시민민주주의 기반 조성과 시민사회와 협치시정 구축을 활성화하고자 했다. 시민단체들이 박원순 시장에게 적극적인 지지를 보내면서 서울시정에 깊게 개입한 이유도 시민민주주의 기반 조성과 협치시정에 대한 기대 때문이었다. 그러나 시민단체들은 박원순 시장의 한계에서 한 발짝도 벗어나지 못하는, 오히려 한계를 가속화시켰다.

가장 큰 문제는 시민사회를 고용하는 방식이었다.

시민사회단체들은 박원순 시장의 주요 정책이 자리 잡을

수 있도록 직접 서울시 공무원이 되어 정책 기획과 설계, 집행까지 총괄했으며 서울시에 들어가지 않은 사람들은 조직을 구성하여 서울시 중간지원조직에 대거 참여하였다. 현장에서는 서울시 주도사업에 참여하도록 주민들을 독려하고 직접 사업을 수행했다.

서울시 정책에 대한 건강한 비판적 감시자 역할은 온데간데없이 서울시 용역사업 수행자로 전락해 버린 것이다. 서울시 용역사업에 참여하는 것은 전혀 문제가 되지 않는다. 문제는 건강한 비판자의 역할을 상실해 버렸다는데 있다. 거버넌스라는 긴장된 관계가 화기애애한 같은 편이 되었고, 협치는 사업화되었다. 중간지원조직들은 마을이나 주민, 시민단체들의 의사를 폭넓게 대변하거나 지역현안을 공론화하기보다 행정 업무 대행으로 정신이 없었다. 공론화는 어느새 숙의라는 이름으로 100명 원탁회의, 1000명 원탁회의라는 숫자 부풀리기로 바뀌었다. 시민단체 스스로 서울시에 고용되기를 자처한 결과다.

이런 문제는 박원순 시장과 시민사회를 동일시했기 때문이다. 시민단체 출신이라는 것만 강조되었을 뿐, 서울시장인 이상 정치인이며 선출직 행정가임을 인지하지 못한 것이다. '시민단체 출신인, 그래서 시민사회가 함께 가야 할 서울시장'이라는 인식만 있었던 것이다. 물론 박원순 시장의 가치나 방향을 적극 활용하는 것은 필요하지만, 시민사회와 동일시함으로써 정책에 대한 객관성을 상실해 버린 것이다.

객관성의 상실은 이중적인 잣대를 갖게 했다. 일례로 오세훈 시장이 광화문광장에서 스노보드 행사를 개최하자 수많은 시민단체들과 전문가들은 광화문의 역사성을 제대로 이해하지 못하는 괴기한 행사라고 몰아붙였다. 그러나 박원순 시장이 평창올림픽 붐을 불러일으키기 위해 높이 22m, 길이 300m인 봅슬레이 워터슬라이드를 광장에 설치했음에도 시민단체 대부분은 침묵했다. 오세훈 시장의 광화문광장 플라워 카펫은 광장에 대한 이해가 없는 것이고, 박원순 시장의 광화문광장 논농사는 환경친화적이라고 했다.

이중적 잣대는 정치 영역까지 확대되었다. 박원순 시장의 정책에 대해 문제를 제기하거나 반대하는 것을 마치 '진보에 대한 도전'으로 인식하는, 알량한 동업자 의식도 은연중에 나타났다. 박원순 시장의 정책에 깊게 관여한 시민단체 출신 인사의 민주당 구청장 경선 참여 기회를 요구하는 탄원서가 전국마을활동가들의 연명을 받아 제출된 사건도 있었다.

> (중략) 우리 활동가는 풍부한 현장 경험으로 지방 정부의 정책을 뒷받침하고 문재인 정부의 성공을 기원하고 있습니다.
> 000 예비후보는 수년 동안 우리와 함께 마을공동체 활동을 이어온 훌륭한 인물입니다. 그런데 000 예비후보가 경선에 참여해 보지도 못하고 컷오프되었다는 소식을 접했습니다. 경선에 참여했으나 탈락을 한 것도 아니고 경선에 나가지도 못하게 되었다는 소식에, 저희 일선 마을활동가들은 큰 충격

> 을 받지 않을 수 없었습니다. 이 사람조차 더불어민주당 경선에 참여할 수 없다면, 전국 각지에서 활동하는 마을활동가 대부분 경선 참여 자격이 없다는 말에 다름 아닐 것입니다.
> (중략) 분권과 자치, 풀뿌리 민주주의를 주도해 나가는 정당으로서 더불어민주당이 우리의 기대에 적극적으로 부흥해 주실 것을 요청합니다. 000 예비후보가 더불어민주당 00구청장 당내 경선에 참여할 자격을 가질 수 있기를 바랍니다. _ 전국마을활동가 탄원서, 2018.04.27.

관변단체를 비판해 왔음에도 스스로 관변단체가 되어 버린, 시민의 정치권력화를 '정당정치 참여'로 바라보는 천박한 정치의식까지 나타난 것이다.

시민운동의 민낯이었다. 협치와 거버넌스는 박원순 시장에 결합한 시민운동의 자기모순이었다. 물론 박원순 시장 임기 중에 적극적으로 시민사회의 아젠다를 정책화하여 구조를 만들려는 전략일 수도 있지만, 박원순 시장과 동료의식에 사로잡힌 형식적인 거버넌스였다.

이처럼 박원순 시장의 한계와 어공들의 자만, 시민운동의 관변화는 박원순 시장의 협치를 행정주도형으로 왜곡시켰으며, 박원순 시장 사망 후 행정 관료들의 조직은 더욱 강고해졌다.

광화문광장 거버넌스 실패 이유는 시민력의 상실

9개 시민단체들이 광화문광장 재구조화에 대응하기로 한

이유는 앞장에서 썼듯이 '아래로부터의 소통과 협력을 통해 조성했다.'라고 쓸 그들의 기록에 '광화문광장 재구조화사업에 문제의식을 가진 시민사회의 목소리'를 공식적으로 남길 필요가 있다고 보았기 때문이다. 물론 시민단체들의 목소리 이전에도 우려하는 목소리들은 있었지만, 시민들과 공감대나 사회적 시선을 만들어 내지 못한 개인들의 목소리였기에 파장은 미미했었다.

시민단체들은 광화문광장 재구조화사업의 문제점을 시민들에게 전달하기 위해 시청 앞과 광화문광장에서 여러 번 기자회견을 개최하였으며, 묵묵부답인 서울시를 강제하기 위해 이틀간 연속토론회까지 개최했다. 이제는 서울시가 답을 해야 한다는 요구도 성명서를 통해 끊임없이 제기했다. 언론이 주목하기 시작했고 행안부와 서울시의회에서도 서울시의 속도와 방식에 대해 우려의 목소리를 보냈다. 평창·부암·삼청동 등 광화문광장 재구조화로 영향을 받을 동네 주민들도 현수막을 내걸면서 항의하기 시작했다. 이처럼 시민단체들의 목소리를 계기로 다른 목소리들이 힘을 갖게 된 이유는 바로 '시민력'이 형성되기 시작했기 때문이다. 서울시가 원점에서 재검토를 선언하고 새로운 협의 구조를 만들 수밖에 없도록 강제했던 힘은 바로 '시민력'이었다. 시민력에 기반하여 시민단체들은 활동을 통해 정보 공개 및 공유, 쟁점 도출, 사회적 시선 형성, 주체 간 긴장관계 유지, 의사소통 경로의 공식성, 공동 합의 구조 형성모색 등 거버넌스 구축의 토대를 만들어냈다. 서울시 역시 적극적으로 시민소통을 강화하면서 광화문광장 거버넌스를 새롭게 구축하기 시작했다.

그런데 왜 거버넌스로 전환되지 못하고 파행으로 끝났을까.

표면적인 이유야 박원순 시장의 사망에 있지만, 근본적인 원인은 시민단체 스스로도 박원순 시장의 선의에 기댔다는 것이다. 물론 시민단체들은 박원순 시장의 거버넌스나 '시장이 시민이다.'라는 구호의 한계를 분명하게 인식하고 있었다. 그러나 서울시가 유례없이 적극적으로 소통에 나서면서 박원순 시장에게 기대하게 되었고, 서울시의 협의나 소통방식에 동의하지 못했음에도 시민단체 스스로 분명한 입장을 표명하지 못한 상태에서 참여라는 모양새를 갖추게 되었다. 결국 서울시의 방식과 속도에 밀리면서 소통 횟수라는 허울만 강조되는 결과를 초래했다. 당연히 초기 형성된 시민력은 힘을 잃어갈 수밖에 없었다. 박원순 시장 사망 후 서울시의 노골적인 독주가 가능했던 이유는 범접할 수 없는 직업 공무원 특유의 뚝심도 작용했지만, 광화문광장에 대한 시민력이 약화되었기 때문이다.

시민단체들의 첫 번째 패착이었다. 분명 광화문광장 재구조화에 대한 사회적 시선이 만들어질 수 있었던 것은 시민력에 기반했기 때문인데, 이런 측면에서 시민단체는 박원순 시장에 대한 기대나 행정 중심의 거버넌스에 매몰될 것이 아니라 광화문광장에 대한 시민력 향상을 위한 민주적 거버넌스 구성에 집중했어야 했다. 즉, 서울시의 '시민단체와 지속적인 협의' 제안에 대해 시민단체들이 먼저 고민해야 할 내용은 '협의구조의 역할과 책임, 권한'이어야 했고, 서울시와 이에 대해 논의를 우선 열어 나가야 했다.

쟁점을 사회화하지 못하면서 서울시의 시스템에 의존한 것 역시 심각한 오류였다.

시민단체들이 제기하는 문제들에 대해 서울시는 '소통이 부족했다'라는 것 외에는 공감하지 않았다. 끊임없이 소통 횟수와 소통 인원을 강조하며 모든 보도 자료 첫머리에 '유례 없는 소통'을 강조하면서 '소통 부족'이라는 비판에서 벗어나고자 했다.

그렇다면 시민단체들은 끊임없이 쟁점을 중심으로 의제를 강화해야 했다. 서울시의 빠른 행보에 문제를 공식적으로 제기하면서 우리들의 방식으로 대등한 쟁점을 만들어야 했다. 박원순 시장이 광화문광장 추진 보류를 선언한 2019년 하반기부터 시민단체들이 해야 할 일은 시민단체들의 원칙과 방향을 다시 세우고, 서울시의 속도나 방식에서 한 발 떨어져서 시민단체들의 속도와 방식을 가지고 움직였어야 했다. 2021년 2월 14일 서울시의 <서울시, 시민소통 결과 발표-시민의 뜻 담아 사업 추진>이라는 보도 자료에 대해 논평만이 아니라 보도 자료 내용에 대한 공개 논의 자리를 만들어 내야 했다. 그러나 수동적 대응에 머물다 보니 서측 광장이나 혼잡통행료와 같은 쟁점 토론을 시민단체 시스템에서 열어내지 못하고 서울시 시스템에 의존함으로써 서울시의 알리바이만 만들어 준 꼴이 되어 버렸다. 서울시의 시스템이 강화되면서 시민단체들의 시스템이 약화된 것인데, 민주적 거버넌스의 포기라는 비판을 받을 수밖에 없는 이유다.

거버넌스에 대한 깊은 성찰도 없었다. 문제를 제기하고 문제를 공유하는, 문제의 사회화라는 측면에서 운동을 펼쳤지만 우리들의 역할을 여기까지로 규정하고 다음 단계인 거버넌스는 공동 합의문 성격의 공동 발표를 통해 형성될 것이라고 막연하고 안일한 생각만 한 것이다. 당연히 서울시는 추진하지 않았을 것임에도 시민단체 스스로도 오락가락한 것이다.

행정 입장에서 거버넌스는 폭넓은 의견 청취와 자신의 정치세력을 규합하는 의미이겠지만 시민운동의 입장에서 거버넌스는 행정을 통제하고 감시하면서, 행정의 권한이 시민에게 옮겨가는 것을 의미한다. 그렇기에 시민운동 입장에서 거버넌스는 협의나 참여라는 수동적인 논의구조가 아니라 결정 권한의 문제이고, 합의된 가치를 제멋대로 흔들어 버리는 정치권력에 대응하고 대항하는 힘이어야 한다.

거버넌스는 저절로 만들어지지 않는다. 행정의 선의나 호의에 의해 만들어지는 거버넌스는 행정정책의 동조자에서 벗어나지 못한다. 그렇기에 시민단체들은 문제제기를 넘어서서 제기한 문제들이 해결될 수 있는 사회적 여건을 적극적으로 만들어 내야 했다. 거버넌스를 실질적인 의사결정과정으로 여기지 않는 행정을 강제해야 했다. 그동안 서울시의 거버넌스가 행정력을 뒷받침해 주는 수단으로 전락했다는 문제의식이 있었다면 광화문광장 재구조화에 대응하는 거버넌스는 시민력을 상승시키고, 결정권한을 시민으로 옮겨오기 위한 치열한 고민의 과정이어야 했다.

결국 광화문광장 재구조화에 대한 대응은 실패로 끝났다.

서울시 공무원들의 문제가 아니라 바로 우리들의 문제였다. 이제 시민단체 스스로 광화문광장 백서를 시작으로 민주적 거버넌스에 대한 열띤 토론을 시작해야 한다. 냉정한 자기 반성이 필요한 시점이다.

'광화문광장 재구조화 졸속추진 중단을 요구하는 시민사회단체들'이 제기한 쟁점에 대해 서울시는 꼭 답변해 주길 바란다. 향후 서울시가 만들어 낼 '광화문광장 백서'를 통해 답을 해준다면, 광화문광장 거버넌스는 실패했지만 민관 거버넌스를 구축하려는 또 다른 노력들의 실패를 최소화할 수 있기 때문이다.

시민단체들의 광화문광장 백서와 서울시의 광화문광장 백서를 통해 '거버넌스 실패'에 대한 논의가 열어지길 바란다.

■ 주석

1 서울특별시, 광화문백서 참조, 2011.

2 경향신문, "역사성 살린 광화문광장-세계 최대의 중앙분리대", 2009.08.25.

3 CBS라디오, 김미화의 여러분 - 승효상 "광화문광장, 세계 최대 중앙분리대", 2012.09.17.

4 광화문포럼, 광화문광장 개선의 방향과 원칙, 2017. p.65.

5 광화문포럼, 광화문광장 개선의 방향과 원칙, 2017. p.71.

6 조봉경(2021), 광화문광장 조성 및 재조성계획과정 연구-왜 협력적 계획은 실패하였나, p.226.

7 서울시 광장을 광장답게 자료집, 촛불집회 이후 광화문광장개선에 대한 시민의식변화, 2017.05.31.

8 https://gwanghwamun.seoul.go.kr 참조.

9 김은희, "광화문광장 재구조화 연속토론회, 광화문광장을 광장답게, 시민과 함께하자", 2019.08.21., p.14~p.15 재인용.

10 SBS 8 뉴스 리포트, 취재파일 '새 광화문광장 시민의견 듣는다더니... 반년동안 모바일설문조사 뿐, 2019.02.12.

11 광화문광장홈페이지, 영상 광화문시민위원회 시민참여단 워크숍, 2019.11.29.
조봉경(2021), 광화문광장 조성 및 재조성계획과정 연구-왜 협력적 계획은 실패하였나, 서울대학교 박사학위논문, p.169~p.170 참조.

12 일요신문, "협의는 없고 통보만 있었다, 박원순표 광화문광장사업에 중학동 삼각지 상인 눈물", 2019.09.06.

13 고병국 의원실, 보도 자료, 2018.11.15.

14 노컷뉴스, "행안부 손들어준 여 9인회의 광화문광장 재조성 빨간 불", 2019.09.06.

15 도시연대, 광화문광장 역사성 증진 및 시민이용 개선을 위한 시민들의 체험프로그램운영 보고서, 2014.12.

16 서울시민재정넷 등, 공동원탁토론 자료집, 2019.03.22.

17 도시재생실 광화문추진단, 새로운 광화문 대역사(大役事) 전략회의, 2019.05.14.

18 작년 12월 시민 대토론회는 시민들이 충분한 학습이 된 상태에서 깊이 있는 논의를 하는 숙의 형태의 공론화과정이 필요하다는 시민단체(도시연대 등)의 의견을 반영하여 갈등조정담당관에 의뢰하여 진행되었습니다 - 서울시 광화문광장추진단-9703, 광화문광장 재구조화사업에 대한 시민사회단체 공개질의서에 대한 회신.

19 서울시, 광화문시민위원회 시민소통분과 제10차 회의 결과, 2019.09.30.

20 "아쉬운 점은 내용을 미리 알고 숙지하고 왔으면 좋았을 것 같은데 문자를 너무 늦게 주신 거 같습니다. 내용을 다 숙지하고 왔으면 좋았을 거 같은데 오는 길에 확인했습니다. 제가 시민토론회에서 뭘 할 수 있을까요 하는 질문을 먼저 드렸습니다. 전화를 해주셨던 분이 꽃을 뭘 심을까, 나무를 뭘 심을까 이런 걸 선택을 하신다고 해

서 너무 단순하게 생각하고 왔는데, 참여단을 선정하는데 많은 어려움이 있으실 줄 알지만 전화하시는 분도 먼저 내용을 숙지하시고 안내를 해주셨으면 저희들이 심도있게 미리 생각하고 올 수 있었을 것 같습니다."(1차 시민대토론회평가 소감) - 조봉경(2021), 광화문광장 조성 및 재조성계획과정 연구 - 왜 협력적 계획은 실패하였나, 서울대학교 박사학위논문 p.180, 재인용.

21 이데일리, [기자수첩] 소통만으로 충분치 않은 광화문광장사업, 2019.11.25.

22 서울시, 행정2부시장 주재 간담회 개최 제안(안), 2020.04.29.

23 민주당의 지적은 사실이 아니다. 2000년 초 추경 시기인 6월 24일 예결특위에서는 양민규 의원이 광화문광장과 연관되는 세종대로 확장사업을 추경으로 편성한 것에 대한 문제제기성 질의를 한 바 있고, 작년 예산 심의시기인 2019년 12월 5일에는 봉양순 의원이 광화문광장사업의 불용액 과다에 대한 질의를 명확하게 한 바가 있다.

24 오세훈, '광화문광장 조성, 완성도를 최대한 높여 추진하겠습니다', 2021.04.27.

25 한양대 법학전문대학원 리걸클리닉센터(소장: 박선아 한양대 법학전문대학원 교수/경실련 시민입법위원장)는 2011년 국내 최초로 공익소송을 제기한 것을 시작으로 다양한 공익소송을 통해 공익실현에 기여하고 있다.

26 서울시 보도 자료 및 시의회 답변 자료를 참고하였다.

27 김은희(2020.12.), 광장은 심는 것이 아니라 만들어나가는 것이다, 걷고싶은도시 겨울호 참조.

28 서울시 해명 자료, '박원순도 보류한 광화문광장 개조, 서정협이 누구길래 강행하나' 관련, 2021.01.21.

29 한국일보, 광화문광장의 주인은 시민이다, 2020.11.16.

30 오마이뉴스, 박원순, 광화문광장 조성사업 그만 두려했다는 주장 사실 무근, 기사를 확인한 시민단체의 사실 확인 요청에 따라 2021년 2월 2일 '광화문광장 조성사업 놓고 마지막까지 고심한 박원순'으로 기사 제목 및 기사 내용이 수정되었다. 2021.01.20.

31 한겨레, 광화문광장 재구조화 소송전, 2020.12.01.

32 오마이뉴스, 광화문광장 조성사업 놓고 마지막까지 고심한 박원순, 2021.02.02.

33 서울시, 광화문광장 재구조화 관련 시민사회단체 성명서(20.10.05.)에 대한 서울시의 입장, 2020.10.05.

34 서울시, 새로운 광화문광장 대표성 갖는 시민 300명 원탁토로회, 2019.12.06. / 서울시, 「박원순도 보류한 광화문광장 개조, 서정협이 누구길래 강행하나」 관련, 2021.01.20.

35 서울연구원, 시민민주주의 활성화 기본계획 추진전략과 과제(2단계), 2021.01.31., p.167 재인용.

36 서울시, 광화문광장 재구조화 관련 시민사회단체 성명서(20.10.05.)에 대한 서울시 입장, 2020.10.05.

37 서울시 여론조사 홈페이지(https://research.seoul.go.kr/) 보행친화도시 서울, 세종대로 도로공간 재편 관련 여론조사.

38 한겨레, 답정너, 광화문광장 재조성… 돌고 돌아 결국 '승효상 안', 2019.07.30.

39 서울시 보도 자료, 수도권→도심 GTX 이동 빠르게… 3개소 환승거점 추가 신설 요청, 2021.02.25.

40 한겨레, 서울시 설명 자료, 13년 전의 '승효상안' 광화문광장 재조성 답은 정해져 있었다, 2019.07.30.

41 서울시, 현안점검회의, 2019.05.14., 2019.05.20.

42 조선일보, "3개월 만에 또… 보도블록 왜 툭하면 다시 까나, 서울 '세종대로 사람숲길' 일부 구간, 울퉁불퉁·삐뚤빼뚤해 재공사", 2021.04.09.

43 서울시 해명 자료, 「박원순도 보류한 광화문광장 개조, 서정협이 누구길래 강행하나」, 2021.01.20.

44 반성문은 시민단체들의 합의된 내용이 아니라 순전히 필자 개인의 의견이다.

45 정병순 · 이성호 · 김성아, 서울시 민관협치 활성화 기본계획 수립 연구, 서울연구원, 2019, 요약 p.1 재인용.

46 최영출, 거버넌스 이론과 지역발전전략, 월간국토(통권 252호), 국토연구원, 2002.10.

47 서울시, 1차 전문가 토론회 녹취록 중 박원순 시장의 발언 "본부장님한테도 말씀을 드렸는데 지금도 물론 홈페이지에 아까 잘돼 있다고 말씀을 하셨지만 그 정도가 아니고 완전히 새로운 온라인 플랫폼을 하나 만들자, 지금까지 있었던 얘기도 다 거기에 올리고 또 오늘 해주신 말씀도 다 듣고, 더 넣고, 그리고 또 앞으로 시민들의 그런 말씀들을 그 속에 다 넣어서 우리가 정말, 아까 여러분들이 말씀하신 하나의 어떤 이 시대의 통찰에서부터, 어떤 기본적인 철학과 가치에서부터 구체적인 교통이든, 그것이 역사이든 이런 것들이 꼭 그 안에서 이런 토론이 일어날 수 있게 이렇게 만들자. 오늘 이것이 제가 가지게 된 가장 큰 생각의 하나였고요."

48 https://blog.naver.com/songnara56/220374444541

49 배성옥 · 김영민, IAD(제도분석틀)을 활용한 도시재생에서 대형공공프로젝트의 역할과 영향분석 -서울로7017 프로젝트를 중심으로, 도시설계 Vol.22 No.3(통권 제105호), 한국도시설계학회, 2021.06.

■ 참고문헌

광화문포럼, 2017., 광화문광장 개선의 방향과 원칙

김선웅, 2006.12.05., 세종광장 조성 방안, 토론회 자료

김은희, 2020.12., 광장은 심는 것이 아니라 만들어나가는 것이다, 걷고싶은도시 겨울호

김은희, 2012., 마을만들기는 운동이다, 우리, 마을만들기(도서출판 나무도시)

김은희, 2012., 서울특별시의 마을공동체사업에 대한 질문들,

도시연대, 2014.12., 광화문광장 역사성 증진 및 시민이용 개선을 위한 시민들의 체험프로그램운영 보고서

배성옥 · 김영민, 2021.06., IAD(제도분석틀)을 활용한 도시재생에서 대형공공프로젝트의 역할과 영향분석 -서울로7017 프로젝트를 중심으로, 도시설계

Vol. 22No. 3(통권 제105호), 한국도시설계학회
서울시민재정넷 등, 2019.3.22., 공동원탁토론 자료집
서울연구원, 2014., 지속가능한 도시교통관리방안 연구
서울연구원, 2021.01.31., 시민민주주의 활성화 기본계획 추진전략과 과제(2단계)
전국마을활동가 탄원서, 2018.04.27., 탄원서
조봉경(2021), 광화문광장 조성 및 재조성계획과정 연구-왜 협력적 계획은 실패하였나, 서울대학교 박사학위논문
조철주 · 장명준, 2011., 공공정책의 갈등 해소를 위한 협력적 거버넌스 모형 연구, 한국도시행정학회 도시행정학보 제24집 제2호(2011.06.)
최영출, 2002.10., 거버넌스 이론과 지역발전전략, 월간국토(통권 252호), 국토연구원

서울특별시, 2011., 광화문백서
서울시, 2014.09, 시장보고자료, 광화문광장 개선 방안
서울시, 2015.04., 서울시의 보행친화도시 홍보전략 및 실행 방안
서울시, 2017.05.31., 촛불집회 이후 광화문광장개선에 대한 시민의식변화, 광장을 광장답게 자료집
서울시, 2019.05.14., 새로운 광화문 대역사(大役事) 전략회의
서울시, 2019.05.20., 현안점검회의
서울시, 2019.09.30.,광화문시민위원회 시민소통분과 제10차회의 결과
서울시, 2020.06., 보행친화도시서울, 세종대로 도로공간 재편 관련 서울시민 인식조사 보고서

고병국의원실, 2018.11.15., 보도 자료
서울시의회, 2018.12.03., 예산결산위원회 회의록
서울시의회, 2020.11.30., 제298회 서울특별시의회정례회의 제7차 도시계획관리위원회
종로구의회, 2018.05.03., 제276회 임시회 제2차 본회의 회의록

서울시 여론조사 홈페이지 https://research.seoul.go.kr/
서울시 광화문광장 홈페이지 https://gwanghwamun.seoul.go.kr
https://blog.naver.com/songnara56/220374444541

경향신문, 2009.08.25., "역사성 살린 광화문광장"-"세계 최대의 중앙분리대"
CBS라디오, 2012.09.17., 김미화의 여러분 - 승효상 "광화문광장, 세계 최대 중앙분리대"
SBS 8뉴스리포트, 2019.02.12., 취재파일 '새 광화문광장 시민의견 듣는다더니... 반년동안 모바일설문조사 뿐
일요신문, 2019.09.06., 협의는 없고 통보만 있었다, 박원순표 광화문광장사업에 중학동 삼각지 상인 눈물
노컷뉴스, 2019.09.06., 행안부 손들어준 여 9인회의 광화문광장 재조성 빨간 불
이데일리, 2019.11.25., [기자수첩] 소통만으로 충분치 않은 광화문광장사업
한겨레, 2020.07.30., '답정너' 광화문광장 재조성... 돌고 돌아 결국 '승효상 안'

한국일보, 2020.11.16., 광화문광장의 주인은 시민이다
한겨레, 2020.12.01.,광화문광장 재구조화 소송전
오마이뉴스, 2021.01.20., 박원순, 광화문광장 조성사업 그만두려했다는 주장 사실무근
오마이뉴스, 2021.02.02., 광화문광장 조성사업 놓고 마지막까지 고심한 박원순
조선일보, 2021.04.09., 3개월 만에 또… 보도블록 왜 툭하면 다시 까나, 서울 '세종대로 사람숲길' 일부 구간, 울퉁불퉁·삐뚤빼뚤해 재공사

※ 광화문광장 재구조화 졸속추진 반대 및 중단을 요구하는 시민사회단체의 성명서, 보도 자료, 기자회견문, 토론회 자료와 서울시 광화문광장 추진단의 보도 자료, 해명 자료 등은 참고문헌에 별도 표기하지 않았음.

2부

광장과 민주주의

서울의 중심 공간으로서 광화문광장

전상봉
서울시민연대 대표

'2000년 역사도시 서울', 언제부터인가 서울시가 내세우는 모토이다. 여기서 '2000년 역사도시'라 함은 수도로서 서울의 역사를 말한다. 기원전 18년 백제의 온조왕이 한성풍납토성, 몽촌토성에 도읍하면서 수도 서울의 역사는 시작된다. 그 후 475년 고구려 장수왕의 공격에 패한 백제는 수도를 공주로 옮기면서 서울은 수도로서의 기능을 상실했다.

오랫동안 명맥이 끊겼던 수도 서울의 역사는 조선의 건국과 함께 재개된다. 조선을 건국한 태조 이성계는 한양으로 천도1394년를 단행하여 서울의 기본 골격을 만들었다. 한양의 공간 구조는 유교의 경전인 <주례>의 도성 조영 원칙에 입각한 것이었다. <주례>의 동관고공기冬官高工記에 제시된 도성 조영 원칙은 다음과 같다. 제왕남면帝王南面, 왕의 거처인 궁궐

경복궁은 남향으로 짓는다. 전조후시前朝後市, 궁궐 앞에는 조정 관아를 두고 뒤에는 시장을 설치한다. 좌묘우사左廟右社, 선대 군주의 위패를 모신 태묘太廟는 궁궐의 왼쪽에, 토지의 신과 곡식의 신을 모신 사직社稷은 오른쪽에 조성한다는 것이다.

수도 한양은 이 같은 조영 원칙에 따라 백악산을 기준으로 왕이 거처하는 법궁인 경복궁을 건설하였고, 그 앞에는 국중대로國中大路인 육조거리, 지금의 세종로를 만들었다. 경복궁을 기준으로 왼쪽에는 종묘를 지어 왕조의 위패를 모셨고, 오른쪽에는 사직단을 쌓고 제사를 지냈다. 그리고 백악산, 남산, 낙산, 인왕산으로 이어지는 내사산內四山에는 수도의 방비와 권위를 나타내는 도성을 쌓았다. 이로써 수도 서울의 공간 구조의 원형이 만들어졌다.

광화문통, 세종로, 광화문광장

일제강점기 광화문 앞 육조거리는 광화문통光化門通이라 불렸다. 광복 후인 1946년 10월 1일 김형민 서울시장은 가로명제정위원회를 조직하여 일제가 붙인 지명을 개정하는 작업을 진행했다. 가로명제정위원회는 광화문통을 조선 4대 왕인 세종의 묘호廟號를 차용하여 세종로로 바꾸었다. 경복궁 앞 도로인 이곳이 권력과 정치의 공간이자, 수도 서울의 중심 공간이었기 때문이다.

3년 간의 미군정을 마치고 '대한민국 정부 수립 선포식'이

열린 장소도 이곳이다. 초대 대통령 이승만은 1948년 8월 15일 옛 조선총독부청사 앞에서 대한민국 정부 수립을 선포하였다. 정부 수립과 함께 조선총독부청사에는 정부 부처와 함께 국회가 의사당으로 사용하였다. 한국 전쟁으로 부산으로 피난 갔던 국회는 1954년 5월 광화문 인근의 옛 부민관府民館, 현 서울시의회 본관을 국회의사당으로 사용하기 시작했다. 사업부의 중추 기관인 대법원의 경우 일제강점기부터 중구 서소문동 37번지 현 서울미술관에 위치하였다. 이처럼 광화문 일대는 행정, 입법, 사업 기관이 밀집된 권력과 정치의 중심지였다.

전쟁이 한창이던 1952년 3월 25일 서울시는 도시계획가로계획내무부고시 제23호을 발표한다. 이에 따르면 광화문네거리에서 중앙청구 조선총독부 앞까지의 길이 500m, 폭 53m의 세종로를 폭 100m로 확장하고, 광화문네거리에 반지름 150m의 광장을 조성하는 내용이 포함되어 있었다.

1966년 불도저 김현옥 서울시장이 취임한 다음 세종로는 폭 100m, 왕복 16차선 도로로 확장되었고, 지하도가 건설되었으나 세종로네거리의 광장은 만들어지지 않았다.

세종로 동쪽에 자리 잡은 대한민국역사박물관과 주한미대사관은 서울 재건이라는 이름으로 1961년 10월 완공되었다. 쌍둥이 건물인 대한민국역사박물관과 미대사관은 주한미국경제원조처USOM가 지원한 500만 달러의 자금으로 지어졌다. 대한민국역사박물관은 5·16쿠데타 직후 국가재건최고위원회가 사용1961~1963년하였고, 그 뒤에는 경제기획원이 입주하였으며 문화공보부문화체육관광부가 사용하다가 2012년 12월 리모델링을 거쳐 대한민국역사박물관으로 재탄생하였다. 미대사관이 현재의 위치로 옮긴 때는 1970년이다. 그때까지 미대사관은 서울특별시청 을지로별관옛 서울미문화원에 있었으나 그해 12월 한국 정부에 일방적인 통보를 하고 기습적으로 이전하였다. 미대사관의 이전으로 광화문 일대는 집회와 시위가 허용되지 않는 금단의 영역으로 굳어졌다.

종로구 세종로 77번지에 위치한 정부서울청사정부종합청사는 1970년 12월 23일 완공되었다. 완공 당시 정부서울청사에는 11개의 정부 부처가 입주하였다. 세종문화회관의 경우 대통령 이승만의 호를 따 우남회관으로 건설되기 시작했으나, 4·19혁명 이후 시민회관으로 이름을 바꿔 1961년 개관하였다. 시민회관은 1972년 화재로 불타버렸고, 그 자리에 현재의 세종문화회관이 신축1978년되어 오늘에 이른다.

광화문 일대를 꼭짓점으로 하는 서울시의 도시계획은 1960년대 중후반 수립되기 시작한다. 김현옥 서울시장은 1966년 서울도시기본계획을 통해 광화문과 서울시청을 중심으로 하는 도시계획을 구체화하였다. 이 계획에 따르면 1966~1988년까지 서울의 인구를 500만 명으로 산정하고, 강북에 집중된 수도 서울의 기능을 한강 이남으로 분산한다는 방침에 따라 입법부는 남서울강남, 사법부는 영등포, 행정부는 용산, 대통령 직속 기관은 광화문 일대에 배치하는 것이었다.

1974년 9월 구자춘 서울시장이 발표한 3핵 도시 구상 또한 광화문 일대를 중심으로 하는 도시계획이었다. 3핵 도시 구상은 서울이 광화문과 시청을 중심으로 형성된 단핵 도시이기 때문에 정치, 경제, 사회, 문화의 기능이 이곳에 집중되어 강북 도심은 날로 혼잡해지고, 외곽은 공간적으로 너무 멀어 도시기능이 효율적이지 못하다는 문제의식에 기초한 것이었다. 3핵 도시 구상에 따르면 강북권광화문과 서울시청 일대은 국가의 중심 지역으로 중추적인 중앙 행정 기능을 담당하는 곳으로 계획되었다. 이곳에 밀집된 도심 기능의 일부를 영등포권과 영동권강남으로 분산한 다음 광화문과 서울시청을 중심으로 하는 강북권을 재구성한다는 내용이었다.

일제의 식민지배의 상징이었던 조선총독부 건물이 철거된 것은 1995년 8월 15일이다. 광복 50주년을 맞아 김영삼 정부는 '역사바로세우기'의 일환으로 경복궁을 가로막고 선 조선총독부 건물을 철거하였다. 총독부 건물이 철거되자 이원종 서울시장은 세종로를 국가 상징 가로로 조성하자는 제안을 내놓았다. 세종로가 수도 서울의 중심 공간이라는 측면에서는 이해할 여지가 없지는 않으나, 문민정부를 표방한 김영삼 정부하에서 왕조 국가를 연상케 하는 국가 상징 가로 제안은 여전히 우리 사회가 권위주의 사회이며, 광화문 일대가 권력의 중심 공간임을 반증하는 것이었다.

광화문 일대가 시민들에게 열린 공간으로 바뀌기 시작한 것은 2000년을 전후해서다. 왕복 16차선의 세종로는 오랜 시간 자동차가 주인이었고, 시민들의 보행은 지하도를 통해

서만 가능했다. 1999년 종로와 신문로가 교차하는 세종로 네거리에 남북으로 건널목이 놓이면서 비로소 시민들이 차도를 걸어서 건널 수 있게 되었다. 그리고 2005년 세종로를 동서로 가로지르는 건널목이 설치되기에 이른다.

건널목이 등장하고 얼마 지나지 않은 2002년 세종로가 시민들에게 열리기 시작했다. 2002년 월드컵의 열기 속에 붉은악마의 응원이 광화문네거리에서 펼쳐진 것이다. 비록 월드컵 응원의 주된 무대는 시청 앞 도로였으나 집회와 시위가 허용되지 않던 세종로가 처음 열린 것은 의미 있는 변화였다. 세종로가 전면적으로 열린 것은 2002년 12월 14일 개최된 미군 장갑차에 희생된 여중생 효순, 미선 추모 촛불집회였다. 이때를 시작으로 세종로는 민주주의의 공론의 광장으로 변화하기 시작하여 2004년에는 노무현 대통령 탄핵을 반대하는 촛불집회가 개최되었고, 2008년에는 미국산 쇠고기 수입을 반대하는 시위가 열리기도 했다.

이런 흐름 속에서 2009년 8월 1일 광화문광장길이 557m, 폭 34m, 면적 18,840㎡이 완공되었다. 오세훈 서울시장이 추진한 광화문광장은 1952년 서울시가 수립한 도시계획가로계획 이래 몇 차례 제기된 광장계획이 마침내 완공된 것을 의미했다. 또한 광화문광장의 완공은 2002년 월드컵 응원과 미선 효순 추모 촛불 집회로 표출된 시민성이 일정하게 수용된 결과이기도 했다. 그런데 문제는 세종로 중앙에 섬처럼 조성된 광화문광장은 구조적으로는 '세계 최대의 중앙분리대'였고, 시민들에게는 보이지 않는 벽이 존재하는 전시행정의 광장이었다는 사실이다.

광화문광장 : 역사성, 시민성, 보행성

광화문광장 주변에는 고층빌딩이 즐비하다. 동쪽에는 대한민국역사박물관, 주한미국대사관, KT빌딩, 교보빌딩 그리고 기념비전高宗 御極 40年 稱慶紀念碑殿이 차례로 서 있다. 서쪽에는 정부서울청사, 외교부청사, 세종문화회관, 삼보빌딩, 현대해상빌딩, 세광빌딩이 자리 잡고 있다. 광화문광장에 붙여진 세계 최대의 중앙분리대라는 오명에는 도로 가운데 분리대처럼 고립된 광장 구조에 대한 비판인 동시에 시민성과 단절된 광장이라는 문제점이 내포되어 있다.

시민들과 분리된 광화문광장의 첫 시작은 세종대왕 동상을 세우기 위한 서울시의 여론조사였다. 2007년 서울시는 광화문광장을 조성 공사를 시작하면서 세종대왕 동상 건립의 명분 축적을 위해 여론조사를 실시했다. 조사 결과 다수의 시민이 광화문네거리의 이순신 장군 동상을 세종대왕 동상으로 교체하는 데 동의하지 않았다. 시민들의 반응에 당황(?)한 서울시는 기존 이순신 장군 동상과 함께 세종대왕 동상을 새롭게 세운다는 내용의 문항을 추가하여 여론조사를 재차 실시했다. 이 같은 곡절을 거친 다음 탈권위의 시대에 역행하는 거대한 크기의 권위적인 모습의 세종대왕 동상이 광화문광장 중앙에 건립되었다.

광화문광장의 구조는 세종대왕 동상 앞쪽에는 보도블록이 깔린 광장이었고, 뒤쪽에는 플라워 카펫폭 17.5m, 길이 162m이라는 이름의 잔디밭이 조성된 전시행정에 최적화된 형태였다. 재미있는 광경은 플라워 카펫에는 태조 이성계가 한양으로 천도한 1394년 10월 28일부터 광화문광장이 완공일인 2009년 8월 1일까지 날짜의 수에 맞춰 22만 4,537송이의 꽃을 전시해 놓았다는 사실이다. 광화문광장에서 벌어진 전시성 행사의 극적인 장면은 2009년 12월 국제스키연맹FIS 주최의 스노보드 월드컵 대회였다. 서울시는 스노보드 월드컵 대회 '빅 에어'Big Air 경기를 개최한다는 이유로 세종대왕 동상 뒤쪽에 높이 34m, 길이 100m의 스키 점프대를 설치했다. 점프대 설치에는 17억 원의 비용이 소요되었고, 서울시가 5억 원의 예산을 지원하였다.

그 뒤로도 광화문광장에서는 전시성 행사를 비롯한 이러저러한 행사가 끊이지 않았다. 지방 농산물을 파는 장터가 열리기도 했고, 평창올림픽을 알리는 홍보물이 전시되기도 했다. 때로는 떠들썩한 문화공연이 진행되는 공연장이었고, 한국 전쟁 참전 16개국을 소개하는 홍보 패널이 오랫동안 광장 한편을 차지하기도 했다.

전시성 행사가 주를 이루던 광화문광장에서 일어난 정치적 충돌은 2014년 세월호 참사였다. 당시 유가족과 시민사회는 세월호 참사의 원인 규명과 사고 직후 박근혜 대통령의 7시간의 행적을 밝히라고 요구했다. 그러나 청와대와 집권 여당은 침묵과 탄압으로 일관하여, 광화문광장은 세월호 참사의 진상 규명을 요구하는 최전선이 되었다.

광화문광장에서 시민들의 민주주의 요구가 폭발한 것은 2016년 10월 말부터 시작된 촛불집회이다. 그해 10월 29일 청계광장에서 시작된 촛불집회는 매주 토요일 20여 차례에 걸쳐 타올랐다. 해를 넘긴 2017년 3월 12일 헌법재판소에서 탄핵이 선고되기까지 광화문광장은 촛불집회의 주무대였다.

촛불집회의 힘으로 탄생한 문재인 정부는 청와대 집무실을 정부서울청사로 옮기겠다고 공약했다. 청와대 집무실을 정부서울청사로 옮기겠다는 문재인 정부의 공약은 시민들에게 한발 가까이 다가가겠다는 탈권위의 약속이었으나 안전상의 문제로 취소되고 만다.

문재인 정부의 청와대 집무실 이전 공약에 앞서 박원순 서울시장은 광화문광장의 구조 개편을 추진했다. 광화문광장 재구조화를 목적으로 서울시는 2016년 9월 민관 거버넌스인 광화문포럼이후 광화문시민위원회로 개편을 구성하였다. 광화문포럼과 광화문시민위원회는 여러 차례의 회의와 토론회를 개최하는 등의 논의과정을 거쳤다. 그 연장선에서 서울시는 광화문광장 구조 개편을 위한 국제공모를 실시, 2019년 1월 21일 당선작을 발표하였다.

광화문광장이 오는 2021년 차 중심의 거대한 중앙분리대라는 오명을 벗고 역사성을 간직한 국가 상징 광장이자 열린 일상의 민주 공간으로 탈바꿈, 시민의 품으로 돌아온다. _ 국제설계공모 당선작 공개 보도 자료, 2019.01.21.

서울시는 보도 자료를 통해 광화문광장 재편의 기본 방향을 다음 세 가지로 제시한다. • 광화문의 600년 '역사성', • 3·1운동부터 촛불민주제까지 광장민주주의를 지탱해 온 '시민성', • 지상·지하 네트워크 확대를 통한 '보행성' 회복이다. 이 같은 기본 방향에 입각하여 당선작이 발표되었다. 이날 발표된 당선작의 골자는 역사성과 시민성을 구현한다는 취지 하에 광화문광장을 역사 광장과 시민 광장으로 분리하는 것이었다. 요컨대 경복궁 정문인 광화문과 연계한 역사 광장을 조성하기 위해 율곡로와 사직로를 굴절시키는 형태였고, 시민 광장의 경우 세종문화회관 앞 인도와 연결되는 세종로 서쪽으로 광장을 재구조화하는 방안이었다. 또한 서울시는 보행성을 강화한다는 명목으로 을지로5가에서 시청까지 뚫려 있는 지하도를 광화문광장 지하와 연결하고, 교통편의를 개선한다는 이유로 GTX 광화문역을 신설하여 '지상·지하 네트워크를 확대'한다는 납득하기 어려운 설명을 덧붙였다.

한마디로 서울시가 내세운 역사성, 시민성, 보행성이라는 기본 방향은 수사修辭에 불과했다. 당선작 발표 이후 역사성, 시민성, 보행성은 어느 순간 사라져 버렸고 광화문 앞 월대月臺 복원이 최대 이슈로 부상하였다. 여기에 더해 보행성의 구현은 지하도로의 연결과 GTX 광화문역 신설이라는 개발사업으로 대체되어 버렸다. 이리하여 민주주의의 열린 공간이라는 광장 본래의 의미는 퇴색되었고, 당선작대로 광화문광장을 재구조화할 경우 정부서울청사와 외교부청사가 도로 안에 갇히게 되는 고립을 정부가 부담스러워했다. 여기에 더해 인근 주민들의 공원화와 개발 요구가 분출하면서 광화문광장 재구조화사업은 길을 잃고 말았다. 그리하여 박원순 시장은 2019년 9월 19일 광화문광장 재구조화 착공 연기와 함께 시민들의 의견 청취를 위한 공론화 재개를 발표하게 되었다.

권력의 광장인가, 시민의 광장인가

광화문광장에는 권력과 시민이라는 때로는 상충되는 요소가 공존하고 있다. 광화문광장에 투영된 권력과 시민이라는 성격은 일상에서는 평온하게 유지되지만 충돌할 경우 격렬하게 표출된다. 권력행정의 입장에서는 광화문광장을 전시와 홍보, 선전의 공간으로 전유하고 싶어 한다. 반면 시민은 광화문광장이 자율과 민주주의의 공간으로 열려 있기를 바란다. 시민들에게 광장은 억압에 대한 저항의 공간이고, 자율의 문화가 형성되어야 하는 공간이기 때문이다.

박원순 서울시장이 추진한 광화문광장의 재구조화사업은 권력과 행정의 필요와 욕망에 따른 것이었다. 이전 오세훈 시장과의 차이가 있다면, 광화문광장 재구조화 프로세스에 광화문포럼과 광화문시민위원회라는 민관 거버넌스를 구성하였다는 사실이다. 그런데 문제는 광화문광장 운영에 대한 평가 작업은 없었고, 오직 광화문광장을 세종문화회관과 연계하는 서쪽안을 관철하는데 몰두했다. 구조의 개편에 집착한 나머지 광장의 자율적인 운영과 시민들의 참여에 기초한 광장 문화를 어떻게 형성할 것인가라는 과제는 뒷전으로 밀리고 말았다. 이 과정에 광화문 월대 복원의 문제가 과도하게 부각되었고, 여기에 더해 광화문 인근 지역 주민들의 욕망이 결부되면서 보행성의 문제는 GTX 광화문역 신설이라는 개발사업으로 대체되었다.

박원순 시장의 공론화 재개 방침에 따라 2019년 10월부터 서울시가 진행한 시민단체, 지역 주민들과의 대화는 별다른 진전 없이 끝났다. 서울시가 추진한 민관 거버넌스는 새롭기는 했으나 허약했고, 서울시 주무 부서인 광화문광장추진단의 노력은 있었지만 공론화의 결과는 모호했다. 전문가들은 월대 복원에 관심이 많았고, 지역 주민들은 이러저러한 개발요구를 제기했다. 시민단체들은 구조 개편보다는 어떻게 시민성을 구현하는 광장을 만들 것인가에 주목했다. 각기 다른 관심은 결국, 그 어떤 합의에도 이르지 못했다.

해가 바뀐 2020년 7월 박원순 시장이 갑작스럽게 사망하면서 모든 논의는 중단됐다. 그리고 2021년 3월 6일 0시를 기해 서울시는 광화문광장 서쪽 도로를 폐쇄하고, 광장 확장 공사를 시작했다. 공사 강행으로 그동안의 논의는 허망하고

도 부질없는 것이 되었다. 다시 해가 바뀐 2022년 1월 25일 서울시는 보도 자료를 내고 기존 광장대비 '총면적 2.1배, 광장 폭 1.7배, 녹지 3.3배 확대, 47종 나무 심고 곳곳에 벤치'가 있는 '공원 같은 광장'이 2022년 7월 완공된다는 장밋빛 청사진을 제시했다. 6년에 걸친 광화문광장 재구조화의 과정은 이렇게 끝날 예정이다. 그럼에도 광화문광장은 여전히 우리에게 이런 질문을 던질 것이다. 광화문광장은 권력의 광장인가, 시민의 광장인가.

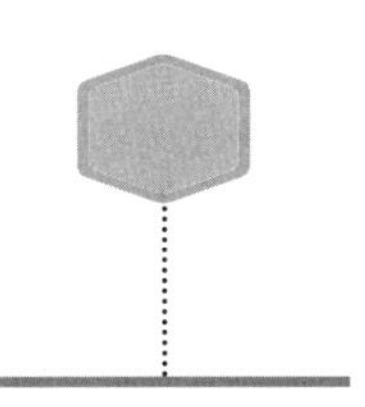

'보행 광장', 만들어진 알리바이 : 짜서 맞추는 관료들의 심시티

김상철
서울시민재정네트워크 운영위원, 공공교통네트워크 정책위원장

"아니, 교통 문제가 이렇게 중요하게 다루어지는지 몰랐네요."

2020년 초 광화문광장 재구조화를 앞두고 서울시 광화문광장추진단과의 논의를 하는 과정에서 원래 교통본부에 있다가 추진단으로 파견 나온 공무원이 지나가는 투로 던진 말이다. 서울시의 광화문광장 재구조화사업에 있어 교통정책이 어떻게 다루어졌는지를 상징적으로 드러낸 표현이라 아직도 생생하게 기억난다. 그도 그럴 것이 2019년 1월 광화문광장 국제현상공모작 발표로 촉발된 광화문광장 논란에서 교통 문제는 가장 집중적인 대상이긴 했으나 그건 역설적으로 교통체계에 대한 사전 합의와 조정이 그만큼 형식적이었다는 것을 보여주는 것이기도 하기 때문이다. 그리고 논란의 대상이 된다고 해서 그 문제가 중요하다고 보기는 힘들다. 광화문광장 재구조화와 같은 공공사업에 있어 논란은 해당 부문의 경중보다는 절차나 과정상의 민주주의 문제가 더 중요한 기준이 된다. 광화문광장 재구조화사업의 경우 핵심적인 내용은 '왜 광장 재구조화가 필요한가?'라는 것이고 이의 핵심적인 동기가 되었던 '역사 복원'이라는 것이 정말 현대적 의미의 광장에서 유의미한 접근법인가라는 질문이라고 할 수 있다. 반면 교통 문제에 대해서는 상당히 낮은 수준의 접근을 보였는데, 국제현상공모에서 가이드라인을 제공하고 당선작이 나오는 과정에서조차도 새로운 도로 형태에 대해 관계기관 협의는 물론이고 사회적 공감대조차 확보하지 못했기 때문이다. 이 말은 서두에 인용한 것과 마찬가지로, 광화문광장 재구조화과정에서 교통 문제는 광장 재구조화의 목적에 포함되었기보다는 재구조화를 시행하는데 있어 해결해야 하는 부차적인 문제에 가깝게 취급되었다는 것을 의미한다.

결국 광화문광장 재구조화와 교통정책에 있어, 서울시가 뒤늦게 보행도시니 녹색교통 활성화니 하는 말들은 애초 광화문광장 추진 초기 단계에서는 명시적으로 확인할 수 있는 목표라 보기 힘들다고 볼 수 있다. 오히려 보행도시니 녹색교통과 같은 말은 사회적 논란에 대해 수동적으로 광화문광장 재구조화사업을 방어하는 과정에서 행정적 미사여구로 동원된 논리에 가깝다. 이 글은 이러한 내용들을 가설로 삼아 서울시의 공식적인 자료들을 통해 검토하고자 한다. 여기서 전제해야 하는 것은 검증의 방법론인데, 일차적으로 서울시가 공식적으로 내놓은 자료만을 근거로 삼는다. 이 말은 공표되지 않은 행정의 의도를 중요하게 간주하지 않는다는 것을 의미한다. 왜냐하면 공표되지 않는 행정행위는 미확정된 내용에 불과하고 무엇보다 민주적 행정에 기본이 되는 공론과정과 최소한의 검토과정을 거친 '안'이라고 보기 힘들기 때문이다. 특정한 관료들의 머릿속에 그런 구상이 있었다는 것은 공식적인 정책과 사업을 평가하는 데 중요하지 않다. 두 번째로 공적 논의의 윤리성과 관련된 것인데 일반적인 과학적 검증과정과 마찬가지로 사회적 논쟁 역시 정보의 비대칭성 문제를 해결해야 한다. <서울시 내부 자료>라는 출처가 난립하는 문서는 일방적인 주장일 뿐, 토론의 주제라고 보기 힘들다. 상호 검증이 가능해야 한다는 것은 적어도 어떤 시민이든 주어져 있는 법적, 제도적 절차에 따라 해당 자료의 확보가 가능해야 한다는 것을 의미한다.

광화문광장 재구조화 논의를 하는 과정에서 시민들의 대표 기관이라는 시의회와 논의를 할 때마다 답답했던 것은 행정이 제공하는 비공식적 정보를 바탕으로 광화문광장 재구조화사업에 대한 비판을 '잘 모르는 소리'라고 치부하는 모습이었다. 자료나 정보를 공유하지도 않으면서 마치 행정이 일방적으로 말하는 정보를 확정적인 사실로 받아들이는 태도는 서울시를 출입하는 주요 언론사의 기자들에게서도 확인할 수 있는 모습이었다. 물론 직업적 특수성에 따라 시의회의 의원이나 언론사의 기자들은 시민들이 모르는 정보를 알고 있을 수 있다. 하지만 그런 사실이 공적 논쟁에 있어 우월성은 고사하고 정당성을 보장하는 것은 아니다. 보도되지 않은 이야기를 기사라고 부를 수 없듯이, 공표되지 않거나 혹은 기록물로 남겨지지 않은 사항을 신뢰할 수 있는 정보로 간주할 수는 없다. 특히 교통정책처럼 주요한 이해관계자 간의 입장이 첨예한 사안일수록 명확하고 구체적인 사실의 범위를 특정할 필요가 있다고 생각한다.

광화문포럼에서 국제현상공모까지 : 도로 유지를 위해 전면 광장을 포기하다

2019년 1월 광화문광장 재구조화에 대한 국제현상공모 당선작이 발표되면서 가장 논란이 불거진 부분은 도로 구조에 대한 것이었다. 발표작에서는 광화문 앞 월대 복원에 따른 역사 광장과 기존 광화문광장은 세종문화회관 쪽으로 붙여 조성하는 서측 광장안이 제시되었는데, 막상 공개된 도로 구조에 대해서는 사회적 논의가 부재했었기 때문이다. 도대체 이 안은 어디서 비롯된 것일까?

우선 국제현상공모의 기준이 된 <새로운 광화문광장 조성 설계 공모지침서>는 2018년 10월 12일 시행 공고에 따라 공개되었다. 해당 자료에는 도로 구조를 포함한 교통 부문에 대해서는 공모지침서 상에 '도로현황'이라고 소개된 그림 한 장이 현황 자료로 제시되었고 다음의 내용이 지침의 방향으로 제시되어 있다. 이 지침에서는 기준 계획으로서 <녹색교통진흥지역 특별종합대책>을 제시하고 있으며, "사직로, 율곡로는 정부서울청사를 중심으로 사직로8길과 새문안로5길로 우회한다."공모지침서, 31쪽~32쪽는 것을 명시했다. 그것도 이를 '고정 요소'로 제시한다.

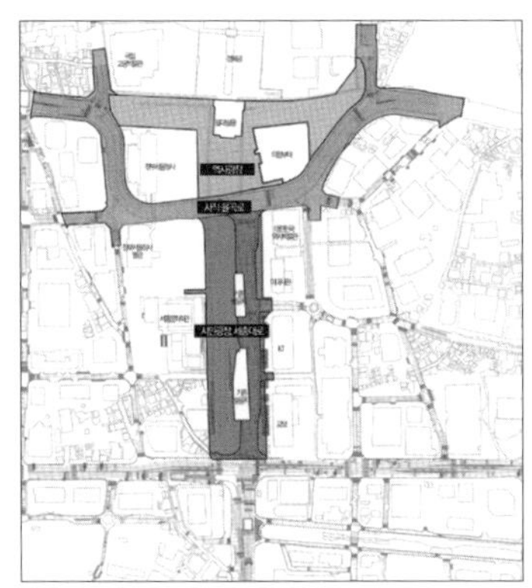

국제현상공모(안)

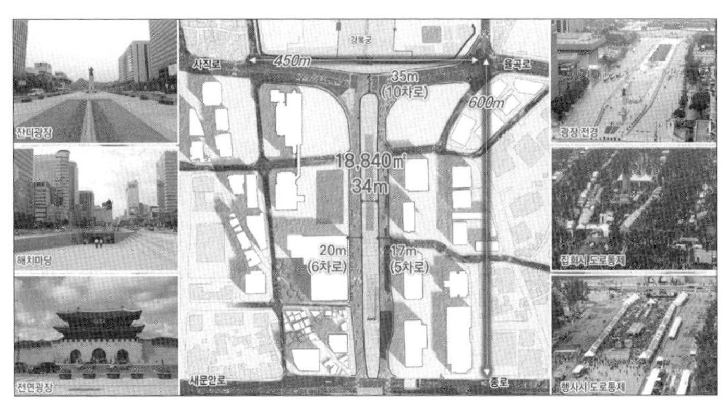

기존 광화문광장

국제현상공모지침서상 교통계획 관련 부분(2018)

사직로, 율곡로, 세종대로 등 광화문 일대 도로공간은 녹색교통진흥지역 특별종합대책 원칙에 따라 재편하는 것을 전제로 한다. 광화문의 월대 복원 및 해치(해태)상 이전 등 역사성 회복을 위하여 사직로·율곡로는 정부서울청사를 중심으로 사직로8길과 새문안로5길로 우회하고, 세종대로는 광화문광장의 역사 경관 축을 고려하여 동측으로 조성하는 것을 전제로 한다.

현 사직로, 율곡로의 예정도로인 사직로8길과 새문안로5길 및 세종대로는 양방향 6차선으로 계획된 고정 요소로 변경할 수 없다. 단, 필요시 부가차로 추가는 가능하다.

가. 도로 및 도로시설물계획

- 도로노선 및 구조 등의 계획 시 주변도로 및 교차로 현황을 고려하여 주행안전과 교통에 지장이 없도록 계획한다.
- 이면도로 및 건축물 등으로 보행자 및 차량이 원활하게 진출입할 수 있도록 계획하여야 하며, 이용자 편의 및 안전을 고려하여 도로시설물을 계획한다.

나. 교차로계획

- 보행편의를 고려하여 교차로 설계 및 횡단보도를 계획한다.
- 광화문광장의 도로선형 변화에 따라 세종대로 사거리, 정부종합청사 교차로, 경복궁 교차로를 계획한다.
- 사업지 경계부 교차로의 기하구조와 접근로의 선형은 관련 계획 등을 고려하여 일부 조정할 수 있다.

다. 대중교통 관련계획

- 지하철 환승 및 기존 버스노선을 감안하여 세종대로 양측에 버스정류장을 계획한다.
  - 세종대로 버스정류장은 15면(경복궁방향 5면, 시청방향 10면)을 원칙으로 하나 조정할 수 있다.
  - 광화문광장 지역의 버스노선 조정 및 정류장의 외곽 이전 구상을 제안할 수 있다.

라. 주변 지역 보행친화계획

- 본 사업대상지 인접 지역은 교통정온화 기법을 적용하여 쾌적한 생활환경이 보존되도록 계획하고 편안하고 안전한 보행환경 및 보행시설을 계획한다.

그런데 이것이 고정 요소가 되려면 사전절차가 이행되어야 한다. 그것은 바로 도로계획을 포함한 도시계획을 의미하는데 서울시는 이를 세종로 제1종지구단위계획 구역을 변경했다. 서울시가 제출한 계획변경안을 보면 광화문광장 재구조화에 따른 교통계획의 변화는 2016년 9월에서 2017년 6월까지 진행된 '광화문포럼'과 2018년 7월에 수립된 '광화문광장 개선 종합기본계획'이 중요한 근거가 되었다. 이에 따라 2018년 6월에 세종로 제1종지구단위계획 재정비 용역을 수행했으니, 해당 용역의 방침인 도로 구조에 대해서는 사실상 2018년 상반기에 확정되었다고 보는 것이 합리적이다.

실제로 광화문포럼에서 낸 안은 크게 2가지 부분으로 나뉘는데, 첫째는 선결과제의 영역으로 교통 측면의 편익을 높이자는 것, 한양도성 내 수요관리정책과 대중교통 우선화를 하자는 것이 언급되었고 필수사항으로 사직로~율곡로의 간선 기능을 유지하면서 주변 지역 생활권 보호를 위한 이면도로, 생활도로를 보호하는 것을 제안했다. 보면 알 수 있듯이 광화문포럼의 제안은 구체적인 우선순위에 따른 제안이라기보다는 오히려 주요한 고려사항들을 나열한 것으로 보아야 한다. 이를테면 사직로~율곡로의 간선기능을 유지해야 한다는 기준은 애초 광화문포럼이 제시한 전면 광장안과 직접적으로 상충한다. 그렇기 때문에 이를 한데 욱여넣는 계획으로 지하화+전면 광장화 같은 조합이 탄생하게 된 것이다.

광화문포럼이 제안한 교통계획안(2017. 06.)

광장 재구조화 선결과제
1 | 교통 측면 비효용 보다 높은 편익의 광장 재구조화
2 | 한양도성 내 강력한 수요관리 정책과 연계
3 | 한양도성 내 대중교통 서비스 우선 강화
- 신분당선 등 대중교통 인프라 확충 포함

4 | 산업지원차량의 통행권 보장

광장개선 시 필수사항
1 | 사직로~율곡로의 간선 기능 유지
- 사직·율곡로 지하화를 우선 검토

2 | 광장의 대중교통 접근성 유지
- 대중교통 이용자의 통행 행태 존중

3 | 주변 지역 생활권 보호
- 이면도로, 생활도로 보호대책 수립

4 | 인근 주민들의 최소한의 통행권을 보장할 수 있는 교통 대책 마련

문제는 이를 바탕으로 진행된 대안 검토과정이다. 한편으로 광화문포럼이 제시한 안 자체가 뚜렷한 우선순위에 따른 안이라기 보다는 '지하화의 전제 조건에서 전면 광장화를 해야 한다'는 제안으로 이해되면서, 지하화가 힘들면 곧 전면 광장화는 기각되는 것으로 논리 구조가 완성되었다. 이는 곧 광장의 형태에 대해서도 영향을 미쳤는데, 실제로 2018년 7월에 마무리된 <광화문광장 개선 종합기본계획>에서는 대안을 검토하면서 전면 지하화를 광화문포럼안으로 간주했다. 이는 곧 전면 지하화가 기각되면 편측 광장안이 자동적으로 대안으로서 선택되도록 한 것이다. 그러면서 검토과정의 문제점이 또 하나 드러나는데, 소위 녹색교통진흥지역과

연계된 적극적인 수요관리대책이 실제로 고려되기는 한 것인가라는 의문이다. 이는 2018년 국제현상공모상에서도 그렇지만, 2019년 하반기 박원순 시장에 의해 사업 추진이 중단되고 공론화가 진행되는 과정에서도 서울시가 지속적으로 강조했던 부분이었다. 그러니까, 광화문광장의 구조 변화는 적극적인 수요관리정책의 일환이라는 것 말이다. 하지만 실제로 도시계획 변경의 과정에서도 그랬을까? 그렇게 보긴 힘들다. 왜냐하면, 우선 2018년 7월 확정된 <광화문광장 개선 종합기본계획>의 사업목표에 수요관리라는 부분이 명시적으로 등장하지 않는 것은 물론, 교통 부분의 대안을 검토할 때도 선택의 핵심적인 기준으로 고려되지 않기 때문이다.

실제로 기본계획 보고서에 따르면, 우선 후보 대안 도출이라는 부분에서 '전면 지하화, 부분 지하화, 지상 우회안'을 3개의 대안으로 제시하고 각각 '전면 지하화 : 광화문포럼안완전입체, 광화문포럼 개선안복층 입체교차, 평면교차', '부분 지하화 : 사직/율곡로 지하화6차로+세종대로 지상 유지안5차로', '지상 우회안 : 지상 사직/율곡로 선형 변경안2005 문화재청+이로재'으로 구분하여 제시하고 있다. 그리고 지상 우회안에는 '새문안로3길 및 사직로8길 확장40㎞/h, 50㎞/h', '새문안로5길 및 사직로8길 확장40㎞/h, 50㎞/h'이 부가되어 비교되었다. 이처럼 기본계획상의 교통 대안을 선택하는 데 있어 '사직로~율곡로 유지'라는 것은 절대적인 기준이 된다. 이를 배제할 수 있는 가정 자체가 성립하지 않는다. 그러면 결국 지하화냐 부분 우회화냐는 선택지만 있을 뿐이다. 흥미로운 것은 기본계획을 수립하는 과정에서 이미 확정된 광화문포럼의 권고 내용을 평가한 것이 아니라 사전에 검토된 바 없는 이로재+문화재청안이 불쑥 대안으로 등장했다는 점이다.

기본계획상 지상 우회로 검토안과 확정안

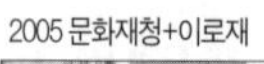
2005 문화재청+이로재

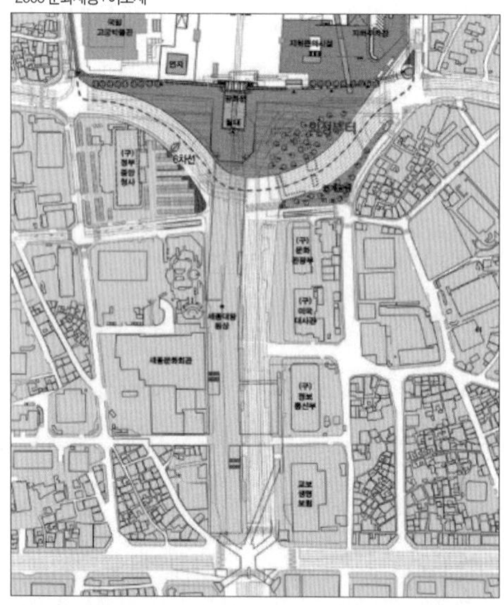

종합 구상안

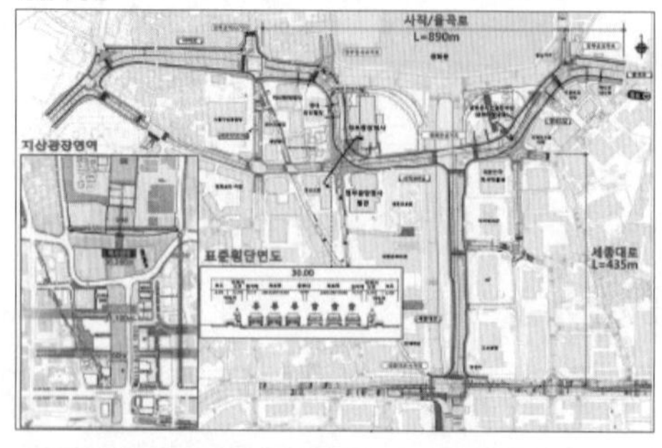

서울특별시(2018), 광화문광장 개선종합기본계획, 116쪽, 132쪽

그리고 이로재+문화재청안이 토대가 된 지상 우회안이 확정되기에 이른다. 그런데 문제는 단지 지상도로의 문제로 한정되지 않는다. 이로 인해 지상부의 광장 형태 자체가 바뀌었기 때문이다. 즉 핵심은 도로를 지하화하는가 아닌가가 아니라, 광장의 형태가 도로의 유지 방식에 의해 직접적으로 영향을 받았다는 점이다. 광화문포럼 안에서 핵심은 도로의 지하화가 아니라 전면 광장을 조성할 수 있는 방법을 찾는다에 있었던 것이고 따라서 전면 광장을 전제로 하는 대안 검토가 있었어야 하나 기본계획을 수립하는 과정에선 사직로~율곡로의 기능을 유지한다는 것에 맞춰 전면 광장화를 포기한 것이다.

교통계획의 불가피함 때문이라면 기본계획이 확정된 후 이에 대한 사회적 논의를 했어야 했다. 서울시가 스스로 자랑을 해왔듯이 광화문포럼이 시민들의 공론을 모으고 전문가들의 논의를 통해서 새로운 광화문광장의 미래를 그리는 장이었다면, 당연히 변경된 계획에 대해 공론화과정이 있었어야 했다는 말이다. 그런데 서울시는 2018년 7월 기본계획이 나오자마자 바로 그에 따른 국제현상공모를 실시한다. 따라서 역사 광장과 시민 광장으로 분리하는 광장안은, 그리고 서측에 붙어있는 형태로 기존의 도로기능을 그대로 유지한다는 안은 광화문포럼에서 제시한 원래의 취지와 전혀 다른, 기본계획 수립과정에서 기술용역 수행 기관과 서울시가 자의적으로 반영한 기술 대안의 내용에 불과함에도 이를 기정사실로 하여 사업이 추진된다.

녹색교통진흥지역 특별종합대책에서 세종로지구단위계획까지 : 실종된 수요관리

서울시는 2019년 11월에 공개한 <보행을 중심으로 하는 도심 교통정책>이라는 설명 자료를 통해서 광화문광장 재구조화사업이 보행 중심의 도심 구조를 만들기 위한 수단이라는 점을 강조했다. 그러면서 <서울시 녹색교통진흥지역 특별종합대책>이 핵심적인 준거계획으로서 기능하고 있다는 점을 명시했다. 하지만 아쉽게도 서울시가 공개한 특별종합대책의 내용에는 보행환경 개선과 관련하여 광화문광장과 연계된 내용이 전혀 존재하지 않는다.

그나마 있는 것이 차도를 부분적으로 줄이는 정도가 광화

녹색교통진흥지역 특별종합대책(안) 보완(2019. 5.)

대상 가로		도로 공간 재편		회복 공간 활용	
		사업 구간	차로 축소 규모	차로부	기타 활동 지원
단기 (~'25)	종로 (기완료)	세종대로사거리~흥인지문교차로	8차로~6차로	자전거 전용차로	문화 및 경제 지원
	퇴계로 (일부완료)	서울역~퇴계로2가(기완료)	6차로	자전거 전용차로	보행 / 문화 지원
		퇴계로2가~한양공고 앞	6~7차로 → 6차로	자전거 전용차로	보행 / 생활 지원
	을지로	시청삼거리~동대문역사문화공원사거리	6차로 → 4~6차로	—	보행 / 조업 공간, 관광버스 지원 경제 및 생활 지원
	세종대로	광화문삼거리~서울역사거리	8~10차로 → 6차로 (중앙버스전용차로)	자전거 전용차로	보행 / 관광버스 지원 역사 및 경제 지원
	남대문로	광교사거리~숭례문오거리	7차로 → 6차로 (중앙버스전용차로)	—	보행 / 경제 지원
	사직로	사직터널~경복궁사거리	6차로 → 6차로	자전거 전용차로 (차로폭 축소)	보행 / 역사 지원
	율곡로	경복궁사거리~청계6가사거리	6차로 → 6차로	자전거 전용차로 (차로폭 축소)	보행 / 역사 및 생활 지원
장기	삼일대로, 서소문로 돈화문로, 청계천로	간선도로별	1~2차로 축소	자전거 전용차로	보행, 관광버스, 조업 지원 및 각 도로특성별 공간 활용

문광장하고 연관성을 찾을 수 있는 정도다. 그것도 중앙버스 전용차로를 설치한다는 계획 대신 부분적으로 차도만 줄이는 수준이지만 그 역시 광화문광장과의 연계성으로 고려된 내용이라 보기 힘들다. 특히 해당 특별종합대책의 고시가 2019년 1월 광화문광장 국제현상공모작이 발표된 이후에 있었던 것을 고려하면, 광화문광장 조성과 연계된 녹색교통진흥지역 특별종합대책으로 변경할 여지는 있었다. 이를테면 현재는 세종대로사거리에서 종로방향으로만 한정된 지역을 광화문광장을 연계해 광화문까지 확대할 수도 있는 것이고, 더 넓히면 시청까지의 세종대로로 확대할 수도 있었을 것이다.

하지만 녹색교통진흥지역 특별종합대책에는 보행과 연계된 사항도, 녹색교통계획과 연계된 사항도 전혀 존재하지 않는다. 그도 그럴 것이 2019년 1월에 발표된 광화문광장 재구조화 국제현상공모 당선작에서 보이는 도로 구조는 도시계획의 변경도 없이 반영된 것이기 때문이다. 실제로 <세종로 제1종지구단위계획구역>으로 관리되는 해당지역의 도로 형태가 바뀌려면 지구단위계획이 변경되어야 한다. 그런데 해당 변경계획이 확정되어 변경된 것은 2019년 8월의 일이다.

녹색교통진흥지역 특별종합대책(안)이 확정된 것은 2019년 5월의 일로, 자동차 중심의 도심에서 벗어나 보행 중심으로 변화한다는 설명은 모두 서측 광장과 지상부 우회 도로안을 국제현상공모에 반영한 이후의 주장일 뿐이다. 적어도 국제현상공모에서 공모작 발표, 이후 지구단위계획 변경에 이르기까지 실질적인 계획상 변화에서 수요관리 대책이나 보행 강화를 위한 대책을 확인할 수 있는 자료는 존재하지 않는다.

세종로 지구단위계획변경 고시(우회도로 사유)

서울시보 제3534호 서울특별시 2019. 8. 8.(목)

고 시

◈ 서울특별시고시 제2019-260호

도시관리계획(세종로 지구단위계획 구역 및 계획) 결정(변경) 및 지형도면 고시

서울특별시고시 제2013-79호(2013.03.21.)로 결정(변경)된 「세종로 지구단위계획 구역 및 계획 결정 변경(재정비)」에 대하여 2019년 제6차 서울특별시 도시·건축 공동위원회 심의(2019.06.26.)를 거쳐 「국토의 계획 및 이용에 관한 법률」 제30조 및 같은법 시행령 제25조 규정에 의거 도시관리계획을 결정(변경)하고, 「국토의 계획 및 이용에 관한 법률」 제32조 및 같은 법 시행령 제27조, 「토지이용규제 기본법」 제8조 및 같은법 시행령 제7조의 규정에 의하여 지형도면을 고시합니다.

2019년 8월 8일
서 울 특 별 시 장

Ⅰ. 결정 취지

○ 광화문 월대복원 등의 추진을 위해 주요 간선도로인 사직~율곡로 구간의 기반시설계획 결정(변경)을 위하여 도시관리계획(지구단위계획)을 결정(변경) 하고자 함.

특히 이 과정에서 반드시 짚어야 하는 사안은 GTX-A 노선의 광화문역사 신설에 대한 내용이다. GTX-A 노선의 광화문역사 신설과 관련한 쟁점의 경우에는 애초에 없던 사업이 2019년에 갑자기 등장한 것으로 서울시는 "도심권 대중교통 인프라 확충을 통하여 한양도심을 보행 중심 공간, 활력있는 역사도심 공간으로 조성하기 위하여 GTX-A 노선 광화문 복합역사 신설 추진"서울시, 정책사업설명자료, 2019.이라고 설명하고 있다. 그리고 이에 따라 총사업비 2,500억 원을 산정하고

2019년에 10억 원을 반영하여 타당성 조사 및 기본계획 용역을 진행하였다.

타당성 조사 사업개요 중 광화문역사 조사개요(지방행정연구원(2020))

구분	내용
사업 추진 주체	• 서울특별시
사업목적	• 광화문 일대 친환경 대중교통 인프라 확충이 필요함에 따라 현재 추진 중인 GTX-A 노선에 광화문역사 신설하고자 함
사업 추진 근거	• 제4차 국토종합계획 수정계획(2011~2020) • 2030년 서울도시기본계획 수정계획(2010~2030) • 서울시 10개년 도시철도망 구축계획(2014~2025) • 대도시권광역교통기본계획(2007~2020) • 제3차 대도시권 광역교통시행계획(2017~2020) • 국가기간교통망계획 2차 수정계획(2001~2020) • 제3차 국가철도망 구축계획(2016~2025) • 제3차 수도권정비계획(2006~2020)
사업 내용	• 사업위치 : 서울특별시 중구 태평로 일원(세종대로사거리 ~ 서울시청 북측) • 사업기간 : 2022년 상반기~2026년 하반기 • 사업규모 : 사업연장 335m, 역사시설 19,186㎡ - 역사 주요시설 : 지하 보행통로 1개층, 수직통로, 대합실, 승강장 2개층
총사업비	• 3,472억원(기투입 및 용역비 10억/공사비 2,733/보상비 98/용역비 316/예비비 315)

지방행정연구원(2020), 2020-2차 타당성 조사 사업 개요

실제로 2015년 국토교통부 차원에서 GTX 민간투자사업에 대한 검토를 진행할 때 서울시가 제시한 안은 서울시청 인근의 추가역 설치였으며, 이후 별도의 요청이 없었던 상황이었다. 논란이 되자 서울시는 광화문역사계획이 상당히 오래 전부터 논의된 것처럼 말하지만 2019년 1월 국제현상공모작 발표 당시 이전에 서울시의 공식적인 자료 어디서도 서

울시가 광화문 역사를 제안했다는 내용을 확인할 수가 없다. 서울시가 해당 역사 신설의 타당성 검증을 위해 연구용역을 발주한 지방행정연구원이 공개한 자료에 따르면, 해당 추가 역사의 근거로 서울도시기본계획 수정계획이나 서울시 도시철도망구축계획을 들고 있지만 완전히 어불성설인 내용이다. 하물며 국토종합계획이나 광역교통망계획은 더더욱 그렇다. 실제로 서울시가 광화문역사 신설을 천명한 이후인 2020년 11월에 확정하여 고시한 <제2차 서울시도시철도망구축계획>2021~2030년에 조차 GTX-A 광화문역사에 대한 내용을 담고 있지 않다. 그러니까, 서울시가 종합계획에 따라 시행하는 것이라면 적어도 자체적으로 수립하는 계획에서라도 반영했어야 하지 않겠는가. 그런데 서울시는 변죽만 울렸다. 그리고 2021년 6월에 들어서야 슬그머니 시의회에 대한 업무보고 형식을 빌어서 광화문역사 추진계획을 백지화한다. 광화문광장의 녹색교통연계를 위해 반드시 필요하다고 강변했던 서울시가 광화문역사 백지화를 대체할 수 있는 녹색교통연계를 어떻게 할 것인지에 대한 대책도 없이 마치 없던 일처럼 넘기고 있는 것이다.

광화문광장과 교통 : 무엇이 남았나

현재 서울시가 운영하고 있는 광화문광장 공식 누리집에서는 낯선 그림을 볼 수 있다. 광화문앞 월대 복원을 전제로 한 U자형 도로 구조다. 누리집 내의 '교통현황 및 대책'에 따르면 광화문광장 재구조화과정에서 서울시가 이야기했던 도심 내 차량 수요 관리나 보행 중심 공간 조성과 같은 내용이 보이질 않는다. 오히려 차로수를 기존대로 유지한다고 강조하면서사직로, 율곡로 기존 9차로 유지 "현재 통행속도 유지 목표 교통 대책 수립"을 내걸고 있다. 이를 위해 기존 편측 광장(안)의 일부를 줄여서 교차로를 늘리는 방식으로 바뀌었다. 그리고 2019년 9월 광화문광장 재구조화 중단 선언 이후 사실상 공식화되었던 역사 광장의 장기추진은 뒤집어졌다.

광화문삼거리 조성계획(안)

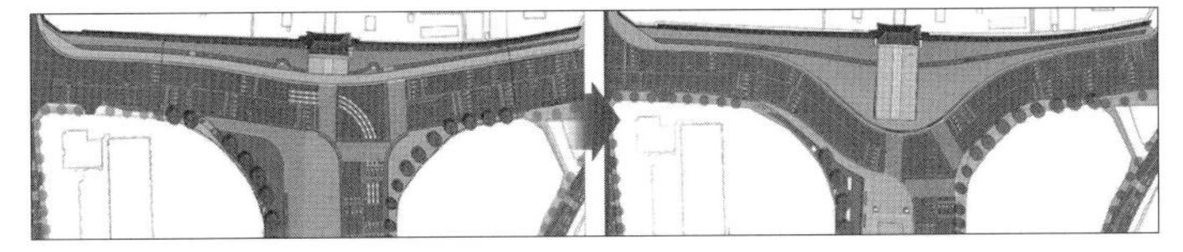

서울시(2022), 광화문광장 공식 누리집

2021년 오세훈 시장이 당선된 이후 발표된 보도 자료에 따르면 "광장 및 일대 차량 통행속도는 공사 착공 전 수준인 21~23㎞/h를 유지하고 있다."고 한다. 그러니까 현재 광장 조성은 기존의 교통 흐름을 유지하는 것을 목표로 한다는 것이 명확하게 드러나는 셈이다. 결과적으로 광화문광장의 조성으로 인해 도심의 교통 구조가 바뀐다는 것은 몽상에 가까운 주장이라는 것이 드러났다. 서측 광장은 역설적으로 광화문광장과 녹색교통진흥지역인 종로를 더욱 멀리 떼어 놓았고,

버스체계의 변화 역시 없어 실제 광장 구조의 변화가 도심부 교통체계에 미친 영향은 거의 없다고 할 수 있다. 이런 태도는 2019년 8월에 고시된 <세종로 지구단위계획변경안에 대한 교통영향평가 변경계획>의 심의과정에서 제안된 내용을 검토한 '반영계획'을 통해서 확인할 수 있다. 서울시 교통영향평가심의위원회는 서울시로 하여금 기존의 버스노선 변경계획 등이 필요하다고 하지만 서울시가 제시한 내용은 기존의 정류장을 그대로 유지할 수 있다는 정류장 운영계획에 불과했다. 게다가 보행이나 자전거에 대한 사항 역시 해당 부서의 형식적인 의견제시에 머물고 있다. 왜 그런가? 해당 계획을 공개하지 않고 그에 따른 시민의견 수렴을 하지 않았기 때문이다. 실제로 서울시는 공론화가 진행되는 과정에서도 별도로 행정절차를 추진했다.

그러면 이미 추진한 행정절차가 논의를 통해서 변경된 사항이 반영되었을까? 아니다. 오히려 행정은 이미 처리된 행정절차를 기준으로 '설득하면 된다.'는 태도로 일관했다. 비슷하게 광화문광장의 보행 광장에 대한 것이나 대중교통체계 변화와 연계한 교통정책 등은 모두 '앞으로 할 계획이다.'라는 근거없는 답변을 일방적으로 신뢰하도록 강요되었다. 그래서 처음부터 끝까지 문서화된 구체적인 계획을 만들어야 한다고 제안했지만 끝끝내 서울시는 광화문광장과 연계된 교통 분야의 종합적인 구상을 내놓지 못했다. 아니, 애초부터 그런 것이 없었으므로 내놓지 않았다고 말해야 적절할 것이다. 그러니까 단순히 시장이 바뀌었기 때문에 광화문광장과 연계된 교통정책의 변화가 있었던 것이 아니라 원래 광화문광장 재구조화는 교통정책과는 관련이 없는 것이었다. 실제로 2021년 6월 24일 발표한 광화문광장 보완 발전계획에는 교통과 관련한 사항으로는 공사에 따른 영향을 최소화한다는 관리계획을 제외하고 전무하다. 서울시가 광화문광장을 추진하기 위해 이야기했던 보행 광장이니, 대중교통 중심 광장이니 하는 것이 아무런 의미가 없는 헛소리였음이 드러난 셈이다.

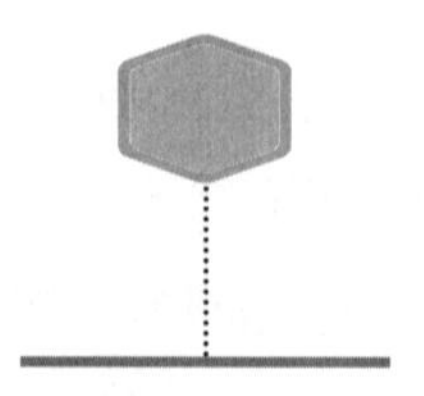

광화문광장은 어떤 형태여야 하는가?

김규원
한겨레21 선임기자

광화문광장의 형태는 교통 대책과 함께 시민단체들과 서울시 사이에 이견이 큰 문제였다. 시민단체들과 서울시의 집중 토론 시기2019년 9월~2020년 7월에 이 문제는 주요 쟁점으로 떠올랐다. 시민단체들은 오세훈 서울시장 시절 만든 중앙 광장 형태를 포함해 다양한 형태를 모두 열어놓고 토론해 보자는 의견이었다. 실제로 시민단체들은 양쪽 광장, 동쪽 광장, 기존의 중앙 광장 등 세 가지 방안을 모두 대안으로 검토할 수 있다는 의견이었다.

그러나 서울시는 광장의 형태와 관련해 단 한 순간도 가능성을 열어놓고 검토하지 않았던 것으로 판단된다. 박원순 시장의 서울시가 처음부터 마지막까지 제시한 유일한 광장 형태는 2005년 승효상 건축가와 유홍준 당시 문화재청장이 내놓은 서쪽 편측 광장이었다. 박원순 시장의 서울시가 왜 광장의 형태와 관련해 이렇게 경직된 태도를 보였는지는 의문이다. 여기선 시민단체들이 서울시와의 집중 토론 기간에 제안한 양쪽 광장김규원, 정기황 제안과 동쪽 광장김상철 제안에 대해 살펴보겠다.

양쪽 광장 1안(김규원 제안)

광화문거리냐? 광화문광장이냐?

통상 광장은 보행자의 길들이 모이고 흩어지는 결절점이고, 길이 아니라 건물로 둘러싸이는 것이 보편적이다. 실제로 세계에서 가장 유명한 광장들인 이탈리아 시에나의 캄포 광장이나 벨기에 브뤼셀의 그랑 플라스는 주로 보행로로만 연결되고 건물로 둘러싸여 있다. 차도로 연결되고 차도로 둘러

좋은 광장은 건물로 둘러싸인다. 세계에서 가장 유명한 광장 가운데 하나인 벨기에 브뤼셀의 그랑 플라스. 저작권자 Celuici.

싸인 광화문광장과는 완전히 다른 형태를 띠고 있다.

오세훈 서울시장 1기에 조성된 광화문광장과 가장 비슷한 형태의 공간은 체코의 프라하의 바츨라프 광장, 프랑스 파리 샹젤리제 거리, 스페인 카탈루냐 베르셀로나 람블라스또는 람블라 거리다. 이들은 모두 광장이라기보다는 거리 또는 거리형 광장으로 볼 수 있다. 특히 광화문광장의 형태는 그 자체로 완결되지 않고 옛 태평로와 차도, 인도가 자연스레 연결돼 있으므로 광장이 아니라 거리로 이해하는 것이 타당하다.

광화문광장 역시 조선의 '육조거리', '육조앞길'육조전로 시절부터 그 이름에서 보듯 광장이 아니라, 거리였다. 때로 광장의 기능을 하기도 했지만, 기본적으로는 사람들이 걸어다니는 관청 거리였다. 1398년 조선의 건국자들이었던 정도전이나 권근의 시'열서성공'에서도 모두 '관청거리'로 표현돼 있다. 조선시대엔 도시 공간에 '광장'이란 개념 자체가 없었다

1기 오세훈 서울시장 시절 조성된 광화문광장의 모델이었던 체코 프라하의 바츨라프 광장. 저작권자 Peter Stehlik.

고도 볼 수 있다.

규모로 봐도 광화문광장은 '광장' 형태에 어울리지 않는다. 동서로 100m, 남북으로 600m에 이르는데, 광장으로선 너무 규모가 크다. 세계적인 광장들은 커봐야 가로와 세로의 길이가 100m 안팎이다. 예를 들어 벨기에 브뤼셀의 그랑 플라스는 60×105m, 이탈리아 시에나의 캄포 광장은 90×130m, 영국 런던의 트라팔가 광장은 110×120m, 프랑스 파리의 개선문 광장은 90×90m정도다. 이 정도 규모의 광장이 적절한 높이의 건물로 둘러싸였을 때 사람들은 광장안에서 편안함을 느낀다.

물론 광화문광장처럼 덩치가 큰 광장도 있다. 주로 독재국가들의 광장인데, 러시아 모스크바의 붉은 광장은 90×270m, 중국 베이징 천안문 광장은 280×380m건물을 빼면 160×130m, 북한 김일성 광장은 120×150m에 이른다. 이들보다 더

양쪽 광장의 모델이라고 할 프랑스 파리 샹젤리제 거리. 저작권자 Josh Hallett.

큰 광장은 미국 워싱턴 D.C.의 내셔널 몰로 200×1400m에 이른다. 광화문 앞 공간을 모두 광장으로 만든다면 붉은 광장이나 김일성 광장보다 더 크고 천안문 광장이나 내셔널 몰보다 작은 규모가 된다.

북악과 경복궁, 태평로를 잇는 형태적 상징성

광화문 앞은 대한민국을 상징하는 제1의 거리다. 그리고 광화문 앞 거리는 북쪽으로 경복궁과 북악, 남쪽으로 옛 태평로와 거의 직선을 이루고 있다. 따라서 광화문 앞은 그 남북의 공간과 조화와 균형을 이루는 것이 자연스럽다. 한쪽으로 치우친 편측 광장은 이 직선 축을 흐트러뜨린다는 점에서 바람직하지 않다. 사실 현재 서울시가 조성 중인 서쪽 광장은 그 이름과 달리 광화문을 중심으로 들어선 광화문광장이 아니다. 세종문화회관을 중심으로 들어선 세종문화회관광장이라고 보는 것이 타당하다.

이 공간이 광화문광장이 되려면 광화문을 중심으로 조성돼야 한다. 형태적으로는 가운데 공간을 차도로 하고 양쪽으로 광장을 놓는 양쪽 광장샹젤리제 거리이나 가운데를 광장으로 하고 양쪽으로 차도를 놓는 중앙 광장오세훈 시장 1기 광화문광장, 바출라프 광장이 광화문광장의 형태에 가장 어울린다. 광장의 이름은 그 광장의 중심이나 배경이 되는 공간의 이름을 붙이는 것이 상식적이다.

사통팔달의 보행 접근성

광화문광장을 만든다면 주변의 주요 도로인 남쪽의 옛 태평로와 종로, 새문안로, 북쪽의 사직로와 율곡로와 원활하게 보행 동선이 연결되는 것이 바람직하다. 그러나 서울시가 현재 조성 중인 서쪽 광장은 서쪽으로의 보행 접근성만 강화하고, 동쪽으로의 보행 접근성을 위축시킨다. 서쪽 광장은 세종문화회관 뒤쪽과 서대문 쪽, 서촌 쪽의 보행 접근성만 강화하고 종로1가와 북촌, 시청 쪽과의 보행 접근성을 현상 유지하거나 약화시킬 것이다.

서울을 대표하는 광장을 만들면서 한쪽으로의 보행 접근성만 강화하는 방안을 추진할 이유가 있을까? 보행 동선의 결절점이라는 광장의 본질적 성격으로 볼 때 모든 길과 두루 접근성을 높이는 광장을 만드는 것이 타당하다. 따라서 전면 광장이나 양쪽 광장, 중앙 광장의 형태가 가장 어울린다고 볼 수 있다.

차도가 가운데 있고 양쪽으로 2개의 광장이 만들어지는 광화문 양쪽 광장 조감도. 서울시.

주변 건물과의 통합성

광장은 기본적으로 길이 아니라, 건물로 둘러싸이는 것이다. 건물로 둘러싸여야 주변 지역이나 배후 지역과 연계된 활동이 많아지고 공간적으로도 통합된다. 광화문광장의 서쪽엔 현대해상보험, 세종문화회관, 정부서울청사, 동쪽엔 교보문고, 한국통신, 주한미국대사관환수 예정, 대한민국역사박물관, 의정부터 등 정부, 문화, 역사, 기업 건물들이 들어서 있다. 또 배후 지역에도 기업과 관공서 등 중요 시설들이 많이 들어서 있다.

광화문광장 동서쪽의 공간을 비교해 보면 서쪽엔 세종문화회관과 정부서울청사 본관과 별관이 주요 건물이다. 반면, 동쪽은 교보문고, 한국통신, 대한민국역사박물관, 의정부터 등 시민친화적인 공간이 더 많다. 앞으로 미국대사관까지 돌려받으면 동쪽 공간의 활용도를 극대화할 수 있다. 이런 상황에서 세종문화회관과 정부서울청사 쪽으로만 광장을 추진하

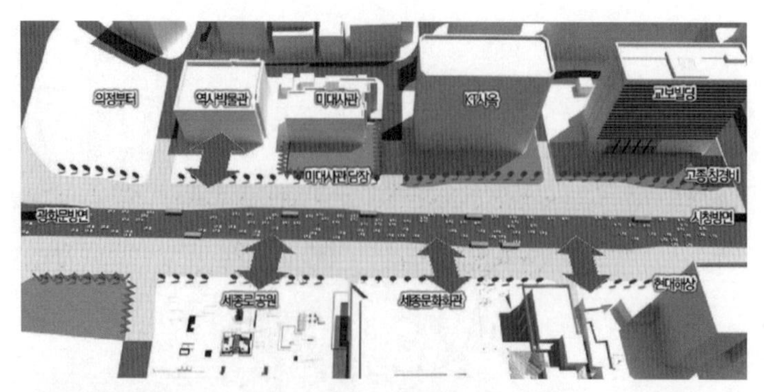

광화문 양쪽 광장을 조성하면 광장이 주변 건물과 통합성을 갖는다. 하늘에서 광화문 양쪽 광장 조감도. 서울시.

는 일은 전혀 타당하지 않다.

양쪽 광장은 동서 어느 쪽과도 차도로 단절되지 않고, 2개의 거리형 광장이 주변 지역, 배후 지역과 바로 연결된다. 보행 접근성, 편의성, 광장과 주변 건물의 통합이란 측면에서 가장 바람직하다.

버스 이용의 편리성

애초 시민단체들은 광화문광장을 조성하면서 세종대로에 버스중앙차로를 설치하는 방안을 제안했다. 이것을 고려해도 차도를 중앙으로 모으는 방안이 가장 자연스럽고 버스 이용자들에게도 편리하다. 동서 어느 쪽에서도 쉽게 버스 정류장에 접근할 수 있기 때문이다.

또 보행로뿐 아니라 차도의 형태도 세종로와 태평로가 자연스럽게 연결되는 것이 바람직하다. 현재 차량으로 옛 세종

광화문 서쪽 광장으로 인해 세종대로 사람숲길의 모양도 매우 불균형하게 됐다. 서울시.

로에서 옛 태평로로 이동할 때 차도가 남서쪽으로 급격히 꺾인다. 이것은 안전상으로나 경관상으로도 좋지 않다. 광화문 광장에 앞서 조성된 세종대로 사람숲길세종대로사거리~서울역의 형태도 광화문 서쪽 광장으로 인해 형태가 왜곡됐다. 광화문 광장과 연결된 서쪽은 보행로가 크게 확장되고, 동쪽 길은 보행로가 거의 늘어나지 않았다. 태평로 역시 서울시청과 시청 광장, 프레스센터가 있는 동쪽이든, 서울시의회와 덕수궁이 있는 서쪽이든 모두 걷기 좋은 거리로 만들어야 한다. 광화문 광장이란 첫 단추가 잘못 끼워져 태평로까지 그 악영향을 받은 것이다.

길은 도시의 핏줄과도 같다. 그러나 서울시가 이미 조성한 세종대로 사람숲길을 보면, 과연 서울시가 길의 형태와 경관에 대한 판단력을 가졌는지 의심하지 않을 수 없다. 세종대로 사람숲길은 보행로의 너비와 모양이 일정하지 않고, 보행로에 심한 높낮이와 기울기가 있으며, 보행로가 자전거도로와 뒤섞여 있고, 거리 가구와 나무가 무질서하게 놓여 있는 등 매우 어지럽다. 좋은 도시를 가보면 도로에서 차도와 보행로의 너비와 모양을 일정하게 만들기 위해 많은 노력을 기울였음을 알 수 있다. 도로는 가운데 좁은 차도가 있고 양쪽에 넉넉한 보행로가 있는 것이 보행자에게 가장 안전하고 편리하다.

서울시 주장에 대한 반박

서울시는 집중 토론 시기 제출한 자료에서 양쪽 광장 형태를 받아들이기 어렵다고 밝혔다. 먼저 양쪽 광장을 조성하면 이순신 장군 동상을 이전해야 한다고 지적했다. 그런데 이순신 장군의 동상의 동서 너비는 7미터 정도이기 때문에 그 자리에 그대로 유지해도 문제가 없다. 예를 들어 한국의 세종로 격인 영국 런던 화이트홀 거리에도 차도 한가운데 동상이나 기념물이 설치돼 있다. 또 광화문 앞에 버스중앙차로를 설치하면 이순신 장군 동상 북쪽 라인이 자연스럽게 버스 정류장이 돼서 이순신 장군 동상과 보행로로 연결될 수도 있다. 동상에 대한 보행 접근성도 높일 수 있다.

서울시는 양쪽 광장을 조성하기 어려운 이유로 미국대사관의 입지를 들었다. 그러나 미국대사관이 있다고 해서 그 앞의 보행로를 넓히기 어렵다는 서울시의 판단에는 동의하기 어렵다. 현재 광화문 앞에서 가장 보행로가 좁고 불편한 곳이 미국대사관 앞이므로 광장을 조성한다면 이를 개선하는 일이 타당하다. 그러나 서울시의 계획은 미국대사관 앞의 나쁜

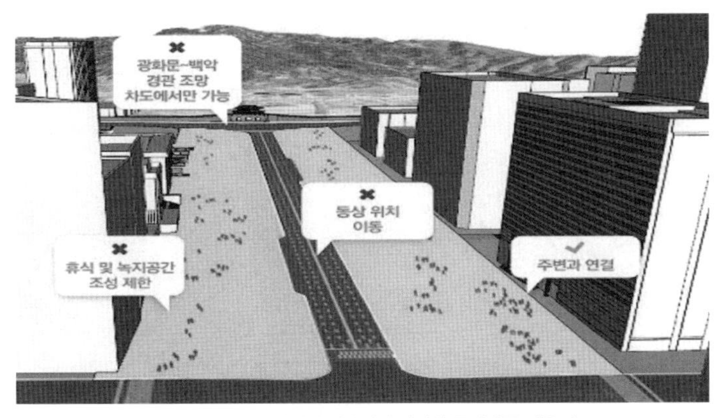

광화문 양쪽 광장에 대해 서울시가 지적한 문제점들. 서울시.

보행환경을 방치하겠다는 것이다. 특히 미국대사관은 이르면 5년 늦어도 10년 안에는 용산으로 옮겨간다. 이렇게 짧은 기간의 문제점 때문에 앞으로 50년, 100년을 가야 할 광장의 형태를 왜곡시키는 것이 타당할까? 독일 베를린의 브란덴부르크 문 광장 앞에도 미국대사관이 있다. 다시 생각해 보면 광화문광장 조성에서 미국대사관은 걸림돌이 아니다.

서울시는 광화문을 정면으로 바라보는 역사적 경관의 조망 측면에서도 서쪽 광장이 바람직하다는 주장을 내놨다. 그러나 남서쪽으로 약간 틀어진 광화문의 모습을 정면으로 바라보는 것은 전혀 역사적 경관이 아니다. 조선시대에도 광화문 앞길은 정남북 방향에 가까웠고, 광화문과 경복궁의 중심축은 남서쪽으로 약간 틀어져 있었다. 광화문 앞의 역사적 경관을 살리겠다고 하면 광화문 앞 세종대로의 가운데를 차도로 하고 그 옆을 보행로로 하는 것이 훨씬 타당하다. 조선시대에도 현재 세종대로의 가운데가 거리였고, 세종대로의 양

1900년 전후 광화문 앞 육조거리의 모습. 서울역사박물관.

쪽에 관청들이 들어서 있었기 때문이다. 다시 말해 양쪽 광장을 만들면 대체로 옛 거리는 차도가 되고, 옛 관청터가 양쪽으로 보행로가 된다. 이런 점은 최근 광화문광장 서쪽의 관청터 발굴에서 잘 드러났다.

서울시는 광화문광장을 의정부터나 정부서울청사 본관과 별관의 앞마당까지 확대하려는 계획도 여러 차례 제시했다. 그러나 맹목적으로 광화문광장의 넓이만 늘리는 것은 능사가 아니다. 더 넓은 광장이 아니라, 적절한 크기와 적절한 주변 건물을 가진 광장이 훨씬 더 좋다. 광화문광장의 활성화와 아늑함을 위해서라면 미국대사관과 의정부터, 정부서울청사 별관 앞과 같은 빈 공간에 적절히 문화 시설을 배치하는 방안을 검토해야 한다. 이와 관련해선 2000년대 초부터 문화연대가 세종로 일대의 문화시설 종합계획이 필요하다고 제안해 왔다.

양쪽 광장 2안(정기황 제안)

광화문광장의 전면 보행화를 전제로 단계적 계획을 세워야 한다. 현재 상황에서 전면 보행 광장으로 가기 위해서는 세 가지 기준이 필요하다. 첫째, 현재 광화문광장의 문제를 해소하고, 둘째, 현재 상황에서 단계적 이행 과정을 밟으며, 셋째, 도시에 가해지는 충격을 최소화해야 한다.

광화문광장은 근린공원동네 공원이 아니라, 본격적 의미의 광장으로 계획해야 한다. 인근 지역 주민의 공원을 넘어 서울 시민, 우리나라 국민 모두를 대상으로 하는 광장으로 만들어야 한다. 광장은 민주주의 사회의 성숙한 시민이 집회·시위의 권리를 보장받을 수 있는 공간으로 조성해야 한다.

광화문광장 조성과정에서 역사적 도시 구조를 고려해야 한다. 역사적으로 서울의 주진입로는 숭례문에서 보신각종각을 거쳐 종로1가, 육조거리, 광화문으로의 경로였다. 세종대로사거리에서 서울시청 사이의 일직선 축은 일제강점기에 조성된 것으로 역사적 의미가 크지 않다. 애초 주진입로의 일부인 세종대로사거리에서 종로1가 방향의 경로가 중요하다.

현재 광화문광장의 동쪽은 보행환경이 열악한 상태로 개선이 필요하다. 한국통신 사옥의 전면 공간과 미국대사관의 이전을 고려하면 양쪽 광장으로 조성하는 것이 바람직하다. 동쪽 광장은 건물선이 약 30m 후퇴돼 있고, 앞으로 광장과

조선총독부 건물이 남아 있던 1992년의 광화문 앞 세종로(위쪽)와 태평로(아래쪽). 서울역사박물관.

휴식 공간으로의 확장 가능성이 높다. 또 양쪽 광장으로 확보되는 광장의 규모도 비교적 크고, 주변의 공원과 공공기관의 공간에서 일상적 휴식 공간을 확보할 수 있다.

광화문광장은 단계적으로 조성한다. 중앙부에 5~10m 내외의 보행섬을 유지하고, 그 바깥쪽을 6차로 내외의 차도로 조성한 뒤, 서쪽 35m, 동쪽 25m의 광장 공간을 확보한다. 광화문광장 일대에 집회·시위나 대규모 행사가 있을 때 주기적으로 차도까지 점유하는 방식으로 운영한다. 그 뒤 차로를 점진적으로 축소하면서 전면 보행 광장으로 순차적으로 옮겨간다.

양쪽 광장은 광화문광장 조성이 서울 도심에 가하는 충격을 완화할 수 있다. 대규모 도시 공간의 재구성은 보행 패턴, 유동 인구, 상가 구조 등 변화로 기존 도시에 큰 충격을 가한다. 따라서 서쪽 편측 광장은 서쪽에 시민들의 행위를 집중시키는 충격을 가할 것이고, 동쪽의 충격은 작을 것이다. 그러나 나중에 전면 보행 광장으로 확대한다면, 그 때는 동쪽 공간이 훨씬 더 큰 충격을 받게 된다. 이렇게 한쪽에 극단적인 충격을 가하는 방식보다는 단계적으로 광장 양쪽에 적절한 변화와 충격을 주는 것이 바람직하다.

종로의 중요성에 대해서도 고려해야 한다. 공공성, 역사성, 관광 등 측면에서 광화문광장은 서울 도심의 핵심 도로인 종로와 연계하는 것이 바람직하다. 서울 도심의 정체성이나 광장의 확장성 측면에서도 유리하다.

경기대학교 건축학과 이상구 교수가 작성한 지도를 보면, 광화문 앞 도로의 변화를 확인할 수 있다. 조선시대1750년와 일제강점기1914년, 현재2009년의 광화문 앞 도로를 비교하면 큰 변화를 볼 수 있다. 조선시대엔 광화문~세종대로사거리~종각~숭례문으로 이어지는 도로가 중심이었다. 현재 세종대로사거리에서 서울시청으로 이어지는 도로는 일제강점기 때 조성된 것이다. 광화문광장의 너비도 일제강점기와 해방 뒤 크게 확장됐으며, 경복궁 광화문 축과 광화문 앞길은 일직선으로 놓인 것이 아니었다.

오세훈 서울시장 1기 때 조성된 중앙 광장 형태의 광화문광장은 양쪽에 차도가 놓여 있어 섬과 같다. 현재도 서쪽 인도는 비교적 넓은 편이나 동쪽 인도는 미국대사관 앞처럼 보행이 불편할 정도로 좁은 구간이 있다. 서울시 자체조사에서도 광화문광장 동쪽은 유동 인구가 서쪽보다 많음에도 보행환경이 좋지 않다. 서쪽 광장은 기존의 동쪽 보행로의 불편을 전혀 개선하지 못하며, 종로와 잘 연계되지 않는다. 이에 비해 양쪽 광장은 현재 동쪽의 보행 불편을 해소하고, 도시와의 관계를 순차적으로 개선하는 방식이다. 광화문광장의 단계적 개선계획에도 적합하다고 판단된다.

동쪽 광장안(김상철 제안)

무엇보다 광장 조성의 사회적 압력을 분산할 필요가 있

다. 그동안 광화문광장을 둘러싼 사회적 압력을 살펴보면 지나치게 근린성에 근거한 논리에 치우쳐 있는 점을 확인할 수 있다. 2019년 12월에 진행된 서울시민 대상 공론화 결과에서도 광화문광장이 '상징 광장'으로서 위상을 갖고 있다는 점이 재확인됐다. 지금까지의 사회적 압력을 완충할 전략이 필요하다. 근린성 논리에 치우친 서쪽 광장안이 전면 광장으로 가는 압력보다는 보편성 논리에 근거한 동쪽 광장안이 전면 보행 광장으로 가는 것이 효과적이다.

광화문광장과 연계된 남북과 동서의 거리계획을 비교해 볼 필요가 있다. 남북 방향인 서울역~시청~광화문의 세종대로는 서울시청과 청와대를 연결하는 권력의 거리이나, 동서 방향인 동대문에서 서대문을 연결하는 종로는 시민의 이동을 보여주는 거리다. 종로거리를 중심으로 핵심거리계획을 세우면 다양한 도심 재생 이슈와 적극적으로 호응할 수 있다.

오세훈 서울시장 1기 시절 조성된 광화문 중앙 광장의 2018년 모습. 서울시.

광화문광장을 기준으로 서쪽은 여전히 많은 도시 개발 수요가 있지만, 종로를 포함하는 동쪽은 상대적으로 도시 개발이 진행된 곳이다. 따라서 동쪽 광장 조성은 광화문광장 재구조화에 따른 민간 개발의 편승을 최소화할 수 있다.

또 광화문광장의 방향을 동쪽으로 한다면 서울시가 수립한 도시기본계획과 역사도심계획 등 기존 도시계획과의 연계를 강화하고, 이를 효과적으로 추진하는 앵커로서 기능할 수 있다. 특히 도심 내 강력한 교통 수요 관리 정책을 집행하는 데 전략적 포석으로서 서쪽 광장보다 동쪽 광장이 훨씬 더 유리하다.

서울시는 현재 도심에 대한 다양한 법정, 분야별 계획을 세워놓았고, 이를 연도별 추진 절차에 따라 집행하고 있다. 이런 접근은 행정 관점에서는 효과적인 집행 체계일 수 있으나, 시민들의 공간 경험과는 이질적일 수밖에 없다. 따라서 시민들의 '총체적 경험'을 고려해 각 계획 간의 목표와 전략들을 연결하는 계획이 필요하다. 광화문광장계획은 도시기본계획과 역사도심계획 그리고 녹색교통진흥지역 등을 상호 연결하는 교량적 계획으로서 의미가 크다.

2020년 3월 광화문역의 승하차 인원으로 볼 때 광화문 지역은 전체 역 가운데 20위권 밖으로 대중교통 수요의 중심지라고 보기 힘들다. 요인은 복합적이겠지만, 목적 통행의 내용을 여가나 관광보다는 출퇴근이나 업무 통행으로 보는 것이 적절하다. 다시 말해 교통 경험의 새로운 구축이 새로운 수요를 만들 수 있는 핵심 전략이라고 할 수 있다.

서울시가 준비하는 광장 사용과 운영, 도심 내 교통 수요 관리 정책 등을 시행하기 위해서는 현재 계획된 시민참여 수준을 넘어 집행과 운영과정까지 시민참여를 확대할 필요가 있다. 예를 들어 광장 추진계획의 진행과 변경에 대한 시민 공론화를 진행하고, 광장과 거리를 연결하는 다양한 실험사업을 해볼 수 있다. 결론적으로 광화문광장 서쪽은 '도심 주거지'로 보호하고, 동쪽은 '생활 거점'으로 활성화하면서 다양한 시민들의 참여를 확대할 수 있다.

광화문광장의 조성은 기후 위기 시기에 필요한 새로운 도시 경험을 만드는 과정일 필요가 있다. 그런 점에서 광장의 구조 개선은 장기적으로 전면 보행화를 넘어 도시 변화의 일관된 방향을 명확하게 드러내는 과정이어야 한다.

꼼수와 꼼수로 채워진 광화문광장 총사업비 미스터리 : 정말 타당성 조사는 불필요했나

김상철
서울시민재정네트워크 운영위원, 공공교통네트워크 정책위원장

서울시는 2020년 1월 13일 해명 자료를 내놓는다. 서울시가 광화문광장 재구조화사업을 추진하면서 책정한 사업비를 의도적으로 낮춰 편성했다는 언론 보도에 대한 반박의 내용으로, '광화문광장사업 중 시민 광장사업은 전액 시비사업으로 타당성 조사 및 중앙투자심사 대상이 아니고 또한 역사광장사업은 문화재 복원사업으로 <국가재정법>에 따라 예비 타당성 조사의 면제대상이다.'라는 설명이었다. 우선 전액 시비사업이기 때문에 타당성 조사 대상이 아니라는 것은 사실과 맞지 않는다. 현행 <지방재정법> 제37조투자심사 2항에는 "지방자치단체의 장은 총사업비 500억 원 이상인 신규 사업에 대해서" 타당성 조사를 받고 그 결과를 토대로 투자심사를 하여야 한다고 명시되어 있다. 전액 시비이기 때문에 면제

가 되는 것은 중앙투자심사인 것이지 타당성 조사 자체는 아니다. 쟁점은 500억 원 이상이라는 액수 기준에 있다. 두 번째로 서울시는 시민 광장과 역사 광장을 구분해서 후자는 문화재 복원사업이므로 예비 타당성 조사의 면제사업이라고 주장했다. 그러니까 광화문광장 재구조화사업은 하나의 사업이 아니라 시민 광장사업과 역사 광장사업으로 구분되며 각각 '다른 사업'이라고 주장하는 것이다.

이 부분은 광화문광장 재구조화사업을 둘러싼 쟁점 중 하나인 예산 낭비, 더 구체적으로는 재정투자의 적절성을 살펴보는데 핵심적인 부분이다. 따라서 앞의 두 가지 주장을 실마리 삼아서 현재 서울시가 추진해온 광화문광장 조성사업이 가지고 있는 재정상의 문제점을 살펴본다. 이는 단지 특정한 사업에 대한 평가에 머무는 것이 아니라 시민 모두의 자산인 공공재정이 행정기구에 의해 어떻게 사용되고 있는지에 대한 중요한 사례이며 이 과정에 시민들이 특히 관심을 기울여야 하는 이유가 무엇인지를 고민하는 계기로서 제안한다.

타당성 조사 회피하기 – 광화문광장의 경우

우선 재정투자심사와 타당성 조사를 구분해야 한다. 많은 경우 이를 섞어서 사용하지만 각각의 기준이 다르다. 보통 예산에 대한 심사는 행정 내부절차로서 예산 총괄부서에 대한 편성과정에서의 검토가 있다. 이를 경우 내부 행정검토를 통해서 신규 사업에 대한 평가가 이루어진다. 그리고 해당 사업이 예산과 함께 지방 의회로 보내지면 의회에서 사업의 필요성과 타당성에 대한 검토를 바탕으로 예산심의를 진행한다. 행정 외부절차로서의 심의과정이다. 그런데 이런 과정과 별도로, 특정한 기준 액수 이상의 사업에 대해서는 재정투자심사를 받도록 정하고 있다. 별도의 위원회를 통해서 전문가 검토를 받도록 의무화하고 있는 것이다. 그리고 그 대상 사업 중에서 특히 예산규모가 큰 사업에 대해서는 타당성 조사를 하고 그 결과를 바탕으로 투자심사를 하도록 정해 놓았다. 즉 재정투자심사를 하는데 있어서 타당성 조사의 결과를 주요하게 반영하도록 한 것이다. 이런 이유가 뭘까?

일차적으로는 예산의 효율적인 배분이 목적이다. 그리고 그 과정을 통해서 해당 사업의 필요성에 대한 사회적 논의를 진행한다. 이제까지 중앙 정부나 지방 정부의 대규모 사업은 사업 추진계획의 발표가 곧 계획의 확정을 의미했다. 그 사업의 구체적인 내용이 무엇인지 그리고 사업이 필요한 이유가 무엇이고 그런 필요성이 현재 우리가 안고 있는 여러 가지 문제점에서 우선순위에 포함되는지와 같은 논의가 끼어들 틈이 없었다. 특히 투자심사를 하는 기구가 행정 내부의 절차다 보니 기구에 참여하는 전문가들 역시 사업을 추진하고자 하는 행정의 눈치를 볼 수밖에 없는 구조가 되었다. 만약 이 과정에 이미 매뉴얼화된 방식으로 해당 사업의 타당성에 대한 분석이 이루어질 수 있다면 좀 더 나은 의사결정이 가능하다. 이를테면 물건을 사는데 사진만 보고 사는 것이 아니라 최소한 포장되어 있는 상태나 성분표시 그리고 사진으로 볼 때는 알 수 없었던 형태의 특수성 등을 구체적으로 보고 사는 것과 마찬가지다. 통상적으로 경제적 타당성은 '얼마만큼의 돈을 사용해서 얼마만큼의 경제적 이익을 보는가'라는 것을 따진다. 그러니까 100원을 사용해서 100원 이상의 경제적 효용을 얻게 되면 이익이고 타당성이 있다고 보는 것이다.

하지만 효용이라는 것이 반드시 경제적 가치로 환원할 수 있는 것은 아니기 때문에 경제적 효용이라는 것은 하나의 기준점일 뿐 의사결정을 대신하는 결정과정이라고 보긴 어렵다. 그럼에도 경제적 효용이 낮은 사업에 대해서는 해당 사업이 '그럼에도 불구하고' 추진해야 하는 다양한 사회적 효용에 대해 설명할 의무를 지게 된다. 이것이 바로 타당성 조사가 가지고 있는 제도적 맥락이다.

지방자치단체의 재정투자사업에 대한 심사제도는 1992년 지방자치제도가 다시 시행되면서부터 시작한 가장 기본적인 재정관리제도에 속한다. 즉 시민들이 세금을 통해서 조성한 재원인 재정을 지출할 경우 이의 낭비를 막고 효율적인 재정효과를 위해서 사전에 검토하도록 한 것이다. 이러던 것이 투자심사 과정으로서 타당성 조사라는 것을 전제로 시행하는 현재와 같은 제도로 체계화된 것은 2005년 <지방재정법>이 전면 개정되면서부터다. 이때부터 총사업비 기준 500억 원 이상의 대규모 사업에 대한 타당성 조사를 의무화하기 시작했는데, 기존의 투자심사과정의 한 절차로서 타당성 조사가 제시된 것으로 볼 수 있다.[1] 따라서 어떤 재정사업이 할 만한가라는 것을 결정할 때 타당성 조사라는 것은 가장 기본적인 절차를 의미하는 것이다. 타당성 조사는 예산 편성의 근거가 되는 행위다.

지방재정 투자사업 추진 절차

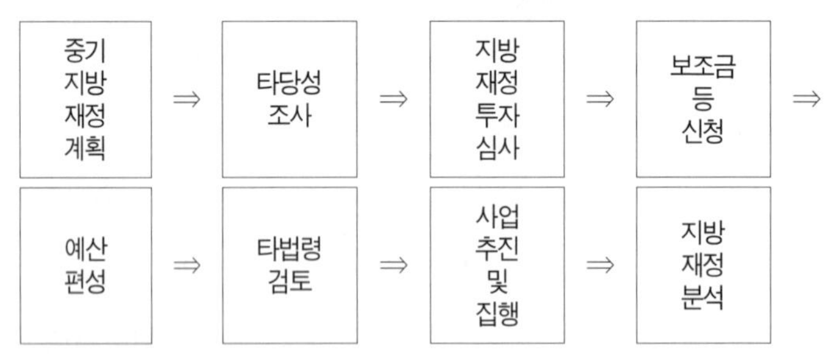

*행정안전부(2018), 지방재정투자사업 심사 및 타당성 조사 매뉴얼

광화문광장 재구조화사업은 타당성 조사를 하지 않았다. 사업비가 기준 요건에 맞지 않는다는 것이 이유다. 해당 주장은 다음에 자세히 살펴보겠지만, 우선 절차적 문제를 짚어야 한다. 위의 표와 같이 투자사업을 하기 위해서는 1차적으로 중기지방재정계획이라는 것을 수립해야 한다. 중기지방재정계획은 5년 동안 특히 규모가 크거나 새로운 사업 중에서 '어떤 것들을 언제 할 것이다.'라는 것을 짜놓은 계획이다. 언뜻 생각하면 상황과 조건이 시시각각 바뀌는데 5년짜리 계획에 맞춰 투자사업을 하는 것이 맞냐고 여길 수 있다. 이런 문제를 해결하기 위해 중기지방재정계획은 5년짜리 계획이지만 매년 수립하도록 한다. 계획을 수립하는 다음 연도를 기준으로 삼아

서 5년짜리의 계획을 매년 수립하는 것이다. 그렇게 하면 계획의 장기적 예측 가능성을 보장하면서 해마다 발생할 수 있는 사회 문제에 대응할 수 있는 탄력성도 유지할 수 있다.

현행 <지방재정법> 제33조에는 중기지방재정계획을 수립할 때 반드시 포함되어야 하는 것들이 나열되어 있으며 이를 의무화하고 있다. 이 중 9번째로 명시되어 있는 것이 바로 투자심사와 지방채 발행 대상사업이다. 이런 절차에 따라서 중기지방재정계획을 통해서 어떤 지방자치단체가 어떤 투자사업을 하고자 하는지 알 수 있게 되는 것은 물론 예산 총액의 관점에서 어떤 우선순위를 바탕으로 재원이 배분될지에 대한 예측이 가능해진다.

중기지방재정계획에 포함되어야 하는 것들(지방재정법제33조3항)

---

③ 중기지방재정계획에는 다음 각 호의 사항이 포함되어야 한다.

1. 재정운용의 기본방향과 목표
2. 중장기 재정여건과 재정규모전망
3. 관련 국가계획 및 지역계획 중 해당 사항
4. 분야별 재원배분계획
5. 예산과 기금별 운용방향
6. 의무지출(법령 등에 따라 지출과 지출규모가 결정되는 지출 및 이자지출을 말하며 그 구체적인 범위는 대통령령으로 정한다. 이하 같다)의 증가율 및 산출내역과 재량지출(의무지출 외의 지출을 말한다. 이하 같다)의 증가율에 대한 분야별 전망과 근거 및 관리계획
7. 제59조에 따른 지역통합재정통계의 전망과 근거
8. 통합재정수지[일반회계, 특별회계 및 기금을 통합한 재정통계로서 순(純) 수입에서 순 지출을 뺀 금액을 말한다] 전망과 관리 방안
9. 투자심사와 지방채 발행 대상사업
10. 그 밖에 대통령령으로 정하는 사항

그런데 광화문광장 재구조화사업은 2017년 기준의 서울시 중기지방재정계획에서는 반영되어 있지 않다가 2018년 기준 계획에는 2017년에 추진율을 5%로 명시함으로서 해당 사업이 2017년부터 진행되었음을 밝히고 있는데 그와 별도로 연도별 예산투자계획에서는 확인되지 않는다. 엄밀하게 말하면 광화문광장 재구조화사업 자체는 계획에 포함되지 않고 '시민 중심 대표 공간 조성'이라는 단위사업명만 존재한다. 여기에 광장이 포함되었는지 아닌지는 알 수가 없다. 2019년 기준 계획을 보면, 그해에 40% 정도의 사업 추진율을 달성하겠다고 하면서 '광화문일대 역사성 장소성 회복'이라는 정책사업 내에 시민 중심 대표 공간 조성이라는 단위사업으로 총 3,540억원이 편성되었다.[2]

행정에서의 사업단위는 정책사업-단위사업-세부사업의

2019년 기준 서울시 중기지방재정계획 일부

실국/정책/단위사업명	2018	계획기간					
		2019	2020	2021	2022	2023	계
공공지원제도의 발전적 운영(도정)	140	138	138	138	138	138	688
뉴타운사업의 안정적 관리(재축)	30	30	30	30	30	30	150
주민중심의 정비사업 추진(도정)	100	121	121	121	121	121	606
주민 중심, 주민 주도의 주거지재생사업 추진	348	790	993	1,750	3,293	427	7,253
근린형 도시재생활성화사업 지원	214	524	578	506	240	93	1,940
근린형 도시재생활성화사업 추진	134	267	415	1,244	3,053	334	5,313
지속가능한 역사문화도심 구현	231	521	216	94	84	54	968
도심 역사문화자원 관리	231	521	216	94	84	54	968
평생 살고 싶은 마을만들기 추진	292	3,025	1,071	1,004	994	995	7,089
주거지 재생사업 추진(도정)	-	-	30	30	30	30	120
주거지 재생사업 추진(재축)	0.5	-	-	-	-	-	-
주거지 재생사업 추진	291	3,024	1,040	973	964	964	6,965
주거지 재생사업 지원	0.4	0.7	0.7	0.7	0.7	0.7	4
광화문일대 역사성 장소성 회복	36	333	488	899	610	1,300	3,629
광화문일대 활성화	21	30	17	23	10	10	89
시민중심대표공간 조성	-	303	471	876	600	1,290	3,540
시민중심대표공간 조성(일반회계)	15	-	-	-	-	-	-

순서로 체계화되는 것이 일반적인데, 현재까지 중기지방재정계획상 광화문광장 재구조화사업이 구체적으로 명시되지 않는다. 보통 예산서상으로는 부서별 정책사업에 단위사업이 편성되고 그 하위에 세부사업이 나열되는 것이 일반적이다. 그리고 타당성 조사나 투자심사는 독립적인 최소한의 사업단위를 대상으로 하게 된다. 이것이 앞서 언급한 지방재정법상 중기지방재정계획에 반영해야 하는 투자심사 대상사업의 형식이다. 이렇게 본다면 광화문광장 재구조화사업은 명시적으로 중기지방재정계획에 반영된 적이 단 한 번도 없는 사업이다. 그런데도 투자심사를 거쳐서 예산에 반영되고 집행되기에 이르렀다.

시민 광장과 역사 광장은 분리해야 하나?

광화문광장 재구조화사업은 2018년에 투자심사를 받게 되는데 총사업비로 477억 원을 제시하였고, 조건부 승인되었다. 2017년 5월에 광화문포럼은 지하도로안을 포함한 전면 광장화를 제안하면서 활동을 종료한다. 그런데 2018년 투자심사과정에서는 명확하게 전면 광장안을 자체적으로 수정한 우회도로안을 제시하였다. 2018년 7월에 진행된 제3차 투자심사위원회는 재정기획관, 예산담당관, 기술심사담당관 등 내부 위원과 강호제, 김지현, 방귀희, 이병민, 김은경, 남기범 등 외부 위원 6인으로 진행되었으며 광화문광장 재구조화사업을 포함하여 총 29건에 대한 투자심사 대상사업을 다뤘다.[3] 결론적으로 해당 회의에서는 시민들의 비판에 대한 설득논리가 제대로 갖춰지지 않았다는 전제 하에 조건부 승인을 한다. 그런데 명색이 투자심사위원회 회의인데도, 재정의 적정성에 대한 논의가 없다. 다만 문화재청에 의해 월대 복원 예산이 187억 원 확보되어 있다는 점이 보고되었을 뿐, 서울시가 제시한 기본계획상의 사업타당성 뿐만 아니라 예산 규모의 적절성에 대한 논의가 확인되지 않는다.

광화문광장 재구조화사업에 대한 재정관리 절차는 부실했다고 볼 수밖에 없는데, 첫째, 예산 총규모에 대한 적정성 논의가 부재하고 둘째, 2017년에 만들어진 '광화문포럼안'전면 광장화에서 '서울시 자체 기본계획안'편측 광장화으로 변경된 것에 대한 사업비 조정에 대한 검토가 없고 셋째, 예산편성의 적정성 자체에 대한 진단이 부재하다는 것이 이유다. 하지만 이 보다 더 중요한 내용이 투자심사과정에서 확인된다. 과연 역사광장과 시민 광장은 분리하는 것이 적절한가라는 질문이다. 우선 해당 투자심사에서 다수의 전문가 위원들은 시민 광장 논의와 역사 광장 논의를 한데 섞어서 다룰 이유가 없다고 지적했다. 이미 문화재청이 국고를 편성했기 때문에 역사 복원 쪽의 사업이 진행이 될 것이라면 사실 시민 광장의 필요성이라는 것이 그리 시급하지 않다고 볼 수 있는 것 아니냐는 질문이다. 위원들은 우선 기존 광화문포럼안에서 바뀐 부분에 대한 공론화가 필요하다는 측면과 더불어 차량 통제 등을 고려할 때 시민불편이 커질 수 있다는 이유로 단계적 추진을 제안하는 것이다. 상식적으로 봐도, 한 쪽은 이미 국비가 마련되어 추진할 수 있는 여건이 되지만 다른 쪽은 전액 서울시의 재정으로만 추진해야 하는데 구태여 서두를 필요가 없다. 하지만 서울시는 두 가지 사업을 편의적으로 구분했을 뿐 함께 해야 한다는 입장을 강조한다. 서울시는 역사 광장과 시민 광장의 구분이 편의적인 구분일 뿐 계획도 함께 짜고 집행도 동시에 해야 하는 하나의 사업이라는 점을 주장하고 있는 것이다.

투자심사위원회 회의록 일부

○ ○○○ 위원

- (전략) 그래서 이것을 한꺼번에 다 해결하기에는 너무 큰 부분이고, 역사성이나 재원 확보라든지 이런 부분을 봤을 때 저는 단계별로 시행하는 것을 검토해 볼 필요도 있지 않나, 그런 생각이 듭니다.

○ 사업부서

- 저희가 광화문광장을 추진한, 역사 광장하고 나누긴 했는데 이 사업이 하나의 사업으로 가야 되는 이유는 저희가 광장을 조성하는데 설계를 따로 따로 한다면 이 광장이 일체된 광장, 또 하나의 연속성 있는 의미를 갖도록 하기 위해서 하나도 한꺼번에 추진하고 있는 겁니다. 이 부분은 국가가 주관적으로 하지만 설계는 저희가 하나로 묶어서 추진하려고 합니다. 공모를 할 때 여기 따로, 여기 따로 하는 것이 아니고 하나로 묶어서 역사 광장의 부분과 시민 광장을, 구획은 나눠져 있지만 하나의 큰 틀에서 갈 수 있도록, 그래서 광장의 조성 의미나 이런 것들이 충분히 반영될 수 있도록 추진하고 있습니다. 그리고 만약에 이것만 별도로 한다면 도로의 선형 자체도 잡기가 굉장히 애매하기 때문에 사업은 동시에 추진되어야 합니다.

○ ○○○ 위원

- 그것은 죄송하지만 실무부서의 편의성이죠. 그러니까 이 자체를 복원한다는 것은 현실적으로 사실 불가능합니다. 정부청사도 있기 때문에, 역사 광장도 사실은 뚜렷한 원래 복원 원형이 아니지 않습니까. 그리고 시민들이 원래 얘기하는 왜곡해서 보는 형태의 전면 개선 같은 경우는 아예 도로 자체도 다 없애버리고 다 광장으로 만들자는 개념이지 않습니까. (후략)

그런데 이런 입장은 서두에 제시한 서울시의 2020년 해명과 너무 다르다. 서울시가 시민 광장과 역사 광장을 구분한 것은 500억 원 이상의 사업에 대해 타당성 조사를 하도록 한 규정을 회피하기 위한 것이 아니냐는 주장에 대해, 서울시는 역사 광장의 경우 문화재청 재원이 포함되는 것이기 때문에 별도의 사업이라고 주장했다. 하지만 2018년 투자심사에 배석했던 서울공공투자관리센터는 자체 사업평가도 두 개의 광장을 구분하지 않고 동시에 했다고 말한다.[4] 즉 투자심사 당시에는 역사 광장과 시민 광장은 편의적으로 구분되었을 뿐 하나의 목적을 가진 단일사업이라는 점이 강조된 것이다.

그렇다면 2020년 보도 자료를 통해서 서울시가 강조한, 국고보조금이 포함되었기 때문에 사업이 분리될 수밖에 없다는 주장은 어떻게 봐야 할까. 만약 투자심사를 구분해서 한 것이라면 서울시의 주장이 타당하다. 왜냐하면 국고보조금의 편성과 서울시 예산의 편성 간에 시간 차이가 발생하게 되면 사업을 함께 시행할 수 없기 때문에 기술적으로 하나의 사업으로 관리하는 것이 불가능하다. 하지만 2018년 투자심사 당시에도 이미 광화문 월대 복원을 위한 국고는 마련된 상태였다. 따라서 국고와 시비 사이에 편성 시기 차이가 생길 수 있기 때문에 시민 광장과 역사 광장이 분리되어야 한다는 주장은 사실과 맞지 않다. 그러면 아예 재원의 성격이 다르기 때문이라면 타당한 걸까? 이를 보기 위해서는 관련 규정을 살펴보아야 한다.

우선 핵심적인 개념으로 '총사업비'에 주목할 필요가 있다. 총사업비는 대규모 사업의 추진에 소요되는 모든 사업비용을 합한 비용을 의미한다. 중앙 정부의 지침인 <총사업비관리지침>에 따르면 "총사업비에는 국가, 지방자치단체, 공공기관 및 민간 부담분을 모두 포함한다."지침 제2조2항고 정하고 있으며, 총사업비로 관리하는 사업의 경우에는 각 사업 추진 단계별로 관리하도록 규정했다. 즉 하나의 사업에 총사업비를 편성하더라도 이를 집행하는 과정에서는 단계별로 관리할 수 있다는 것이다.

광화문광장의 사례로 놓고 보면 광화문광장 재구조화사업을 함에 있어 시민 광장 조성과 역사 광장 조성을 단계로 분리하여 집행하더라도 하나의 총사업비로 관리할 수 있다는 것을 의미한다. 즉 재원에 있어 국비와 시비가 나뉘어지더라도 총사업비로 포괄할 수 있으며 설사 재원의 성격에 따라 사업 집행과정이 다르더라도 이는 단계별로 구분하여 관리할 수 있다는 것을 뜻한다. 2019년 기준으로 서울시는 역사광장 조성에 742억 원, 시민 광장 조성에 487억 원을 계획하였고 이에 따라 연도별 예산을 편성한 바 있다.

백번 양보해서 시민 광장과 역사 광장을 분리해야만 한다는 것을 인정하더라도 타당성 조사를 하지 않는 것이 반드시 정당한 것은 아니다. 서울시가 타당성 조사를 하지 않은 시민 광장 조성의 예산계획은 487억 원이다. 타당성 조사를 해야 하는 기준액 500억 원에 비해 불과 13억 원이 적은 규모다. 행정안전부가 <지방재정법>에 근거하여 만든 '지방재정 투자사업심사 및 타당성 조사 매뉴얼'2019.07.02. 시행에 따르면 "자치단체 실무계획상 총사업비 500억 원 미만의 사업이라도 유사사업의 단가, 물량 규모 등 감안시 총사업비가 500억 원 이상으로 증가될 것이 객관적으로 예상되는 경우 타당성 조사 이행"하라고 정하고 있으며 그 사례로 '당해 사업의 실시설계가 발주되지 않은 투자사업'을 명시하고 있다.

광화문광장 조성사업 예산계획(2019년 기준)

사업명			총계	2019년		2020년	2021년
				기정예산	추경(안)	예산(안)	예산(안)
새로운 광화문광장 조성			**122,900**	**27,671**	**3,000**	**52,100**	**40,049**
분류 ①		**역사 광장 조성**	**74,200**	**26,671**	**-**	**26,300**	**21,149**
세부사업	1	경복궁 광화문 월대 등 문화재 복원 및 주변정비	74,200	26,671 ▶2018년: 월대고증 80	-	26,300	21,149
분류 ①		**시민 광장 조성**	**48,700**	**1,000**	**3,000**	**25,800**	**18,900**
세부사업	1	광화문광장 도로 정비	29,800	1,000	1,600	15,800	11,400
세부사업	2	지하 공간 조성	18,900	-	1,400	10,000	7,500

*서울시가 정의당 권수정 서울시의원에게 제출한 설명자료(2019년)

광화문광장 재구조화사업에 대한 현상공모가 2019년 1월에 완료되고 실시설계가 2020년에 완료되었으니 2018년 투자심사 시기에 광화문광장 재구조화사업 중 시민 광장 부분은 해당 사례에 해당된다. 특히 시민 광장 조성사업의 대부분이 토목 공사로 되어 있는 것에서 알 수 있듯이 공사 기간 중 최소한 물가상승분에 따른 인상을 예상할 수 있다. 결론적으로 서울시가 타당성 조사를 회피하기 위해 임의적으로 시민 광장과 역사 광장을 분리했다는 것은 분명하다. 우선 2018년에 진행한 투자심사과정에서 서울시 사업부서와 공공투자관리센터는 공히 해당 사업이 단일사업이라는 점을 밝혀 왔다. 그리고 설사 분리해야 한다 하더라도 시민 광장의 사업비 규모를 고려했을 때 타당성 조사를 해야 하는 대상인 것도 맞다. 한국지방행정연구원이 조사한 바에 따르면,[5] 2019년에 완료된 지방재정투자사업에서 서울시는 평균적으로 3.5%의 사업비 증액이 있었는데 487억 원의 시민 광장 조성사업비를 고려했을 때 17억 원 이상의 사업비 증액을 예상할 수 있는 상황이었다.

광화문광장 재구조화사업의 총사업비는 얼마인가?

간단한 질문에서 시작하자. 그래서 지금 현재 광화문광장 재구조화사업의 총사업비는 얼마인가? 단서는 서울시가 공개하고 있는 자료에 있다. 서울시가 운영하고 있는 광화문광장 홈페이지엔 시민 광장 조성과 역사 광장 조성을 구분하여 새로운 광화문광장 조성사업을 소개한다. 그에 따르면 시민 광장 조성은 사업비 610억 원으로 2022년 상반기에 종료 예정이고, 역사 광장은 205억 원으로 2023년 종료 예정이다.

일단 두 가지 부분을 기억하자. 시민 광장사업만 610억 원이라는 것과 다음의 그림에서는 '총사업비'라는 표현을 사용하고 있지 않다는 점을 말이다. 2021년 초만 하더라도 언론에서는 광화문광장 재구조화사업의 총사업비를 791억원으로 보도해 왔다.[6] 여기엔 시민 광장과 역사 광장을 모두 포함되어 있다. 재미있는 건 극구 총사업비 개념에서 시민 광장과 역사 광장을 분리하고자 했던 서울시조차 오세훈 시장이 취임한 후 광화문광장 재구조화사업의 지속 추진을 발표하면서 내놓은 보도 자료를 통해서 시민 광장과 역사 광장을 합친 총사업비 개념을 사용하고 있다는 점이다. 여기엔 당초 사업비 791억 원을 크게 벗어나지 않는 범위 내에서 구체적인 설계가 확정될 예정이라고 밝혔다. 그런데 791억 원이라는 숫자도 이상하다.

광화문광장 | 광장소개 | 광장소식 | 변화되는 광화문광장 | 이용안내 | 광화문 사람들

새로운 광화문광장 조성 사업개요

구분	시민광장 조성	역사광장 조성
도로구조	사직로 : 노선유지 (T형) 세종대로 : 서측광장, 동측도로	사직로 : 노선유지 (유선 T형) 세종대로 : 서측광장, 동측도로
광장면적	26,200㎡	14,100㎡
사업비	610억원	205억원
사업내용	판석포장, 수목식재, 해치마당 리모델링, 수경시설 설치, 세종로공원 개선 등	판석포장, 조경, 우회도로 건설 등
공사기간	2021. 11 ~ 2022. 상반기	2021. 10 ~ 2023. 12.
역사성 강화	이순신 장군, 세종대왕 동상 등 역사문화 콘텐츠 특화	문화재 복원 (광화문 월대, 해치상)
관련 도면		

*서울시 광화문광장 홈페이지(https://gwanghwamun.seoul.go.kr/main.do)

서울시, '광화문광장 보완 발전계획' 발표 ... 내년 4월 정식개장(보도 자료 일부)

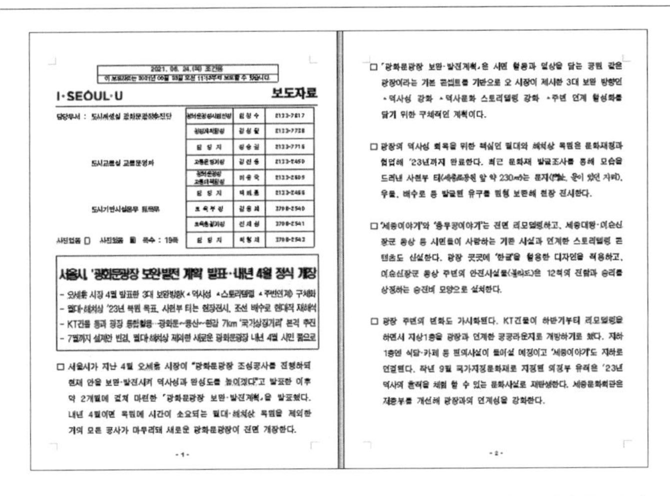

2021. 06. 24.(목) 조간용
이 보도자료는 2021년 06월 23일 오전 11:15부터 보도할 수 있습니다.

I·SEOUL·U 보도자료

담당부서 : 도시재생실 광화문광장추진단

도시교통실 교통운영과

도시기반시설본부 도로부

담당	성명	연락처
광화문광장사업반장	[illegible]	2133-7817
공간계획팀장	[illegible]	2133-7728
담 당 자	[illegible]	2133-7716
교통운영과장	[illegible]	2133-2450
광화문광장 교통대책팀장	[illegible]	2133-2605
담 당 자	[illegible]	2133-2466
도 로 부 장	[illegible]	3708-2540
[illegible]	[illegible]	3708-2541
담 당 자	[illegible]	3708-2543

사진없음 □ 사진있음 ■ 쪽수 : 19쪽

서울시, '광화문광장 보완발전 계획' 발표·내년 4월 정식 개장

- 오세훈 시장 4월 발표한 3대 보완방향(▴역사성 ▴스토리텔링 ▴주변연계) 구체화
- 월대·해치상 '23년 복원 목표, 사헌부 터는 현장전시, 조선 배수로 현대적 재해석
- KT건물 등과 광장 통합활용···광화문~용산~한강 7km '국가상징거리' 본격 추진
- 7월까지 설계안 변경, 월대·해치상 제외한 새로운 광화문광장 내년 4월 시민 품으로

□ 서울시가 지난 4월 오세훈 시장이 "광화문광장 조성공사를 진행하되 현재 안을 보완·발전시켜 역사성과 완성도를 높이겠다"고 발표한 이후 약 2개월에 걸쳐 마련한 「광화문광장 보완·발전계획」을 발표했다. 내년 4월이면 복원에 시간이 소요되는 월대·해치상 복원을 제외한 거의 모든 공사가 마무리돼 새로운 광화문광장이 전면 개장한다.

- 1 -

□ 「광화문광장 보완·발전계획」은 시민 활용과 일상을 담는 공원 같은 광장이라는 기본 콘셉트를 기반으로 오 시장이 제시한 3대 보완 방향인 ▴역사성 강화 ▴역사문화 스토리텔링 강화 ▴주변 연계 활성화를 담기 위한 구체적인 계획이다.

□ 광장의 역사성 회복을 위한 핵심인 월대와 해치상 복원은 문화재청과 협업해 '23년까지 완료한다. 최근 문화재 발굴조사를 통해 모습을 드러낸 사헌부 터(세종문화회관 앞 약 230㎡)는 문지(門址, 문이 있던 자리), 우물, 배수로 등 발굴된 유구를 원형 보존해 현장 전시한다.

□ '세종이야기'와 '충무공이야기'는 전면 리모델링하고, 세종대왕·이순신 장군 동상 등 시민들이 사랑하는 기존 시설과 연계한 스토리텔링 콘텐츠도 신설한다. 광장 곳곳에 '한글'을 활용한 디자인을 적용하고, 이순신장군 동상 주변의 안전시설물(볼라드)은 12척의 전함과 승리를 상징하는 승전비 모양으로 설치한다.

□ 광장 주변의 변화도 가시화된다. KT건물이 하반기부터 리모델링을 하면서 지상1층을 광장과 연계한 공공라운지로 개방하기로 했다. 지하 1층엔 식당·카페 등 편의시설이 들어설 예정이고 '세종이야기'도 지하로 연결된다. 작년 9월 국가지정문화재로 지정된 의정부 유적은 '23년 역사의 흔적을 체험 할 수 있는 문화시설로 재탄생한다. 세종문화회관은 저층부를 개선해 광장과의 연계성을 강화한다.

- 2 -

□ 서울시는 이런 내용을 골자로 하는 「광화문광장 보완·발전계획」을 반영해 7월 말까지 설계안 변경을 마무리하고, 내년 4월 정식 개장한다고 밝혔다.
○ 「광화문광장 보완·발전계획」은 지난 4월 오세훈 시장 발표 이후 광화문시민위원회와 지역 주민, 문화재청 등 유관 기관과의 수차례 협의를 거쳐 마련했다.
○ 설계 보완·변경이 불필요한 광장부 포장 공사, 해치마당 리모델링 공사 등은 현재 진행 중이다. <u>보완·발전계획이 반영되는 공사는 설계 완료 이후 사전행정절차를 거쳐 본격 추진된다. 보완·발전계획에 따른 사업비는 당초 사업비(791억 원)를 크게 벗어나지 않는 범위 내에서 구체적인 설계가 확정되는 7월 말 산출될 예정이다.</u>

□ 「광화문광장 보완·발전계획」은 ① 문화재 복원 및 활용으로 역사성 강화 ② 역사·문화 스토리텔링 강화 ③ 광장 주변과 연계 활성화, 3대 분야로 추진된다.

2021년도 예산서를 기준으로 보면 서울시가 광화문광장 재구조화사업에 편성한 예산은 역사 광장 관련 월대 복원사업 506억, 시민 광장 조성관련 534억 원으로 나타났다. 그 이전인 2019년 광화문광장추진단의 총사업비[7]는 자료를 기준으로 총 12건의 사업에 388억 원으로 나타났고, 2020년에는 15건 사업에 653억 원으로 나타났다. '예산서' 기준으로 보더라도 2019년에 광화문광장추진단의 예산은 316억 원이었는

2021년 예산 사업설명서

광화문 시민광장 조성

1 기 본 현 황

☐ 사업개요

구분	내용			
회 계	도시개발특별회계			
사업기간	☐연례반복, ☑사업기간 2016.07 ~ 2021.10			
사업성격	☐신규	☑계속	☐ 경상	☑ 투자
사업내용	○ '광화문 재구조화' 국정과제 및 녹색교통진흥지역 특별종합대책과 연계하여, 보행성과 민주주의 상징성을 담는 시민중심 대한민국 대표공간으로 조성 - 세종대로 도로 공간 재편 및 시민 소통문화공간 조성 · 광장 조성 약 2만6천㎡, 세종로 이설 435m			
사업위치	서울특별시 종로구 세종로 1-68 일대			
총사업비	총 53,400,000천원	(국비)	(시비)53,400,000천원	
	기타 (예산 외)	(구비)	(기타)	
사업비 (당해년도)	33,792,000천원	(국비)	(시비)33,792,000천원	
	기타 (예산 외)	(구비)	(기타)	

☐ 사전절차 대상 및 이행여부

투자심사	학술용역	기술용역	지방보조금	정보화예타	공유재산	출자·출연	민간위탁
☑	☐	☐	☐	☐	☐	☐	☐

구 분	심의일자	심의결과	비고
투자심사	2019년 05월 14일	조건부 추진	광장 활용계획 수립하여 추진할 것 등

☐ 사업 담당자

실·국	부서명	과 장	팀장	주무관
도시재생실	광화문광장추진단	임창수 2133-7817	강성필 2133-7738	김혜경 2133-7739

2020년 예산 사업설명서

광화문 시민광장 조성

1 기 본 현 황

☐ 사업개요

구분	내용			
회 계	도시개발특별회계			
사업기간	☐연례반복, ☑사업기간 2016.07 ~ 2021.12			
사업성격	☐신규	☑계속	☐ 경상	☑ 투자
사업내용	○ '광화문 재구조화' 국정과제와 연계하여, 4.19, 6월 항쟁, 촛불문화제 등 민주주의 상징성 담는 시민중심 대한민국 대표공간으로 조성 - 세종대로 도로 공간 재편 및 시민 소통문화공간 조성 · 광장 조성 약 2만5천㎡, 세종로 이설 435m			
사업위치	서울특별시 종로구 세종로 1-68 일대			
총사업비	총 48,769,000천원	(국비)	(시비)48,769,000천원	
	기타 (예산 외)	(구비)	(기타)	
사업비 (당해년도)	29,408,000천원	(국비)	(시비)29,408,000천원	
	기타 (예산 외)	(구비)	(기타)	

☐ 사전절차 대상 및 이행여부

투자심사	학술용역	기술용역	지방보조금	정보화예타	공유재산	출자·출연	민간위탁
☑	☐	☑	☐	☐	☐	☐	☐

구 분	심의일자	심의결과	비고
투자심사	2018년 07월 26일	조건부 추진	
기술용역	2018년 10월 02일	적정(조건부	

☐ 사업 담당자

실·국	부서명	과 장	팀장	주무관
도시재생실	광화문광장추진단	임창수 2133-7817	이강수 2133-7738	황서현 2133-7729

*각 년도 서울시 사업별 설명서

데 새로운 광화문광장 조성사업에 대한 단위사업은 없었고 월대 등 문화재 복원에만 266억 원이 반영되었다. 2020년 예산에는 기존 예산안의 684억 원이 대폭 줄어들어 확정예산으로 427억 원으로 편성되었다가 3차 추경에 다시 376억 원으로 줄어들었다. 적어도 광화문광장 재구조화를 위해 설치한 부서이므로 광화문광장추진반의 사업비가 넓은 의미에서의 총사업비라고 볼 수 있겠다.

하지만 더 좁혀서 서울시가 실제 단위사업으로 관리하는 수준에서는 어떻게 될까? 이를 위해 행정부가 시의회 예산심의를 요청하면서 함께 제출하는 부속서류 중 하나인 사업별 설명서라는 자료를 참조한다. 사업별 설명서는 예산서가 기준년도의 예산만 다루고 있어 계속사업의 경우에는 총사업비를 확인하기 어렵다는 점에 비추어, 하나의 사업 단위로 총사업비와 추진근거, 연도별 투자계획을 구체적으로 명시하고 있는 설명 자료이다.

서울시는 '광화문 시민 광장 조성'이라는 단위사업의 총사업비로 2020년 사업설명서로 487억 원을 제시했다. 그런데 2021년 사업설명서로는 동일한 단위사업인 '광화문 시민 광장 조성'이라는 항목의 총사업비가 534억 원으로 제시되었다. 동일한 단위사업명을 가진 사업의 총사업비가 1년 사이에 47억 원이나 인상된 것이다. 적어도 2020년 사업설명서와 2021년 사업설명서에서 명시하고 있는 사업내용은 광장 면적만 약간 변했을 뿐 큰 차이가 없다. 도대체 사업내용도 거의 바뀌지 않은 광화문광장 조성사업비가 1년 사이에 47억 원이 늘어날 수 있는지 의문이지만 광화문광장 재구조화의 착공이 2020년 11월의 일임을 기억할 필요가 있다.

2020년에는 타당성 조사를 회피하기 위해 500억 원 이하로 총사업비를 관리하다가 착공 직후인 2021년 예산에는 534억 원을 반영한 것이다. 2020년 예산 대비 10% 가까이 증액된 규모다. 그런데 이것이 2022년 서울시 홈페이지 상으로는 610억 원으로 명시되어 있다. 다시 2021년 예산 기준으로 보면 76억 원이 늘어난 것이고 당초 타당성 조사 면제시의 예산인 2020년 예산 기준으로 보면 123억 원이나 늘어나 25.2%의 증가율을 보였다. 2020년 11월에 공사를 진행해 10%를 증액하고 2021년 한 해 동안 공사를 하면서 다시 14%를 증액한 것이다.

도대체 2년 만에 예산이 이렇게 증액이 될 것이라는 것을 서울시는 과연 몰랐던 걸까? 그렇지는 않을 것이다. 광화문광장 공사는 애초 시작 전부터 상당한 위험성문화재발굴 혹은 지하 내에 공동구나 지하보도 등 시설물 등 쟁점이 이미 예견된 바 있다.이 고려되었던 사업이다. 물론 물가상승분까지 고려할 이유는 없고 그에 따른 증액 사유까지 문제라고 하기엔 힘들다. 하지만 문화재 지표조사나 공사 중 설계 변경 등과 같은 요인을 예상치 못했다고 보면 준비가 미흡한 것이고, 예상했다고 한다면 당초 예산 편성 자체가 엉터리라는 뜻이 된다. 문제는 광화문광장 재구조화사업을 통해서 예산이 얼마나 사용될지는 돈을

다 써 봐야 알 것 같다는 점이다. 2020년 487억 원, 2021년 534억 원, 2022년 610억 원은 어떤 근거로 만들어진 숫자인지를 공개하고 있지 않기 때문이다.

다음 쟁점으로 과연 어디까지를 포함하여 총사업비로 볼 것인가라는 점이다. 앞서 살펴본 것처럼 2018년 투자심사 당시 서울시는 시민 광장과 역사 광장이 사실상 하나의 사업이기 때문에 함께 추진해야 한다는 입장을 공식적으로 밝힌 바 있다. 이는 2019년 1월 국제현상공모 당선작에서도 드러난다. 해당 당선작은 역사 광장을 중심으로 필요한 부지를 확정하고 기존의 지하도로를 우회도로로 대체하면서 시민 광장의 형태에 반영되었다. 즉 두 개의 광장은 사실상 하나의 사업으로 통합하여 진행할 수밖에 없는 구조다. 이는 서울시도 분명히 인지하고 있는 것으로 보인다. 오세훈 시장이 취임하고 발표한 보도 자료에는 791억 원이라는 총사업비가 명시되어 있는데 해당 숫자는 시민 광장 단독이나 역사 광장 단독으로는 나올 수 없는 규모다. 즉 서울시는 이미 광화문광장 재구조화라는 사업의 총사업비로 합산한 규모를 고려했다고 볼 수 있다. 하지만 이러면 쟁점이 또 남는다. 현재 서울시 홈페이지에 공개된 시민 광장사업비는 610억 원, 역사 광장사업비는 205억 원이다. 합산하면 815억인데, 불과 6개월 전인 2021년 6월에 밝힌 '총사업비 범위 내에서 사업을 추진한다.'고 했던 서울시의 장담이 무색하게도 액수가 또 달라졌다.

우리가 확실하게 알 수 있는 것은, 광화문광장 재구조화사업의 총사업비가 얼마인지를 도저히 알 수 없다는 것이다. 애초 <지방재정법>을 통해서 총사업비 관리를 명시한 이유는 이처럼 총사업비가 고무줄처럼 늘어나는 것을 방지하기 위한 것이다. 참고로 '지방재정365'라는 지방재정 공개시스템에는 모든 지방자치단체의 세출사업에 대한 데이터가 행정내부망인 e호조라는 시스템과 연동하여 공개하도록 하고 있는데, 여기에서 확인할 수 있는 시민 광장과 역사 광장의 연도별 집행 현황은 다음과 같다.

재정공시상 연도별 집행현황 (단위: 천원)

관리사업명	2019년	2020년	2021년	2022년
경복궁 광화문 월대 등 문화재 복원 및 주변 정비	4,827,900	22,311,257	511,540	13,667,368
광화문 시민 광장 조성	558,500	4,094,451	18,592,089	37,439,728

*2022년은 예산현액 기준의 예산

2022년에는 집행예정이라는 것을 고려해서 각각을 합산해보면 역사 광장사업은 2022년 예산 포함 413억 1,806만원, 시민 광장사업은 606억 8,476만원이다. 재정시스템의 관점에서 보면 아무래도 e호조와 연동되는 지방재정365 상의 집행현황 자료가 가장 신뢰성이 높고, 다음으로 가장 최근인 2022년 기준 홈페이지에 올린 예산 자료가 그 다음일 것으로 보인다. 각 년도 예산서는 왜 예산의 증액이 발생했는지에 대한 설명 없이 총사업비만 변경이 되었으므로 신뢰성이 낮고, 가장 믿을 수 없는 숫자는 2018년 당시 투자심사를 의뢰할 당시의 예산액이라고 할 수 있겠다.

어떻게 검증할 것인가?

사업은 시작되었고 예산은 사용됐다. 남은 것은 사업이 종료된 시점에서 집행된 사업비의 검증이다. 하지만 그 전에 확인해야 할 사항이 있다. 지방재정투자사업 심사규칙행정안전부령 제200호에 따르면 "총사업비가 타당성 조사 대상 규모에 미달하여 타당성 조사를 실시하지 아니하였으나 사업 추진 과정에서 총사업비가 타당성 조사 대상 규모로 증가한 사업"제13조1항1호에 대해서는 타당성 재조사를 하도록 명시하고 있다. 바로 광화문광장 재구조화사업 중 시민 광장사업 단독이라도 이와 같은 조건에 부합한다. 하지만 서울시는 하지 않았다. 특히 2021년 6월 보완한다는 발표 시점에서 500억 원을 넘어섰다는 것을 알고 있었지만 서울시는 타당성 재조사를 실시하지 않았다. 이런 상황은 서울시가 지난 10년 간 서울시 민간위탁사업 중 시민사회단체와 연계되어 있는 사업들에 대해 '바로세우기'라는 표현까지 사용하면서 검증했던 태도에 비추어 보면 전형적인 내로남불적 상황이라고 할 수 있겠다.

현재 서울시는 2022년 7월 초에 개장행사를 하고 그 전인 4월부터라도 시민들에게 공개한다는 입장이다. 공사가 끝났다고 광화문광장 재구조화에 소요된 예산에 대한 검증과 그 절차의 타당성에 대한 책임이 사라지는 것은 아니다. 왜냐하면 광화문광장 재구조화사업은 현대의 재정관리제도에도 불구하고 서울시 행정 관료가 마음을 먹으면 얼마든지 행정적 절차를 우회할 수 있다는 나쁜 선례가 될 수 있기 때문이다. 이미 광화문광장 재구조화사업의 총사업비가 공개된 자료를 바탕으로 도저히 확인할 수 없다는 점만 놓고 보더라도 나쁜 선례가 되고 있는 것은 분명해 보인다.

■ 주석

1 해당 제도의 변천에 대한 사항을 구체적으로 보길 원하면 조기현 등(2012), 지방투자사업의 효율적 추진을 위한 지방투융자심사제도 발전안, 한국지방행정연구원의 자료를 참조하길 바란다.

2 액수의 규모가 지나치게 과하지 않나라는 고민을 했으나 해당 항목의 총액이 해당 계획 상 총액과 일치하는 점(단위를 억 원으로 할 때), 그리고 2020년 기준 계획 상 시민중심 대표 공간 조성사업이 1,011억 원으로 편성되었다는 점을 고려할 때 잘못 표기된 것이 아닌 것으로 보았다(2021년 기준으로는 652억 원으로 줄었다).

3 해당 내용은 2018년 제3차(7월) 투자심사위원회 회의록을 참고하였으며, 해당 자료는 서울시 홈페이지상 투자심사위원회 메뉴를 통해서 확보하였다.

4 "서울공공투자관리센터 - 역사 광장하고 시민 광장이 구분되어 있는 것인데 지금 그림으로 보이는 이것이 광화문광장, 그러니까 사업부서에서 계획한 것은 구분하는 것이 아니라 하나의 사업으로 되어 있었습니다. 그런데 왜 구분을 해 놨냐 하면 재원 측면에서 윗부분은 국고를 70% 받을 수 있으니까 그렇게 한 것이고, 시민 광장이라는 이름으로 이렇게 구분한 겁니다. 그래서 이것이 별개 사업이 아니라 하나의 사업은 맞습니다. 평가도 그렇게 했었습니다."

5 한국지방행정연구원(2020), 2019년도 지방재정투자사업 이력관리 현황 분석.

6 중앙일보(시민 57% 반대에도 삽질 ... 소통 외면 광화문광장, 2021.01.20.), 이데일리(완공 6개월 밀린 새로운 광화문광장, 왜?, 2021.06.23.), 연합뉴스(서울시 "광화문광장 내년 4월 개장 ... 월대 복원은 2023년", 2021.06.23.) 등

7 공개된 자료인 〈서울재정포털〉(http://openfinance.seoul.go.kr/)의 내용을 바탕으로 작성되었다.

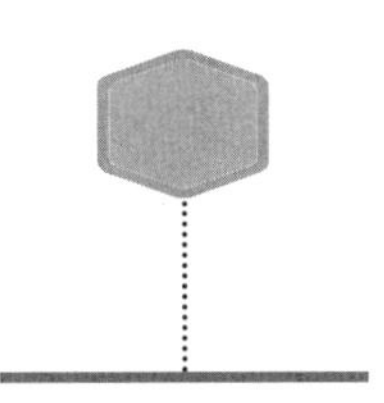

광화문과 육조 조성의 역사와 변화 그리고 누구의 광장이어야 하나?

황평우

한국문화유산정책연구소장, 동국대학교 겸임교수

새롭고 의미있지만, 소박했던 새 왕조의 터전

1392년 조선을 건국한 태조 이성계와 신진 사대부의 집권 권력의 대표였던 정도전은 물색 끝에 구 왕조의 터인 개경에서 새로운 도읍을 고려시대 남경이었던 한양으로 옮기기로 한다. 조선 개국의 설계자 정도전이 한양도성 건설에 미친 영향은 절대적이다.

정도전은 새 수도와 궁궐의 건설에 기준이 될 철학으로 유학을 삼았고, 특히 유교 경전인 <주례>周禮 고공기考工記에서 '좌조우사左祖右社, 좌측에 종묘를 두고 우측에 사직단을 둔다., 면조후시面朝後市, 앞에 조정을 두고 뒤에 시장을 둔다.'라는 중국 고대의 도읍 건설 원리를 따랐다. 또한 고려시대에 유행했던 '풍수지리' 사상을 적용하여 건설을 추진했다.

그러나 중국 고대 도읍 중 좌조우사 면조후시의 기준을 따른 도읍은 단 한 곳도 없다. 오히려 조선의 한양이 <주례> 고공기의 도읍 건설 원리를 가장 근접하게 실천한 사례가 된다. 다만 면조후시에서 뒤에 시장을 둔다고 했는데, 한양의 지형상 백악산 뒤에는 시장을 둘 수가 없어, 조정경복궁과 육조을 두고 시장인 육의전을 앞에 배치한 것이다.

정도전은 종묘와 사직1394년 12월~1395년 12월 완공 그리고 궁궐은 물론 관아육조와 시장의 터를 잡았고 도성 성곽의 윤곽도 결정했다. 서울을 5부동·서·남·북·중부, 52개 방으로 나누고 경복궁을 비롯해 궁궐 전각의 명칭을 정하는 일도 모두 그의 생각대로였다. 검소하면서도 누추하지 않고, 화려하면서도 사치스럽지 않은 서울을 건설하는 것이 그의 목표였다.

즉위 3년 차인 1394년 9월 1일 경복궁 창건을 추진하는데 남향으로 자리를 잡게 한다. 승려들과 지방의 백성기능공들을 동원하여 1395년 9월 25일 완료한다. 입궐한 태조는 정도전에게 궁 전각에 이름을 짓게 하는데, 《시경》詩經 대아편의 '군자만년 개이경복君子萬年 介爾景福, 군자만년 그대의 큰 복을 도우리라.'이라는 구절을 따서 경복궁이라고 지어 바쳤으며, 또 궁내의 각 전殿·당堂·각閣의 이름도 이때 동시에 지어 올렸다. 다만 궁내의 각 문門·교橋명은 세종 8년1426년에 집현전이 어명을 받들어 지은 것이다.

초기 경복궁 전각의 규모는 390여 칸으로, 임진왜란 때 소실되고 270년간 폐허로 있다가, 고종 2년 1865년 흥선대원군이 중건했던 7,225칸에 비해서 매우 소박했다. 궁의 면적은 126,000여 평, 담의 높이는 20자 1치,[1] 둘레 1,813보1보는 6척의 규모였고, 남쪽에는 정문인 광화문光化門, 북쪽에는 신무문神武門, 동쪽에는 건춘문建春門, 서쪽에는 영추문迎秋門을 각각 배치하였다.

한양도성은 태조 5년1396년 음력 1월 9일부터 2월 28일까지 49일 간, 이어서 8월 6일부터 9월 24일까지 49일간, 모두 98일 동안 전국 백성 19만 7천 4백여 명을 동원하여 쌓았다. 전체 공사 구간총 5만 9,500척을 600척씩 97구간으로 나누고 각 구간을 천자문 순서에 따라 이름 붙인 뒤 군현郡縣별로 할당하였다. 태조 때 처음 축성할 당시 평지는 토성으로 산지는 석성으로 쌓았으나, 세종 때 개축하면서 흙으로 쌓은 구간도 석성으로 바꾸었다. 세월이 흐름에 따라 성벽 일부가 무너져 숙종 때 대대적으로 보수·개축하였으며 이후에도 여러 차례 정비하였다.

왕권과 신권의 절묘한 공간, 광화문 앞 육조거리

정도전은 주례 고공기의 면조후시를 기준으로 궁 앞에 조정, 즉 한 나라의 행정관청을 배치한다. 광화문 동편임금과 궁을 기준으로 해가 뜨는 곳으로 좌측이 된다.으로 문과 계열 즉 행정계열의 관청이 배치되는 특징을 알 수 있다. 반면 서편에는 무과 즉 군사, 건설과 관련된 관청을 배치한 특징이 있다.

• 의정부議政府 : 조선 행정부의 최고 기관. 정종 2년1400년에 둔 것으로, 영의정·좌의정·우의정이 있어 이들의 합의에 따라 국가 정책을 결정하였으며, 아래에 육조六曹를 두어 국가 행정을 집행하도록 하였다. 명종 때에 비변사가 설치되면서 그 권한을 빼앗겨 유명무실해졌으나 대원군 때에 비변사를 없애면서 권한을 되찾았다. 현재 광화문시민열린마당이 위치해 있다.

• 이조吏曹 : 문관의 선임과 훈봉, 관원의 성적 고사考査, 포폄褒貶, 옳고 그름을 판단하여 결정하는 것에 관한 일을 맡아보던 관아. 현재 대한민국역사박물관이 위치해 있다.

• 한성부漢城府 : 조선왕조 수도首都의 행정구역 또는 조선왕조 수도를 관할하는 관청의 명칭. 흔히 서울시와 견주는데 현재 지방자치제도의 서울시와 위상은 다르다. 현재 대한민국역사박물관과 미국대사관 자리이다.

• 호조戶曹 : 호구, 공부, 전량田糧, 식화食貨에 관한 일, 즉 나라의 회계와 경비를 맡아보던 관청. 지금의 기획재정부 역할이다. 현재 미국대사관과 KT 사옥이 자리하고 있다.

• 기로소耆老所 : 연로한 고위 문신들의 친목 및 예우를 위해 설치한 관청. 현재 교보생명이 위치해 있다.

맞은편인 길 건너 서편에는 무과 중심의 관청이 배치되었다.

• 예조禮曹 : 예악·제사·연향·조빙·학교·과거 등을 관장하

던 관청. 육조 안에서 예조의 서열은 고려시대부터 조선 태종 대까지는 이조·병조·호조에 이어 네 번째였다. 그러나 세종 즉위 이후 이조·호조에 이어 세 번째로 운영되었다. 현재 정부중앙청사가 자리하고 있다.

• 중추부中樞府 : 조선 양반관료제 속에서 특정한 관직에 보임되지 않은 당상관의 고급관리들을 포용하는 독특한 기구이지만, 서반 경관직京官職의 첫머리에 위치해 있다. 현재 정부중앙청사가 일부 위치해 있다.

• 사헌부司憲府 : 언론 활동, 풍속 교정, 관리에 대한 규찰과 탄핵 등을 관장하던 관청. 현재 외교부청사와 세종로공원이 위치해 있다.

• 병조兵曹 : 군사 관계 업무를 총괄하던 조선의 중추적 기관. 현재 세종로공원과 세종로주차장 진입부이 위치해 있다.

• 형조刑曹 : 법률·소송·형옥·노예 따위에 관한 일을 맡아보던 관청. 현재 세종문화회관이 자리하고 있다.

• 공조工曹 : 산택·공장·영선營繕·도야陶冶를 맡아보던 관청. 지금의 건설교통부 역할이다. 현재 세종문화회관이 위치해 있다.

• 장예원掌隷院 : 공사노비 문서의 관리 및 노비소송을 관장한 관서. 현재 세종문화회관 자리이다.

광화문 앞 육조큰길은 조선 건국 초기에 형성된 390칸의 소박한 경복궁의 진입로이며, 육조의 관아들이 들어선 규모를 대비해 보면, 그 자체가 왕권과 신권이 상징하는 특별한 의미를 지닌 공간이다. 공식적으로 부르던 명칭이 부여되지는 않았다. 그러나 육조관아가 이곳에 포진하고 있으므로 그 이름 따서 일반적으로 육조앞길이라고 불렀다. 이외에도 광화문전로, 경복궁전로, 육조대로와 같은 다양한 명칭도 사용되었다.

육조앞길은 동편과 서편의 거리가 조선의 일반적인 거리와 비교해도 상당히 넓다. 현대 도량으로 약 53m가 된다. 또 조선 정부의 주요 업무가 모두 이곳에서 이루어지며, 출입하는 사람의 수도 상당하였다. 즉 조선의 모든 사무가 육조대로로 들어와야 했던 것이다. 육조앞길! 지금의 세종로 광화문광장은 백성의 의사와 국가의 대사가 신권에서 출발하여 왕권에 전달되고 결정하는 민본정치의 시작을 의미하는 공간이기도 하다.

이후 육조관아는 세종 때 삼군부의 폐지로 그 자리에 예조가 들어간 것 이외에는 고종 시기까지 큰 변화가 없었다.

격동의 파도에 휩쓸리는 육조

조선 말기

고종의 즉위와 흥선대원군에 의해 추진되었던 왕권 강화의 일환으로 세종 때에 철폐되었던 삼군부三軍府, 고종 5년(1868년)에 설치한 주요 군사 관계의 일을 논의하는 관청가 예조 자리현 정부중앙청사에 들어서고 예조는 한성부 자리로 이전한다. 한성부는 경희궁 앞으로 이전했다가 다시 호조의 남쪽현 교보생명에 자리를 잡는다. 조선 개국 이후 470여 년간 자리했던 육조앞길이 처음으로 변화를 이루는 시점이다. 그러나 시작일 뿐이었다.

조선시대 육조관아 건물은 거의 남아 있지 않지만, 삼군부의 핵심 건물인 청헌당, 총무당, 덕의당 중 청헌당은 육군사관학교에, 총무당은 한성대 앞에 이전해서 남아 있다.

1894년 갑오개혁 때 중앙관제의 전면 개편이 단행되면서 육조 제도와 육조의 기본 배치는 완전히 폐지되는 상황이 전개된다. 1894년 6월 28일, 경복궁에 설치된 군국기무처軍國機務處, 갑오개혁을 추진하였던 최고 정책 결정 기관이지만 친일파들의 기관이었다.는 8아문八衙門, 아문은 **부 개념이다.으로 편제를 개편한다. 이조는 내무아문, 통리교섭통상사무아문은 외부아문, 호조는 탁지아문, 형조는 법무아문, 예조는 학무아문, 공조는 공무아문과 농무아문, 병조는 군무아문이었고, 관청도 대부분 그대로 사용한다. 신설된 농상아문은 사헌부 건물을 사용한다. 이때 중추부도 중추원으로 변경된다. 그러나 8아문도 다음 해 1895년 3월에 7부 편제인 내무아문은 내부, 외부아문은 외부, 탁지아문은 탁지부, 법무아문은 법부, 학무아문은 학부, 군부아문은 군부, 공무아문과 농상아문은 농상공부로 합친다. 이때 공무아문이 사용했던 청사는 통신국현 세종문화회관이 사용하게 된다.

8아문에서 7부제로 변화하면서 중요한 점은 좌우포청현 경찰이 경무청으로 되면서 내무아문에 속하고, 한성부 관내 경찰 사무도 관장한다. 이런 이유로 경무청은 육조앞길의 한성부 자리에 진입하게 된다. 한성부는 군기시軍器寺 터무기 제작소로 밀려난다. 경찰이 정부 핵심에 진입하는 시점이 된다.

한편 동편文 중심의 의정부는 경복궁 안으로 옮기게 되고, 이후 의정부 존재는 알려지지 않는다. 따라서 조선 초기 동편과 서편 즉 문무文武의 대칭을 이루며 존재했던 육조의 질서는 깨어진다.

대한제국 시기

1897년 대한제국의 출범 시 경운궁으로 국정의 중심이 이동하였음에도 육조의 재편은 계속되었다. 중추원현 정부중앙청사을 재동으로 이전하게 하고, 1900년 6월, 경무청에서 경부로 승격하며 농상공부와 자리를 맞바꾸고, 또 헌병사령부가 중추원의 남은 공간을 차지하게 된다.

또한 탁지부호조, 미대사관과 KT 사옥 자리 안에 양지아문量地衙門, 토지측량 기구이 설치되었다가 지계아문地契衙門으로 흡수된다.

통감부 시기

1905년 러일전쟁 승리 후 일제는 조선 강제 병탈의 야욕을 들어내며, 외부현 대한민국역사박물관 자리를 폐지하고 통감부統監府, 일제가 완전한 한일병탄을 준비하기 위해 1906년 서울에 설치했던 통치기구가 설치된다. 초대 통감 이토 히로부미의 부임에 앞서 임시로 하세가와 요시미치 한국주차 사령관이 개청을 대신했다. 1907년 남산에 신청사현 애니메이션센터 자리를 짓고 떠난다. 통감부가 떠난 후 통감부법무원, 중추원, 경찰관연습소, 한성부 등이 이전하며 혼란스러웠다.

1909년 7월 30일, 군부와 무관학교 폐지 조칙을 만들어 군부를 폐지하고, 친위부를 만들어 군부청사로 사용한다. 같은 시기에 법부도 폐지한다. 대한제국의 사법권은 통감부로 관할로 넘어간다. 통감부는 사실상 조선의 내외정을 모두 장악해 갔다.

농상공부도현 세종로공원 북편에 자리 구리개현 을지로2가로 이전하고, 이 자리에 대동구락부한일 친목단체를 빙자한 친일단체로 넘겨 주고, 대동구락부는 1907년 경성 박람회도 개최한다. 경성 박람회 후 농상공부 건물은 조선귀족회관으로 사용되었으며, 법관양성소가 사용하기도 했다.

1908년 그동안 한자리에 있었던 탁지부호조, 현 미국대사관 자리도 정동으로 신청사를 짓고 이전한다. 탁지부 자리는 고등법원청사로 넘겨졌다.

학부예조, 현 정부중앙청사와 내부이조, 현 대한민국역사박물관도 청사를 신축한다. 이로써 육조의 관아 건물은 조종 이후 관아 재배치와 이동에서 해체를 불러일으켰지만, 변화에 자주적이지 못했으며, 결국 외세의 압력으로 대부분 사라지게 된다.

1910년 경술국치 이후

경술국치는 육조앞길이라는 조선 정부의 관아는 찾아 볼 수 없을 정도로 많을 것을 바꿔 놓았다. 그나마 남아 있던 내부이조, 대한민국역사박물관 자리는 경술국치 이전인 1909년 7월 서양식으로 신축하였는데, 사용도 못해 보고 경기도청으로 넘겨 주게 되었다.

학부예조도 이미 훼철된 공간에 신청사를 지었으나 임시토지조사국으로 넘겨 주었다. 외부도 토지조사국으로 넘어갔다. 결국 광화문의 동편은 경기도청과 토지조사국, 경성전수학교로 넘어 갔다. 서편은 식민 통치기구가 기능과 청사를 그대로 승계했다. 군부 자리는 조선주차군사령부 부속청사로, 헌병사령부 자리는 헌병분대 숙사로, 장예원의 통신관리국 자리는 조선총독부 통신국에 넘겨졌다.

결국 육조앞길에는 조선의 관아는 찾아볼 수 없게 되었고, 식민 통치기구들이 그 자리를 차지해 버렸다.

일제는 새로운 행정구역과 지번광화문통 76번지~84번지을 부여했다. 지번 부여 시 옛 관아의 경계를 구분하기보다는 통감부 시기 관아의 경계로 구분하여 뒤죽박죽 한 지번이 되어 버렸다. 그리고 육조앞길은 광화문통光化門通이라는 일본식 이름이 태어난다. 오늘날 광화문광장이라고 부르는 이름의 어원이 일제가 부여한 명칭에서 시작했다는 것이 사실이다. 차라리 육조앞광장, 육조광장이라고 부르는 것이 어떨까 한다.

광화문과 육조앞길의 중심축은 틀어져 있다. 이는 여러 이유가 통용되지만 정확한 이유는 알 수 없다. 다만 백악산에서 내려오는 지세의 흐름에 맞춘 것으로, 조선의 건축과 도시계획은 자연의 흐름을 거슬림 없게 하는 경관개념이 존재했다고 믿을 수 있을 것이다. 일제는 장차 황토현 언덕현 세종대로사거리을 밀고, 태평로를 직선으로 연결할 식민지계획을 준비했다.

1920년대

광화문의 남쪽 동편 의정부현 광화문시민열린마당 자리는 경기도청, 경찰관강습소, 조선군사령부가 자리 잡았고, 1918년 토지조사사업이 종결되며 그 자리가 경찰관강습소가 된다.

옛 병조군부 자리는 광화문전화국 분국이 자리 잡는다. 이어 사헌부 자리에 군사령부 부속청사가 신식건물로 지어졌다. 육조앞길에는 옛 건물은 하나도 남아 있지 않게 된다.

육조앞길 변화의 최대 정점은 1926년 약 10년간의 공사 끝에 완공한 조선총독부였다. 이제 육조앞길은 조선총독부로 들어가는 진입로로 변했다. 그리고 육조앞길은 식민 통치 및 전시 동원체제와 관련된 갖가지 시위, 거리 행진, 사열, 기념행사 등이 벌어지는 공간, 즉 광장 구실을 하기 시작했으며 전차선로가 재정비되었고, 일제는 총독부 앞의 광화문까지 경복궁의 동편현 국립민속박물관으로 이전해 버린다. 광화문은 한국 전쟁 때 완전히 파괴된다.

일제는 조선총독부 개관과 아울러 육조앞길부터 경운궁까지 새로운 도로와 공간 재배치 구상을 가졌으나, 실행하지 못했다. 만약 실행했다면 육조앞길은 그 형태도 알아볼 수 없을 정도로 훼철되었을 것이다. 결국 조선총독부에 산하기관들이 자리 잡으며 광화문통의 기관들은 큰 변화 없이 1930년대 중반까지 이어지게 된다. 결국 육조앞길, 광화문통의 근본적인 공간 재배치의 시작은 일제라는 것이 밝혀지게 되었다.

권력을 쟁취한 자들은 육조앞길을 변질시키는 것이 자신들의 권력 야욕을 잘 나타나게 하는 상징성으로 보여주는 것인 양 오늘날에 이르러도 변질의 야욕을 지속하고 있다.

육조앞길에 위치한 해태상이 1923년 경복궁에서 열린 조선부업품공진회 때 전차 통행에 방해가 된다고 철거되었고, 1929년 조선 박람회 때 총독부를 지키는 해태상으로 돌아오게 된다. 해태상의 운명은 해방 후에도 제자리를 잡지 못했다.

1930년대

1931년 옛 삼군부 자리현 정부중앙청사에 있었던 조선보병대가 해산되고 공터로 변했다. 1929년 간이생명보험제도가 도입되며 관련 부서의 공간 수요가 폭증함에 따라 1934년 기로소현 교보생명 자리에 체신국 분관인 간이보험청사가 신축된다.

1938년 경성전수학교의 후신인 경성법학전문학교가 청량리로 이전하며 그 자리에 전매국이 신축되면서 옛 육조관아의 조선식 건물은 완전히 소멸되었다.

이때 도로의 녹화사업으로 1934년에 은행나무가 심어진다. 중앙분리형 가로수가 심긴 시발점이기도 하다. 한편 1966년 육조앞길은 세종로 확장 공사에 의해 초기 53m에서 약 30m 더 폭이 넓어진다. 1971년 2차 도로 확장이 이루어진다. 이때 양편 도로의 어긋난 폭이 비로소 대칭으로 만들어진다. 이 은

행나무는 2009년 광화문광장 조성사업 시 광화문 시민열린마당에 15그루, 정부중앙청사 앞에 14그루를 옮겨 심는다.

1940년대

일제강점기 막바지, 전쟁 중에도 육조앞길의 변화는 진행 중이었다. 1942년 체신국 산하 경성저금관리소가 이전하고, 1943년 전매국이 이전한다. 그러나 전쟁 중 자세한 기록은 존재하지 않는다.

해방 이후

일제 패망 직후부터 미군정 시기 광화문거리는 크게 달라진 점이 없다. 조선총독부가 군정청 또는 중앙청으로 변경되었고, 광화문통이 세종로로 고쳐졌다. 1948년 중앙청의 1층 대홀을 의사당으로 사용하며 국회사무처도 중앙청을 사용하여 중앙청이 비좁아지며, 국방부, 상공부, 사회부, 교통부, 체신부 등이 다른 곳으로 이전을 계획했다.

한국 전쟁 이후

한국 전쟁 시기 광화문에 남아있던 식민 통치기구들은 대다수 파괴되거나 소실되는 피해가 발생했다. 옛 경찰관연습소대한민국역사박물관과 미국대사관 자리는 완전히 소실되었고 1961년 USOM, 주한 미국원조사절단의 원조로 쌍둥이 빌딩이 신축된다. 한 곳은 미국대사관이 사용하고 한 곳은 5·16쿠데타 이후 국가재건최고회의가 사용하다가 경제기획원, 문화체육부를 거쳐 현재는 대한민국역사박물관으로 사용되고 있다.

체신국 본관현 세종문화회관 자리은 완전히 불타고 공터로 변했고, 1961년 우남회관이승만의 호이 건립되었다가 1972년 대형화재가 나고, 1978년 세종문화회관이 신축된다. 경기도청현 광화문 열린시민마당은 일부 파손되었고, 치안본부현 경찰청로 사용되다가, 1990년에 철거되었다. 경성중앙전신국은 일부 파손되어 사용하다가 1979년에 철거되고 현재는 KT 광화문지사가 건축되었다. 옛 순사교습소는 정부종합청사가 신축된다.

1967년 옛 삼군부 자리이며, 이후 시경 기동대와 체신부 보험관리국 등 잔존 건물들을 철거하고 1967년 7월 20일 정부종합청사 기공을 한다. 삼군부에 남아있던 조선시대 건물은 이전한다.

1970년 12월 23일 정부종합청사의 준공식이 거행되었다.

해방 이후 세종로의 도로 구조 변화는

1952년 종전의 53m 도로 폭을 100m로 변경하는 계획을 한국 전쟁 중에 세웠다.

1966년 광화문네거리 지하도 공사와 함께 세종로 확장 공사가 진행되어 도로의 서편이 30m 넓어졌다.

1971년 정부종합청사와 경제기획원 사이의 연결 지하도로를 개통하고, 제7대 대통령취임식을 겸해 세종로 2차 확장 공사를 진행하여 동편 20m 폭이 넓어졌다.

1978년 세종문화회관 개관과 광화문네거리 지하도 확장과 대한제국 기념비전 양쪽의 병목 녹지대를 제거하고 도로폭을 균일하게 맞추었다.

2008년 광화문 조성사업 착공하고 1934년 설치되었던 중앙분리대 가로수길이 철거되고, 은행나무는 이전하여 식재했다. 이때 문화연대 등의 시민단체는 광장으로 조성하라는 요구를 하였지만, 이명박 시장은 무시하였다.

2009년 광화문광장이 개장하였으나 도로의 중심부에 광장을 두고 양쪽에는 도로를 만들어 기형적인 중앙분리형 광장 구조가 되었다.

이후 광화문은 권력을 쟁취한 시장의 욕구에 따라 원칙 없는 사업이 진행 중이다. 다만 광화문 일대 발굴조사를 한 결과 조선시대 육조 건물의 기초석과 건물의 형태와 배치를 알 수 있는 유물들이 발견되기 시작했다. 이 고고학적 발굴은 2000년 서울 도심의 고고학 조사를 요구했던 문화연대 문화유산위원회의 끈질긴 투쟁에 의해서 이룰 수 있었다.

광화문광장 "누구의" 역사 광장이어야 하나!

만들어진 전통

기념물 또는 상징물의 정의와 기준점은 시대마다 달라진다. 권위주의 시대는 권력자나 권력자의 책사였던 전문가들이 주도 했다면, 최근에는 시민, 민중들의 요구와 행위들의 결과가 적극적으로 반영된다. 이런 관점에서 본다면 서울시에 의해 진행되는 소통 없고 독선적인 광화문광장 재구조화사업은 권위주의 시대에 진행되던 "만들어진 전통"과 다를 바가 없다.

아울러 역사의 피해만 강조하며, 극복보다는 감정상 대립인 "집단 이기주의나 국가주의"가 강요되는 근대적 후진성도 탈피할 때가 되었다.

따라서 기억과 기념물에 대해서 시민의 집단지성과 전문적인 역사 해석에서 시민의 참여는 현실적으로 매우 중요하며, 당연하게 받아들여져야 한다.

우리 역사에서 경복궁과 광화문은 어떤 의미가 있는가?

우리 역사에서 경복궁과 광화문은 어떤 의미이며, 왜 중요하며, 누구의 경복궁과 광화문이어야 하는가에 대한 집단적 공론화는 없었다.

누구나 아는 경복궁은 과거 조선의 정궁이었다. 광화문은 법궁의 정문이었다. 이를 일제가 훼손한 것도 사실이다.

그러나 1592년, 경복궁은 임진왜란 시 조정을 비우고, 백성을 피의 살육 현장에 그대로 두고 도망간 선조와 권력가들에 분노한 민중이 불태운 곳이다. 이후 270년간 폐허로 있다가, 1868년 고종 때 흥선대원군이 중건을 시작해서 1888년 복구했다. 이때도 반대를 무릅쓰고 흥선대원군은 민중의 고혈을 짜내어서 민중의 원성이 하늘을 찔렀다.

이후 7년간 사용되다가 1895년 일제의 명성황후 시해 후 또 폐궁되다시피 한다. 1910년부터 일제에 의해 파괴는 가속되었고, 광화문은 현재 국립민속박물관 정문자리에 이전되었다가 한국 전쟁 때 파괴된다. 광화문과 근정전 사이에는 조선총독부가 들어섰고, 1995년 김영삼 정권 때까지 한국의 정부 기관으로 사용되었다.

이후 민족정기, 일제 청산 등의 기치아래 경복궁광화문 복원[2]사업이 1991년부터 2010년 까지 3,500억 원, 2011년부터 2025년까지 5,400억 원이 투입된다. 조선총독부 철거 비용과 수많은 연구 용역비까지 합하면 무려 1조원 가까운 예산이 투입되는 것이다.

그러나 이러한 경복궁 중건도 제대로 지어졌는지는 여러 의문이 남는다. 대표적으로 2002년 경복궁의 정전대표격 근정전 네 곳의 고귀주가운데 기둥 약 27m 중 한 기가 꺾어져 해체 공사를 하게 되는데, 해체해 보니 무려 세 기둥이 썩어 있었다. 당시 한일월드컵이 개최되니 빨리 완공해서 세계인들에게 보여 주자고 했으나, 신중론이 우세하여 월드컵 기간 중에 근정전을 수리하는 모습을 세계인에게 보여 줬다. 오히려 이러한 신중론이 세계인들이 보기에는 더 긍정적이었고, 당시를 회고해 보아도 신중하고 차분하게 보수 공사하는 것이 더 당당했었다.

경복궁 중건사업의 문제점

경복궁 중건에 국고 1조건축 9,000억, 연구비 등가 투입되었으나,

- 공사를 위한 공사만 했고, 왜 중건 공사를 해야 하는지

철학적 고민이 없었다.

• 부실 공사, 공사 비리, 원형 훼손 등에 대한 부정적 인상만 난무했다. 경복궁과 광화문의 중건 공사 중 공사 비리, 고증 부족, 원형 훼손, 장인무형문화재 홀대 등 부정적인 보도가 무려 수백 건이 넘었다.

• 전통 건축이 함유하는 '아우라'는 없고, 마치 드라마 촬영세트장 같은 복구로 많은 사람들에게 실망을 안겨 주었다.

• 권력층에게만 공개되는 권위주의 시대의 재현-복구된 건물에 과도한 상징성 부여로 무리한 신성화를 불러일으켜 시민들은 접근이 철저하게 제한되었고, 권력층에게만 개방되는 특권층의 전유물이 되었다. 경회루의 세계검사대회 음주가무 추태, 창경궁의 세계언론인대회 음주추태, 경회루의 전두환 정권 회식, 세계철강인대회 추태, 드라마 촬영 시 위험행동 등.

• 위 사건 이후 일반 시민에게 개방되는 행사가 늘어나기도 했다.

• 문화재 공사 업체, 소수 자문 전문가들만 배불리는 역사문화 복구사업으로 전락.

• 소수 공무원 일자리 창출 및 일자리 유지시민적 확장성은 없음.

• 복구 계획, 건축과정, 점검 등이 밀실에서 진행공개적 과정이 전무

• 중간 검토, 반성, 문제점 점검 등의 중간과정이 없었다. 광화문 편액의 완전성에 10년이 소요되었다. 이제는 무조건 복구, 복원이 아니라 진정성 있는 반성과 점검을 해야 할 때이다.

중건시점에 대한 기준점

훼손되거나 사라진 궁궐의 중건에 있어 기준점을 어디에 두느냐 문제는 매우 중요하다. 경복궁의 경우 조선의 정궁 역할을 한 기간은 임진왜란이후 불과 고종 때 중건한 후 7년, 이후 22년간 다시 폐허였다.

위 사실을 보면 과거 조선의 경복궁 중건 모습이 오늘날 한국의 역사문화 복원 기준점이 되어야하는가에 대해 의문이 든다. 상징적으로 조선총독부중앙청가 조선의 정궁인 경복궁을 훼손했다고 해서 "경복궁 중건은 논의도 없이 오늘날 역사문화 복원에 대한 부동의 상징기준"이 되어 버렸다.

이 과정에서 역사문화의 '기준점과 상징성'에 대한 시민적 합의는 없었다.

이제 무엇을 해야 하는가?

첫째, 한국 역사에서 경복궁과 광화문이 가장 중심인가에 대한 성찰이 있어야 한다. 단순히 일제에 의해 훼손되었다고 한국 역사 자존심의 대표 상징으로 1조를 들여 복구할 대상인가? 아니면 철학적이고 인문학적인 반성과 점검이 먼저 필요한가?라는 진지한 질문이 우선되어야 한다. 또한 실물 복구보다 실천적 방향에 대해 우선 고민해야 할 것이다.

둘째, 소수 전문가건축가, 역사가들이 주도하는 경복궁, 광화문 역사 복원이 시민적 공감대와 역사적 진정성이 있는가?

이 또한 밀실 정책일 뿐이며, 오히려 역사 왜곡일 뿐이다. 시민의 집단 지성과 공론화가 우선되어야 한다.

셋째, 지금까지 궁궐과 경복궁 등의 복구 공사에 대한 반성과 점검을 공개적으로 충분히 논의하고 '반성'의 시간을 가져야 한다.

넷째, 박원순 시장은 '반성'과 '성찰'을 토대로 진취적으로 나아가야 하는 기준점으로서 '시민의 시장'이 되어야 하는 적격자임에도 불구하고 기존 막무가내 공사파인 이명박과 오세훈 시장과 다를 바가 없다는 지적에 겸허하고 실체적으로 반성하고 재발 방지를 위한 약속을 해야 한다.

다섯째, 전 한국사에 걸친 광화문의 역사 중 가장 상징적인 사건은 시민의 촛불혁명으로 부정한 권력을 탄핵시키고 정권을 교체한 역사와 1960년 4·19혁명, 1592년 민중의 봉기로 경복궁을 태워 버린 저항의 역사로 본다. 따라서 광화문역사광장 주인공은 민중, 시민이다. 과거 조선의 건축이 아닌, 시민이 주인되는 역사의 광장이어야 한다. 광화문역사광장은 '월대 복원'이 아니라 시민성, 공개성을 토대로 한 21세기 '시민의 광화문광장' 역사를 만들어 나가야 한다.

여섯째, 시민이 중심되는 광장에 이순신 장군과 세종대왕은 역사의 진정성이 있는 자리로 이전해야 한다는 내용에 대해 진지하게 논의해야 한다. 이순신 장군과 세종대왕에게 역사의 정체성이 있는 자리와 존재의 자유를 부여하는 것도 고려해야 한다.

일곱째, 월대 복원? 과연 월대[3]가 무엇인지 아는 시민이 몇 명인가? 세트장? 의정부를 또 중건하겠다는 것인가? 광화문 앞의 월대와 의정부를 지금, 왜 복구해야 할 만큼 중요하고 의미있는 건축인가? 월대란 광화문의 기초기단이며 광화문을 우뚝 솟아 높아 보이게 하는 역할을 한다. 그 앞으로 돌출되는 교각은 권력의 상징일 뿐이다. 광화문광장은 권력의 상징이 되어서는 안 된다고 본다.

서울시 주장대로 월대를 완벽하게 완성하려면 현재 세종로 전체 면적에 대해 1.5m 가량 걷어내야 한다. 이것에 대한 비용과 실효성에 대해 논의해야 한다.

■ 주석

1 조선시대 자의 종류와 길이는『經國大典』에 황종척을 기준하여, 周尺을 黃鍾尺에 비교하면 주척 1척은 황종척의 6촌 6리이고, 營造尺을 황종척에 비교하면 영조척 1척은 황종척의 8촌 9리이고, 造禮器尺을 황종척에 비교하면 조례기척 1척은 황조척의 8촌 2분 3리이고, 布帛尺을 황종척에 비교하면 포백척 1척은 황종척의 1척3촌4분8리이라고 하였다. 따라서 조선전기의 자는 黃鍾尺(약 34.48㎝)·周尺(약 20.62㎝)·營造尺(약 30.8㎝)·造禮器尺(약 28.63㎝)·布帛尺(약 46.66㎝) 등이 중심이었다. 이외에도 조선시대의 자는 황종관을 만들 때 사용하였던 종서척과 횡서척이 있었고,『열양세시기』에 의하면 정조가 정조 20년(1796) 공경과 신하에게 中和節에 나누어준 중화척(49.7㎝)도 있었고, 수의를 만들 때 사용하던 장척(82.3㎝), 기녀용 웅급침(8㎝)척, 붓통자(33㎝) 등의 경우처럼 다양하였다. 하지만 민간에서 널리 사용된 자는 周尺·營造尺·布帛尺 등이었다.

2 복원! 수십 수백 년 전 모습으로 시·공간을 완벽하게 복원한다는 것은 사실상 불가능하다. 우리는 복원이라는 말을 너무 쉽게 쓴다. 조선시대에도 중건, 중수라는 용어를 사용했다. 현대에 와서 문화재 복원이라고 쉽게 사용하는 것은 수천억 원을 사용하는 문화재사업에서 진정성이 없기에 용어라도 자기만족을 표현하기 위한 애처로운 몸부림에 불과하다.

3 월대의 다른 의미는 어머니의 품과 같이 따뜻하고 온화함을 상징한다는 주장도 있다.

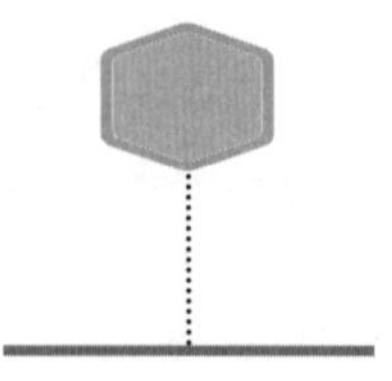

광화문광장 재구조화는 전시행정 토건사업

윤은주
경실련 도시개혁센터 간사

박원순 시장이 지하 개발?

백서 1부 광화문광장 재구조화 진행과정에서 보듯이 박원순 시장의 광화문광장 확장에 대한 구상은 2012년부터 시작됐다. 2014년부터 광화문광장 재구조화사업을 모색하겠다는 방안을 공식화했고 2016년 5월에는 출입기자 간담회를 통해 광화문 율곡로에서부터 세종로를 거쳐 시청, 서울역까지 지하 공간을 개발하겠다는 구상을 밝혔다. 1단계로 국세청 별관 지하 시민 공간을 조성하고 2단계로 서울시청 지하와 연결한 뒤 3단계로 동아일보사 지하까지 확장한다는 계획이었다. 마지막 4단계로 세종로를 거쳐 광화문까지 지하 공간 조성을 검토하고 세종로에 옛 육조거리를 복원한다는 내용의 마스터플랜을 세우겠다고 밝혔다. 2017년 5월 31일 광화문포럼 토론회에서도 율곡 세종로 전면 지하화 구상안을 발표했다.

서울시의 보행친화도시라는 비전이 맞물렸다고 하지만 박원순의 지하 개발에 대한 집착은 광화문광장 뿐 아니라 용산, 강남 곳곳의 지하 개발 프로젝트를 통해서도 드러났다. 용산역과 서울역의 지상철도를 전면 지하화하고 한강을 사이에 둔 용산과 여의도의 상업시설을 국제 마이스 단지로 개발하는 '용산·여의도 마스터플랜'이 나오자 일대 부동산이 들썩하면서 일어났다. 통합 개발 발언 이후 여의도 용산 일대 집값들이 호당 1억 원 정도 올랐고 반포 아크로리버파크는 아파트 평당 1억 원에 거래되는 등 서울의 집값이 모두 급등했다.

지하화하는 데는 막대한 재정과 시간이 들어가는 만큼 필요성을 두고 다양한 입장에서의 신중한 검토가 필요하다. 토

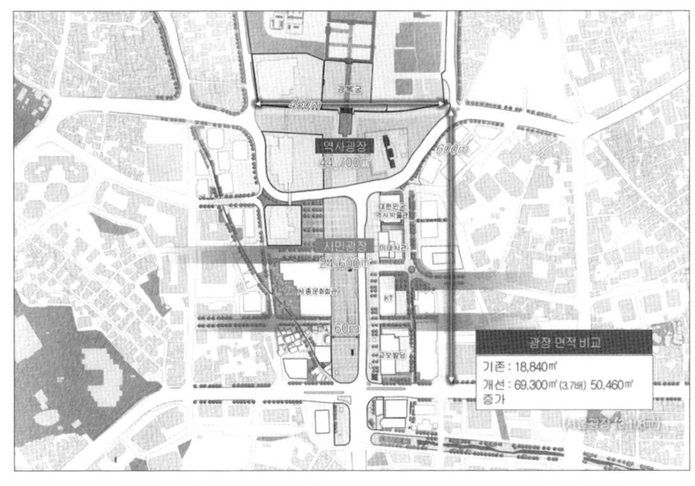

2018년 4월 10일 서울시와 문화재청이 발표한 새로운 광화문광장 조성 배치도

건 이미지와 거리가 먼 박원순 시장이 '지하화' 카드를 꺼내 들자 많은 시민들이 막대한 돈을 들여 지하화를 하느니 복지나 보육 예산을 늘리라는 반대 의견을 쏟아내기도 했다.

이런 흐름들 속에서 2018년 서울시와 문화재청이 새로운 광화문광장 조성 기본계획을 발표했다. 광화문광장을 세종문화회관 방향으로 확장해 24,600㎡ 규모의 시민 광장을 조성하고, 사직·율곡로 자리에는 44,700㎡의 역사 광장을 조성해 광화문광장을 기존 18,840㎡에서 69,300㎡로 3.7배 확장한다는 계획이었다. 2019년 1월 발표한 국제공모전 최종 당선작은 세종문화회관 쪽 도로를 없애고 그 자리에 시민 광장을 유치한다는 계획과 더불어 현재 분리되어 있는 광화문~시청~을지로~동대문 4㎞에 달하는 지하 시설을 통합·확장하기로 했다. 여기에 광화문역과 시청역을 연결해 GTX-A 노선을 유치하겠다는 계획도 발표했다. 수백억 예산 규모의 개발사업들이 수두룩 포함된 매머드급 광장 조성안이었다. 서울시는 당선작을 공개한 뒤 질주하듯 재구조화사업을 밀어붙였다. 오세훈 시장 시절 이미 700억의 예산을 들여 조성한 광장은 개방된 지 10년 정도밖에 지나지 않았기 때문에 막대한 예산을 들여 다시 손대겠다는 것에 많은 시민들은 동의하지 못했다. 더구나 2019년 말부터 발생한 코로나19로 시민들이 큰 혼란과 고통을 겪게 되면서 광장 재구조화사업에 대한 부정적 여론은 갈수록 커질 수밖에 없었다.

주변 지역 개발과 정비의 문제점

시민단체들은 2019년 8월 경실련에서 연속토론회를 개최하고 광화문광장 재구조화사업에 대한 여러 문제를 제기하며 사업 중단을 촉구했다. 이 자리에서는 광화문광장과 난개발 가능성, 주변 지역 개발과 정비의 문제도 다뤄졌다. 광화문광장 조성 방안이 도심에 대한 큰 그림 없이 광화문의 보행환경 개선사업에 국한해 도심 내 차량수요관리와 개발밀도 관리 등 차량통행을 줄이고 보행과 대중교통 중심으로 시스템을 전환하기 위한 근본적 대책에 대한 고민은 보이지 않고, 2021년 5월 말까지 공사를 끝내기 위한 물리적 광장 조성에만 급급했다는 의혹이 제기됐다.

광화문은 역사도심의 중심이며 시민혁명이 이루어진 상징적 공간이다. 광화문의 중심성과 상징성, 역사성 등 공간의 위상과 역할에 걸맞는 계획이 수립되고 추진되어야 한다. 즉 광화문이라는 공간에 한정해 도심 광장을 어떻게 조성할지를 정하기 전에 도심부를 어떻게 재편할 것인가에 대한 비전과 큰 그림을 만든 후 이와 연계한 광화문광장의 구체적 조성 방안과 추진 전략을 고민해야 한다. 그러나 서울시는 도심 광장의 영향권을 역사 도심으로 확대해 보다 다양한 방안을 검토하기보다는 세종로 일대 광장 조성과 인접 건물의 환경과 이용 개선을 광장 재구조화사업의 정책 목표로 삼고 있었다. 광장 조성은 보행 중심으로 공간을 재편하기 위한 하나의 정책 수단일 뿐 사업의 최종 목표가 될 수 없다. 정책 개선의 대상이 잘못된 시스템 개선이 아닌 환경 개선에 둘 때 사업의 목표는 올바르게 실현되기 어렵다. 단기간 내 성과를 내기 위한 토건사업이라고 비판하는 이유이기도 했다.

종합적 계획과 추진 전략을 만들기 위해서는 개별사업의 타당성과 사업 간 시너지 효과 등이 계획 수립 전 검토되어야 한다. 하지만 부문별 사업의 타당성과 효과 검토가 미비했다. 도시계획 따로, 교통 개선 대책 따로, 역사건립 따로 등 개별사업이 제각각 추진되어 사업 추진 여부와 우선순위 등이 면밀하게 검증되지 못한 채 단순히 사업에 정당성을 부여하기 위한 형식적 절차에 그치고 있었다.

청계천 복원사업으로 주변 지역 땅값은 2배 이상 상승했고, 재개발사업이 활성화되면서 도심산업생태계가 붕괴되는 등 도심재개발사업에 따른 부작용은 지속적으로 나타나고 있다. 광화문광장 주변 지역도 청계천 복원 때와 같이 사업이 가시화되면 개발 압력이 증가하여 도심재개발사업의 활성화로 이어질 텐데 서울시 차원에서 도심 지역 땅값과 임대료 상승으로 인한 투기와 젠트리피케이션을 방지하기 위한 대책이 부재했다.

당시 경복궁 앞 우회도로 개설계획으로 상가건물 세입자 20가구는 예상치 못한 광장사업 추진과 토지 수용으로 영업권을 박탈당하고 생존권의 위협에 놓여 있어 사업 추진에 반대하고 있었다. 서울시는 <공익사업을 위한 토지 등의 취득

및 보상에 관한 법률>에 의거 상가세입자에게는 '영업장 이전으로 발생하는 4개월분의 영업이익 감소액에 대한 손실액'을 보전하겠다고 했으나, 영업권 박탈에 대한 실질적인 보상대책으로는 매우 미흡했다. 세입 상가의 영업권은 생존권과 직결되므로 최대한 이를 보호할 수 있는 정책을 우선해 결정해야 한다. 즉 토지의 강제수용을 수반하는 사업은 개인의 재산권과 영업권을 침해하므로 타당성과 공익성을 충분하게 검토하고 불가피하다면 손실을 최소화할 수 있는 대책을 수립해야 한다.

개발의 악영향을 줄이기 위해서는 대규모, 싹쓸이, 철거 방식을 버리고 소규모, 점진적, 재생 방식으로 전환해야 한다. 또 개발과정에서 기존의 길과 물길, 땅모양, 산세 등 자연·역사적인 도시 구조를 유지하거나 복원하려는 노력이 필요하다. 이와 함께 개발과정에서 나오는 대규모 이익을 세금 부과와 공공 공간 확보를 통해 환수하는 방안도 마련해야 한다. 하지만 당시 서울시는 그런 계획이 미비했고, 제대로 된 대책을 마련하지 않았다.

수도권광역급행철도GTX-A는 대규모 토건사업

서울시는 광화문역과 시청역을 연결하고 GTX-A 노선을 신분당선까지 유치해서 5개 노선[1]이 지나는 복합 역사를 만들어 강북의 교통허브로 만들겠다고 발표했다. GTX-A 광화문역 신설계획은 광화문광장 재구조화사업이 보행자 광장의 탈을 쓴 대규모 토건사업이라는 의혹을 키웠다. GTX-A는 수도권 서북부와 동남부를 연결하는 광역철도망 구축사업이다.

> (개요) 수도권 생활권 광역화에 따라 서울과 경기도 간 거점을 연결해 장거리 통행수요에 효율적으로 대처하고 외곽에서 도심까지 30분대 접근을 위해 광역철도망 구축.
> (사업구간) 파주~일산~대곡~진관내~서울역~삼성 간 43.6km, 정거장 5개소
> (총사업비/사업방식) 2조 9,017억원 / BTO 방식
> (사업자) 2개의 참여사 중 1, 2단계 평가를 거쳐 1개 업체가 우선협상대상자로 선정되었고, 현상 및 민간투자심의위 심의를 거쳐 사업시행자 지정함'18.12.13.

광역철도망 구축사업은 광역교통체계 구축사업으로 광화문광장 조성계획과는 위상과 목적이 다른 사업이다. 국토부의 2차례 평가에서 탈락한 도심 우회 노선시청역 경유은 높은 사업비역사 건설비용으로 2,000억 원 추가 소요와 느린 속도로 인해 타당성과 경쟁력 측면에서 우위가 낮은 사업이다. 그런데 광화문 활성화를 위해 노선을 변경하며 역사를 추가 건립하는 것은 GTX-A사업 목적에 배치될 뿐만 아니라 정치적 고려 등 다른 외부 요인에 따라 대중교통계획을 왜곡하는 결과를 초

래한다. 과거 지하철 노선이 정치적 외압 등 외부적 요인에 의해 노선이 변경된 사례와 유사.

국토부는 실시협약에 반영되지 않은 건설비용 전액과 역사 운영수입으로 운영비용을 충당하기 어려운 경우 차액을 포함하여 증액된 사업비 전액을 역사 설치를 요구한 원인자인 서울시에 부담시킨다는 입장이다. 서울시가 무리하게 추진할 경우 막대한 예산지출과 사업자 운영수입 보장을 위한 역사의 과밀개발이 우려된다.

시민사회단체들은 2019년부터 여러 차례 GTX-A 광화문역 신설의 문제점을 지적해 왔다. 그러나 공론화과정에서 GTX역을 거론하지 않던 서울시는 보란 듯이 2021년 예산에 GTX-A 광화문역 신설 사업비를 4천만 원이나 책정했다. 총사업비는 무려 3,474억 원이었다. 지하철역을 하나 만드는 데 무려 3,500억 원에 이르는 예산을 쓰겠다는 계획이다. 시민사회단체와 전문가들의 반대 의견에도 불구하고 서울시는 이 사업을 꾸준히 추진해 왔고, 타당성 조사 보고서도 완성했다.

서울시 관계자는 2020년 11월 30일 시민단체 활동가의 확인 요청에 현재 검토 중인 사업이라 타당성 조사 보고서를 공개할 수 없다며 전화상으로 사업성지수B/C 1.15, 재무성지수PI 1.04, 이용 수요는 12% 증가 등 일부 수치만 밝혔다. 하지만 전문가들은 '주문자생산방식'OEM의 타당성 조사가 아닌지 의심스럽다는 의견을 보였다. 전문가들의 의견을 종합하면 다음과 같다.

최초의 GTX-A사업은 BTO-rs운영손실을 사업자와 정부가 분담 방식이었으나, 민자사업자가 이익과 손실을 모두 부담하는 BTO방식으로 변경되었다. 정부는 대신 사업비를 증액시켜 줬다. 그런데 서울시는 GTX-A사업이 변경·확정된 이후 광화문역 신설을 국토교통부에 요청했고, 이것은 당초 정부와 사업자간 협약내용 외의 사업이다.

이런 경우 사업 내용의 추가를 요청한 수익자서울시가 추가 비용추가역 신설과 사업기간 연장에 따른 비용을 부담해야 한다. 국토부는 비용을 모두 서울시가 부담하지 않으면 검토하기 어렵다는 입장이었다. 따라서 광화문역 신설비용은 서울시가 모두 부담해야 한다. 또 광화문역의 운영 수입은 신설비용보다 훨씬 적을 것이므로 비용 대비 효과B/C가 1을 넘기기는 매우 어렵다. 결국 서울시는 경기도민의 서울 도심 접근 편의를 증진하기 위해 서울시민의 세금으로 막대한 건설비와 운영비를 부담하게 될 것이다. 서울시는 지난 6월 시의회 교통위원회에 GTX-A 광화문역 신설 추진은 곤란하다고 보고해 사실상 포기한 것이라고 언론에는 보도됐지만 아직 포기하지 않았다는 의견들도 나오고 있어 더 주의깊게 감시해야 한다.

얼굴 화장만 고치는 전시성사업, 법으로도 못 막아

박원순 시장 사망 이후에도 서울시는 2020년 9월 수정안을 발표했다. 계속되는 비판을 감안한 듯 우회도로 개설은 포기하고 사직로를 유지하되 세종문화회관 쪽 서측 도로는 공원화하고, '세종대로사거리~광화문' 구간의 동측차로는 7~9 차로로 확장 조정한다는 계획이었다. 지하 공간은 개발을 포기하고 해치마당을 리모델링하는 수준으로 축소했다. 우회도로, 지하 개발 등이 제외된 것은 다행이었지만 여전히 791억 원의 막대한 예산이 들어가는 대규모 사업이었다. 더구나 시민들로부터 민주적 정당성을 부여받은 선출직 공무원이 궐위된 상황에서 긴급하게 공사를 강행할 필요가 없었다. 시민단체들은 무조건 공사를 반대한 것이 아니라 소중한 시민의 혈세가 들어가는 만큼 새로운 시장이 선출되고 충분한 공론화를 거친 후에 해도 늦지 않다고 주장했으나 서울시는 2020년 11월 16일 기습적으로 공사를 시작했다.

일방적인 공사 강행에 대해 시민단체들은 광화문광장 재구조화사업의 위법성을 주장하며 2020년 12월 1일 무효소송을 제기했다. 광화문광장은 그 상징성 및 중요성에 비추어 볼 때, 약 800억 가까운 예산을 투입하여 이 광장의 구조를 전면 개편하기 위해서는 장기적인 계획으로 구상, 추진되어야 하며 최소한 도시기본계획에 기본방향과 전략에 대한 내용이 포함되어 있어야 한다. 하지만 「2030 서울도시기본계획」 어디에도 '광화문광장 재구조화사업'에 대한 내용은 제시되어 있지 않았다. 「국토의 계획 및 이용에 관한 법률」제25조 제1항에 따르면 도시관리계획은 도시기본계획에 부합되어야 하는바 도시기본계획에 부합되지 않는 도시관리계획 등은 그 근거가 없는 것으로 무효가 된다. 또한 실시계획 인가 고시도 없이 예산 790억이 집행되는 공사를 진행했다. 「국토의 계획 및 이용에 관한 법률」제88조 제1항에서는 "도시·군계획시설사업의 시행자는 대통령령으로 정하는 바에 따라 그 도시·군계획시설사업에 관한 실시계획을 작성하여야 한다. 하지만 서울시는 광화문광장 재구조화사업이 실시계획 대상이 아니라고 답변했다. 대규모 개발사업의 경우 도시계획 시설 결정, 실시계획 인가, 건축 허가 등 정해진 절차에 따라 단계적으로 반영, 추진돼야 한다. 실시계획 고시도 없이 총 790억 원의 예산이 집행되는 공사를 진행하는 것은 명백한 관련법 위반이다.

나아가 단체들은 국민들의 표현의 자유를 비롯한 헌법상의 기본권을 침해한다고도 주장했다. 광화문광장은 민의가 표출되는 공간인데, 공사가 진행돼 집회 및 시위 행위가 전면 금지되는 등 표현의 자유와 환경권을 침해한다. 또한 당시 서울시는 서울시장의 유고 상황이라는 사상 최악의 비상 상황을 맞았고, 4개월 뒤 보궐선거를 앞두고 있었다. 이러한 상황에서 임명직 공무원인 행정1부시장이 지방자치법 제111조 제1항 1호에 따라 시장 권한을 대행하고 있었다. 지방자치법상 권한대행의 직무범위에 관한 명시적인 규정은 없지만, 과거 노무현 전 대통령 탄핵소추 및 박근혜 전 대통령 탄핵결정으로 인해 대통령이 궐위되었을 당시 권한대행의 업무 수행 범위는 현상유지적 권한만 행사할 수 있다는 것이 중론이었다.

광화문광장 재구조화사업의 도시관리계획 고시가 있은 이후인 2019년 9월 19일 서울시 고 박원순 시장은 긴급기자회견을 열어 광화문광장 추진 중단을 선언하며 시민소통 결과를 따르겠다고 밝혔던 바 이를 뒤집고 광화문광장 재구조화사업을 재추진하는 것은 현재 서울시장 유고 상황에서 권한대행이 예산을 함부로 집행해서 현상변경을 이루려는 것으로 권한대행자의 업무수행 범위를 벗어나는 것이기도 했다.

하지만 서울행정법원 행정7부수석부장판사 김국현는 시민단체들이 서울시를 상대로 낸 도시관리계획 무효확인 소송에서 원고 패소 판결을 내렸다. 재판부는 판결문에서 2019. 8. 8. 서울특별시고시 제2019-260호 고시이하 '이 사건 고시'는 지구단위계획으로서 도시관리계획에 해당하고, 광장 등 기반시설의 설치는 국토의 계획 및 이용에 관한 법률상 도시계획 시설사업으로서 단계별로 수립된 집행계획에 따라 그 시행자에 의해 시행되고 사업시행자는 실시계획을 작성해 사업을 시행한다고 밝히며 광화문광장 조성 공사 등은 이 사건 고시 후속의 실시계획에 따라 이루어지는 것임으로, 원고들의 표현의 자유, 환경상 이익의 제한은 그것을 초래한 직접적인 행위인 실시계획에 따른 것이지 그 이전의 이 사건 고시가 가져온 것이 아니라며 원고들은 행정소송법 제35조에 따라 이 사건 고시의 무효 확인을 구할 법률상 이익이 없다고 판시했다.

소송에는 패소했지만 그렇다고 광화문광장 재구조화사

업이 정당한 사업이 되는 것은 아니다. 김현옥 전 서울시장이 밀어 붙였다가 와우아파트 붕괴로 사직하고 양택식 시장이 민간에게 맡겨 5·16광장으로 탄생시킨 여의도광장, 이명박 시장이 2004년 5월 개장한 서울광장이나 전시행정이라는 비판에 직면했다. 질곡의 광장 개발 역사를 보듯이 정치인, 행정가들은 대형 건축 공사를 통해 자신의 업적과 성과를 과시하려고 한다. 광화문광장 역시 이러한 역대 서울시장들의 욕망이 선거와 맞물려 많은 논란을 일으켰다. 2기 오세훈 시장이 공약을 뒤집고 강행하고 있는 광화문광장 재구조화사업 역시 전시행정, 토건사업이라는 비판을 피할 수 없게 됐다. 더 이상 광장이 시장의 홍보 무대가 돼서는 안 된다. 광화문광장 재구조화사업을 막지는 못했지만 우리의 외침이 비상식적인 광장 개발의 질곡을 끊어낼 수 있는 계기가 되길 바란다.

■ 주석

1 1호선, 2호선(이상 시청역), 5호선(광화문역), 신분당선, GTX A(이상 신설)

부록

광화문광장 재구조화 대응 연표

2006

09.22 【서울시】 오세훈 시장, 도심재창조시민위원회에 '세종광장 조성 방안' 보고

10~12 【서울시】 광장 배치안 및 광장 명칭에 대한 홍보 / 여론조사 시행

12.05 【서울시】 시민토론회 개최

12.15 【도심재창조시민위원회】 '광장 형태는 중앙배치안, 광장 명칭은 광화문광장'으로 추천

12.27 【서울시, 문화재청】 기자설명회 : 광화문광장으로 명칭 확정, 광장 배치는 '중앙 광장'으로 확정

2007

12.13 【서울시】 광화문광장 기본설계안 발표

2008

04.23 【서울시】 광화문광장 공사 착공

2009

05.28 【서울시】 광화문광장 사용 및 관리에 관한 조례 공표

08.01 【서울시】 광화문광장 개장

2011

10.27 【서울시】 박원순 시장 취임

2012

06. 【서울시】 보행친화도시 구상 소개

09.23 【서울시】 세종대로 보행전용거리 시범 운영

2013

01. 【서울시】 보행친화도시 서울 비전 발표

03~10 【서울시】 세종로 주말형 보행전용거리 운영(첫째 주, 셋째 주)

2014

09.01 【서울시】 광화문광장 개선 방안에 대한 시장 보고

09.30~11.18 【도시연대】 광화문광장 역사성 증진 및 시민이용 개선을 위한 시민체험프로그램 운영, 해결대안 모색

10.07 【서울시】 박원순 시장, 재취임 100일 기자간담회에서 광화문광장 이전 구상 피력

2015

03.19 【서울시】 '광복 70주년 기념사업 공모'에 서측 도로를 광장화하는 '국가 상징 광장 조성' 제안

04. 【서울시】 도시교통본부 보행 친화 도시 정책 발표 : 광화문광장 재조성(광장 서측차도 광장화 및 주변부 교통체계개선)

04.30 【국무조정실】 서울시의 '국가 상징 광장 조성안' 최종 탈락

2016

05.03 【서울시】 박원순 시장 기자간담회 : 광화문광장 확장계획(세종문화회관 쪽 도로까지 광장 확대 등 계획은 이미 확정되어 있으나 시공과 중앙 정부 반대가 문제)

06.10 【도시연대, 경실련】 박원순 시장 광화문광장 확장의지에 대한 대응 협의

09~2017.05 【서울시】 광화문포럼 구성 및 운영 : 외부 전문가 33명, 서울시 14명으로 구성

2017

01~03 【서울시】 광화문광장 시민참여단 110명 모집

03. 【국토부】 한양도성녹색교통진흥지역 지정

04.12 【서울시】 박원순 시장, 새정부 10대 과제로 광화문광장 재구조화 건의

04.25~04.28 【서울시】 광화문광장 관련 시민 1,000명 대상 시민의식변화 조사

05.13 【서울시】 시민참여단 발대식 : 위촉식 및 특강(광장의 정치와 시민)

05.20 【서울시】 시민참여단 워크숍 : 광화문광장 개선에 관한 시민 아이디어 모음

05.31 【서울시, 광화문포럼】 광화문광장 시민대토론회 : 지상부분 전면 광장, 지하부분 전면도로, 월대 복원 발표

07. 【서울시】 새로운 광화문광장 조성을 위한 주민설명회

08.24 【서울시】 광화문광장 종합기본계획 용역 착수

12.01 【도시연대, 경실련】 광화문광장 재조성 대응방안에 대한 협의

2018

04.09 【서울시】 광화문포럼 소집 : 광화문포럼 결정안(전면 광장화) 철회 및 서측안 일방 통보

04.10 【서울시, 문화재청】 '새로운 광화문광장 조성 기본계획(안)' 발표 : 서측 광장 조성, 월대 복원, Y자 도로

05.03 【종로구의회】 광화문광장계획 철회 결의문 발표

07.03~08 【서울시】 시민참여단 모집(100명, 임기 2년)

07.16~07.18 【서울시】 새로운 광화문광장 조성을 위한 주민설명회

07.21 【서울시】 광화문시민위원회 발족식 : 총 170명(시민참여단 100명, 분과위원 50명, 관계공무원 20명)

07.25 【서울시】 광화문광장 재조성 시민토론회

07. 【서울시】 '광화문광장추진단' 신설

【서울시】 광화문광장 개선 종합기본계획 수립

10.12 【서울시】 광화문광장 국제설계공모 시행공고

10.19 【서울시】 건설기술심의위원회 열어 교통 대책(GTX-A) 검토 : 타당성 조사·기본계획 동시 시행하기로 의결

2019

01.04 【청와대】 청와대 집무실 광화문 이전 보류
01.21 【서울시】 새로운 광화문광장 조성 설계공모 당선작 발표
01.23 【행정안전부】 김부겸 장관, 서울시 기본계획 원안 수용 곤란, 미합의 발표
01.24 【서울시, 행정안전부】 성공적인 광화문광장 조성 협력 약속
01.25 【행정안전부】 광화문광장 절대 수용 불가
【광화문시민위원회】 정기총회
01.30 【서울시】 GTX-A 광화문복합역사 신설 타당성 조사 및 기본계획 용역 공고
03.21 【서울시】 광화문광장 기본 및 실시설계 용역 계약 및 착수
03. 【광화문시민위원회】 시민참여단 워크숍
03.22 【서울시민재정넷 등】 공동원탁회의 : 광화문광장 조성계획 진단과 질문
04. 【도시연대】 광화문광장 재구조화에 대한 시민단체 공동대응 제안
04.12 【문화연대】 논평 : 새로운 광화문광장은 광장인가, 공원인가, 관광상품인가
04.27 【시민단체】 광화문광장 재구조화 대응 1차 시민단체 원탁회의
05. 【서울시】 도시계획 변경(도로 변경) 주민 열람공고
05.15 【서울시, 행정안전부】 서울시·행안부(진영 장관) 큰 틀에서 합의
05.27 【도시연대, 경실련】 광화문광장 재구조화 대응 네트워크 구성 논의
05.28~05.29 【시민단체】 광화문광장 재구조화 공론화방안 협의
05 【서울시의회】 광화문광장 추경심의 단서조항 : 사직·율곡로 우회도로 조성과 관련 행안부와 최종 합의 전까지 시민 광장 관련 추가경정예산 배정 유보 / 행안부와 최종 합의와 병행하여 새로운 광화문광장사업과 관련하여 시민소통을 극대화하고 사회적 합의 달성 / 시민 광장 설계비 부정적 지출에 대해 공식적으로 사과요구(역사 광장과 시민 광장사업비 구분 집행에 대해)

06. 【서울시】 도시계획 변경 도시건축심의위원회 통과

06.16 【도시연대, 경실련, 서울시민재정넷】 시민단체 네트워크 구성과 공론화 논의

06.26 【서울시】 도시건축공동위원회, 세종로지구단위계획구역 및 계획 변경안 수정가결

06.27 【재구조화중단시민단체】 9개 단체가 참여한 '광화문광장 졸속강행 중단을 위한 시민모임' 구성(이하 재구조화중단시민단체)

06.29 【서울시】 해명 자료 - 한국경제의 서울시 광화문광장 재조성사업 꼼수논란 기사(박진우 기자) 해명

07.09 【재구조화중단시민단체】 시민단체 기자회견 22일로 결정

07.11 【서울시】 광화문광장 주변 교통 개선 기본 및 실시설계 용역 공고

07.19 【경실련】 성명서 - 시민과 소통없이 정치 시간표에 맞춘 졸속·토건 광화문광장사업을 중단하라

07.22 【재구조화중단시민단체】 기자회견 - '졸속·불통·토건' 광화문광장 재구조화사업은 중단되어야 합니다 - 사업은 중단하고 귀는 열고 생각은 모아야

07.25 【행정안전부】 기자간담회 : 광화문광장 재구조화 합의 어렵다고 발표, 일정 재조정 요청

07.30 【경실련】 도로 개설로 수용당하는 세입자가 방문
【행안부】 광화문광장 재구조화사업 일정 연기 요청

08.08 【서울시】 지구단위계획 변경 고시 강행, 긴급 브리핑을 통해 행안부 입장 반박

08.09 【행안부】 서울시 강행에 우려, 서울시에 추가 논의 어렵다는 입장 전달
【재구조화중단시민단체】 광화문광장 연속토론회 기획

08.13 【재구조화중단시민단체】 전문가 서명 논의 / 시민단체 토론회에 서울시 참여요청 공문 발송

08.21 【재구조화중단시민단체】 광화문광장 재구조화 연속토론회 1차 : '광화문광장 재구조화, 이대로 좋은가'(시민소통과 월대복원을 중심으로)

08.22 【재구조화중단시민단체】 광화문광장 재구조화 연속토론회 2

차 토론회 : '광화문광장 재구조화, 이대로 좋은가'(교통 문제와 주변 재개발을 중심으로)

08.23 【서울시의회】 서울시에 절차적 정당성 중요, 속도 조절 필요 요구

08.26 【재구조화중단시민단체】 내부회의 : 9월고시 및 재구조화 중단 및 시민단체 입장에 대한 서울시장의 답변을 요구하는 기자회견 준비

08.27 【서울시】 서울시의회 시정질문과정에서 박원순 시장, 광화문광장 재구조화 지속 추진 피력
【광화문시민위원회】 시민참여단 워크숍
【서울시의회】 김소양 서울시의원 여론조사 재검토 요구

08.29 【재구조화중단시민단체】 기자회견 : 예정된 행정절차를 멈추는 것으로 시작할 수 있습니다 : 월대 복원 공사를 위한 추가 행정절차 중단 요구

09.04 【당·정·청 9인회의】 행안부 주장에 동조함으로써 서울시 계획 수정 불가피 예상

09.05~09.20 【재구조화중단시민단체】 광화문광장 재구조화 중단과 공론회를 요구하는 전문가 성명서 및 서명 진행

09.06 【행정안전부】 시민의견 수렴과 전반적인 사업일정 조정 요구
【서울시】 시민사회단체 공동 의견서에 대한 회신 : 협의자리 요청

09.19 【서울시】 박원순 시장 긴급브리핑 : 시기에 연연하지 않고 시민소통 결과에 따르겠다
【재구조화중단시민단체】 내부회의 : 서울시와 향후 논의방향 협의

09.20 【박원순 시장 관계자】 차없는 날(22일) 행사에 광화문광장에서 박 시장과 재구조화반대시민모임 간담회 제안 / 거부
【서울시】 추진단에서 도시연대에 시민숙의프로그램 자문요청 / 각 단체에 공식 요청하라고 제안

09.30 【광화문시민위원회】 시민소통분과 : 시민숙의 방안프로그램 논의

10.01 【서울시-재구조화중단시민단체】 • 간담회 : 공개토론회와 숙의과정(의제선정과 절차)에 시민단체 참여와 의견수렴 요청

• 숙의프로그램은 논의할 사항이 아니며 서울시 자료 공개 요청 등에 대해 논의

10.02 【서울시-재구조화중단시민단체】 간담회 : 10월 1일 회의의 연속을 위해 추진단에서 요청하여 진행

10.08 【재구조화중단시민단체】 보도 자료 : 의견은 모으고 토론을 넓히고 참여는 확장해야

10.10 【재구조화중단시민단체】 서울시 주최 토론회에 대한 협의 진행

10.18 【서울시】 1차 공개토론회 – 광화문광장 재구조화, 왜 필요한가

10.19 【서울시】 토론회 이후 평가에 대한 회의 제안

10.20 【서울시】 토론회 후속으로 시민단체에게 간담회 요청

10.22 【서울시-재구조화중단시민단체】 간담회 : 2차 토론회 주제는 보행 중심의 도심부교통정책으로 합의

11.07 【서울시】 2차 공개토론회 – 보행을 기본으로 하는 도심부 교통정책

11.11 【재구조화중단시민단체】 광화문광장 내년 예산에 역사 광장 공사비 213억, 시민 광장 공사비 294억, 보행환경 개선사업 114억 편성한 상태. 공사 강행 의지이며 토론회 및 단체 소통은 명분 쌓기가 아닌지에 대해 내부 회의 진행

11.13 【서울시】 • 박시장과 광화문광장 시민모임 오찬 제안

• 광화문광장시민모임 내부회의결과 시간이 가능한 사람은 가는 것으로 결정

11.15 【서울시(국토학회)】 전문가 토론회 – 광화문광장의 위상 및 주변 지역의 발전 방향(도시분야)

11.19 【서울시-재구조화중단시민단체】 박원순 시장과 오찬 : 월대 포기 등 밝혀

【평창동주민】 반대서명 받고 있다고 시민단체에 도와 달라고 연락

11.21 【서울시(역사학회)】 전문가 토론회 – 광화문광장의 역사적 위상과 월대(역사분야)

11.26 【재구조화중단시민단체】 • 내부회의를 통해 4차토론회에 토론자 참여하지 말기로 합의

• 서울시의 4차 토론회 참여요청에 재논의하여 쟁점을 분명히 하는 의미로 참여 결정

11.27 【서울시】 3차 공개토론회 – 광장민주주의와 성숙한 집회 시위문화

12.04 【서울시】 4차 공개토론회 – 새로운 광장 조성 원칙과 방향

12.07 【서울시】 1차 시민대토론회

12.15 【서울시】 2차 시민대토론회

2020

01.28 【재구조화중단시민단체】 기자회견 : 「광화문광장은 서울의 현재와 미래를 바꾸는 디딤돌이 되어야 합니다」(GTX-A광화문역신설폐기, 혼잡통행료도입, 편측 광장 반대 등)

02.13 【서울시】 보도 자료 : 시민소통 결과 발표 '시민 뜻 담아 사업 추진'

【재구조화중단시민단체】 논평 : <광화문광장 재구조화, 큰 그림을 그리고 미래로 가자>(공원 광장, 편측 광장 시민선호 주장은 서울시 의견수렴방식의 한계 / 공론화가 편측 광장안 추진 명분되어선 안 돼. 기존안은 백지화해야 / 공론화과정에서 나온 혼잡통행료, 주변부 종합계획 수립 등 언급은 진일보)

03.23 【서울시-재구조화중단시민단체】 간담회 : 향후 토론회에 대한 의견 교류

04.02 【서울시-재구조화중단시민단체】 교통실과 교통수요 방안에 대한 사전 차담회

04.13 【서울시-재구조화중단시민단체】 쟁점토론1 : 광화문일대 종합발전계획 및 도심부 교통수요관리정책

04.27 【서울시-재구조화중단시민단체】 쟁점토론2 : 새로운 광화문광장의 구조와 교통

04.28 【재구조화중단시민단체】 내부회의 : 혼잡통행료와 광장 재구조화는 반드시 함께 진행한다. / 광장안에 대해서는 적극 공론화한다. / 광장 서측안 중심의 행정작업 반대한다.

04.29 【서울시】 행정제2부시장 주재 간담회 개최 제안(5월 11일 또는 5월 12일)

04.30 【재구조화중단시민단체】 행정제2부시장 주재 간담회는 참석

하지 않기로 하고, 우리 의견을 담은 의견서 전달하기로

05.12 【재구조화중단시민단체】 시민단체 의견서 정리 및 활동 마무리에 대한 논의(평가토론회)

05.19 【재구조화중단시민단체】 서울시와 그간 논의과정에서 도출한 내용으로 공동합의문 발표 방안 모색하기로 결정

05.22 【서울시비서실】 문자 '광화문광장 관련해 시장님이 내일 공관에서 시민사회 분들과 별도로 차담을 좀 나누고 싶어하셔서요. 시간이 촉박하긴 하지만 참석 가능한 분들과 가능한 시간을 좀 조율해 주실 수 있을까요?'

05.23 【박원순시장】 시장 공관 차담회 : 광화문광장사업 중단의견 피력

05.29 【재구조화중단시민단체】 내부회의-서울시 제안대로 교통실과 논의시스템 참여하기로 결정. 서측 광장은 쟁점화하여 논의

06.01 【서울시】 광화문시민위원회 전문위원 전체 회의(식재계획 보고, 광장계획 미확정)

【재구조화중단시민단체】 광화문광장 공사 추진을 위한 행정절차 진행으로 시민단체의 교통실 논의 참여 보류

06.11 【재구조화중단시민단체】 내부논의 내용 서울시에 전달 및 성명서 발표 준비 - 서울시는 혼잡통행료 시행 방안과 광장 조성 방안 동시 추진 명확히 - 광장 형태에 대한 본격적인 논의를 제안 - 광장 형태 논의가 본격화된 이후 혼잡통행료에 대한 논의 진행

06. 【서울시】 • 시민단체 제안에 대해 내부협의 예정

• 시민단체 성명서 발표 내용 및 일정 문의(그간 추진단과 함께 해온 것을 감안하여 성명서 발표시 사전 추진단과 협의 요청)

06.18 【서울시】 도시공원위원회 심의

07.01 【재구조화중단시민단체】 입장문 - 광화문광장, 다시 행정절차의 볼모가 되어서는 안 된다(교통수요관리, 주변상업 개발, 광장의 개방성 등 쟁점 빠진 서측안 재추진을 우려한다)

07.09 박원순 시장 사망

09.28 【서울시】 보도 자료-시민 뜻 담아, 쉬고 걷기 편한 광화문광장

으로 변화한다(2020년 10월말 착공, 2021년 2월 준공 예정)

10. 【서울시】 내부공문 - 보도 공사 클로징11 이행 철저 및 예산 집행 관련 협조 요청

10.05 【재구조화중단시민단체】 기자회견 : 근시안적인 광화문광장 재구조화사업 추진을 당장 중단하라

10.05 【서울시】 보도 자료 : 광화문광장 재구조화 관련 시민사회단체 성명서(20.10.5)에 대한 서울시 입장

10.15 【재구조화중단시민단체】 서울시 국감 참여 국토위 위원에게 시민사회 공동 의견서 발송

10.20 【서울시】 시민사회단체 성명서에 대한 회신

10.22 【재구조화중단시민단체】 • 기자회견 : 광화문광장 재구조화 사업 중단을 요구하는 전문가 선언(전문가 123명 서명)
• 공개질의서 : 광화문광장 재구조화 관련 6가지 질문

10.28 【재구조화중단시민단체】 각 정당에 의견서 발송 : 광화문광장 재구조화 재추진 중단에 대한 시민사회단체 의견서

11.04 【재구조화중단시민단체】 광화문광장 재구조화 관련 서울시 부시장 면담 요청 공문 발송

11.05 【서울시】 20.10.22 광화문광장 재구조화사업에 대한 시민사회단체의 공개질의서에 대한 회신

11.06 【재구조화중단시민단체】 성명서 : 서울시는 광화문광장 재조성 졸속 추진 즉각 중단하라

11.08 【재구조화중단시민단체】 민원 질의 : 광화문광장 동측 도로 공사와 세종대로 사람숲길 도로 공사의 연관성에 대한 시민사회단체의 공개 질의서

11.10 【추진단장-재구조화중단시민단체】 추진단과 시민단체 면담
【재구조화중단시민단체】 민원질의 : 동절기 도로 공사 질의 답변에 대한 후속 질의

11.11 【행정개혁시민연합】 광화문광장 재구조화반대 SNS캠페인

11.12 【재구조화중단시민단체】 성명서 : 시민의견 무시한 시민소통 내세워 졸속 강행하겠다? 당장 중단하라!
【서울시】 부시장 면담 일정 잡겠다는 문자 수신

11.16 【서울시】 • 브리핑 : 새로운 광화문광장 조성 추진
• 광화문광장 재구조화사업 공사 착공

【재구조화중단시민단체】 • 기자회견 : 광장은 그렇게 만들어지는 것이 아니다. 서울시의 광화문광장 재구조화사업 기습 강행 규탄 및 중단촉구 긴급 기자회견

• 공개질의서 : 800억 원 예산이 소요되는 광화문광장 재구조화, 당장 중단하고 다음 시장에게 넘겨라

11.16~11.27 【재구조화중단시민단체】 서울시청 앞 광장 1인 시위

11.17 【서울시】 보도 자료 : 4년간 시민과 함께 구상 '광화문광장' 첫발 내딛어

11.18 【재구조화중단시민단체】 성명서 : 9개 시민사회단체, 1인 시위 개최

11.19 【재구조화중단시민단체】 성명서 : 서울시 주장에 대한 시민단체의 의견

【서울시응답소】 '20.11.10 동절기 도로 공사 질의 답변에 대한 후속 질의에 대한 답변

【서울시-재구조화중단시민단체】 부시장 면담, 파행으로 끝남

11.20 【재구조화중단시민단체】 성명서 : 김학진 부시장과 시민사회 면담 파행

11.23 【서울시의회(야당)】 국민의힘, 민생당, 정의당 : 광화문광장사업 중단 필요, 코로나19 상황에 따른 민생대책 우선 필요

【서울시의회(여당)】 민주당 : 재구조화사업 중단없이 진행 필요

11.24 【재구조화중단시민단체】 성명서 : '시장 없는 서울시' 대신 서울시의회가 제 역할을 할 때다

11.25 【재구조화중단시민단체】 보도 자료 : 광화문광장의 진실을 알려드립니다(1)(박원순 (전)서울시장은 사업중단을 밝혔습니다. 서울시의 공사 강행은 대의민주주의 파괴입니다)

11.30 【재구조화중단시민단체】 보도 자료 : 광화문광장의 진실을 알려드립니다(2)(공론화 중에서 사업계속, 공무원들이 박원순 전 시장도 속였나 – 공론화 결과 반영된 예산 변경도 보이지 않아 / 과연 광화문광장 재구조화의 총사업비는 얼마? / 깜깜이 예산 수백억 책정근거도 비공개, 사업비 책정근거 제시해야)

12.01 【재구조화중단시민단체】 기자회견 : 서울시 상대로 광화문광

장 재구조화사업 무효확인소송 제기

12.14 【재구조화중단시민단체】 보도 자료 : 광화문광장의 진실을 알려드립니다(3)(330회 시민소통은 절차적 도구에 불과했습니다 / 서울시에 시민소통은 명분쌓기 횟수에 불과하고 반영된 내용 거의 없어 / 시민사회단체와 협의한 내용은 거의 추진하지 않고 장기계획으로 넘겨 버려 / 11월 30일 서울시의회 도시계획관리위원회서 받은 질의에 공개 답변해야)

12.21 【재구조화중단시민단체】 보도 자료 : 광화문광장의 진실을 알려드립니다(4) 광화문광장은 보행자 광장의 탈을 쓴 4천억 원짜리 대규모 토건사업이다(3천5백억 원짜리 GTX광화문역 신설계획 당장 폐기해야 / 시민 세금부담과 광역급행철도 속도저하 등 문제점 커 / 개발에 따른 투기와 젠트리피케이션 우려에 대책도 없어)

2021

01.05 【재구조화중단시민단체】 보도 자료 : 광화문광장의 진실을 알려드립니다(5)(동서쪽이 균형 잡힌 광화문광장이 필요합니다 / 서울시자료를 봐도 서측 광장 강행할 근거 없어 / 모든 통계는 동서쪽이 팽팽하거나 동쪽이 더 우세 / 서측 광장 강행 중단하고 광장 형태 다시 논의해야)

01.20 【서울시】 해명 자료 : 박원순도 보류한 광화문광장 개조, 서정협이 누구길래 강행하나 관련(시사저널, 20.01.18, 1631호)

02.05 【재구조화중단시민단체】 논평 : 광화문광장은 여전히 승효상 안에 머물러 있는가

02.25 【서울시】 보도 자료 : 서울시, 수도권→도심GTX이동 빠르게... 3개소 환승거점 추가 신설요청

03.04 【재구조화중단시민단체】 성명서 : '서울시의 GTX역 추가 요구, 눈뜨고 볼 수 없는 관료들의 일방통행'

03.08 【재구조화중단시민단체】 서울시장 후보자들에게 광화문광장 재구조화에 대한 질의서 발송

03.15 【재구조화중단시민단체】 광화문광장 재구조화사업에 대한 서울시장 후보들의 답변결과 공개

04.14 【재구조화중단시민단체】 보도 자료 : 오세훈 시장, 약속대로

광화문광장 공사를 즉각 중단하고 공론화를 재개해야

04.22 【재구조화중단시민단체】 보도 자료 : 광화문광장 재구조화 공사 중단과 공론화 재개를 요구하는 시민사회단체 공개 질의서

04.27 【서울시응답소】 광화문광장 공사 중단 및 서울시장 면담 요청에 대한 답변

04.28 【재구조화중단시민단체】 기자회견 : 오세훈 시장은 시민 대신 관료들의 손을 들어준 것인가? 약속 뒤집고 토건행정 알박기 용인한 오세훈 시장 규탄한다

05 【서울시】 시민사회단체 공개질의서에 대한 답변

05.13 【재구조화중단시민단체】 보도 자료 – 애초부터 잘못된 광화문광장 재구조화사업, 우리는 결코 10년 전으로 돌아가지 않을 것이다 : 시민단체 공개 질의에 대한 서울시 답변에 답하다
【서울행정법원】 소를 각하함으로써 시민단체 패소

시민단체 및 서울시 주요 발표 자료
- 성명서, 보도 자료, 답변서 등

‖ 2019년 7월 22일 ‖

'졸속·불통·토건' 광화문광장 재구조화사업은 중단되어야 합니다
- 사업은 중단하고, 귀는 열고, 생각은 모아야 -

지난 1월 광화문광장 재구조화에 대한 국제현상공모 결과가 발표된 후, 그야말로 서울시는 질주하고 있습니다. 국제현상공모(안)은 그동안 다양한 형태로 고민되었던 광장의 대안이 하나로 제시되었고, 기존 노선경쟁에서 탈락한 GTX-A 도심복합역사 신설계획이 포함되었습니다. 또한 한편으로 밀어놓는 차도에 기존의 대중교통이 어떻게 연계 운용될 수 있는지 모호하기 짝이 없습니다. 무엇보다 시민소통을 위해 설치했다던 광화문광장시민위원회가 사실상 형식적이고 폐쇄적 운영으로 제 기능을 하지 못하였다는 것이 드러나기도 했습니다.

소통과 대화를 강조하는 서울시라면 '너무 빨랐다'며 잠시 숨을 골라야 했습니다. '지금부터라도 제대로 듣겠다'고 공론화를 위한 논의의 광장을 열었어야 합니다. '미처 이야기를 하지 못했다'며 사과를 했어야 합니다. 하지만 서울시는 바로 실시계획을 실시하고 동시에 GTX-A 복합역사에 대한 타당성 용역을 시행했습니다. 지난 6월에는 도시건축공동위원회를 통해서 용도구역을 변경했습니다. 시민들의 의견을 들을 새도 없이 형식적 절차를 진행하고 있습니다. 이 말은 곧 그대로 가겠다는 의지의 표현입니다. 어떻게 해서든 2021년 5월말로 예정되어 있는 준공시기를 맞추겠다는 뜻입니다. 그러다 보니, 문화재청의 월대 복원을 핑계로 조기착공 이야기가 나옵니다. 같은 서울시 내에서도 '이렇게 사업을 서두는 것은 무슨 이유가 있는가'라는 목소리가 들립니다.

우리는 광화문광장이 역사적 광장이면서도 현재의 광장이고 미래의 광장이어야 한다고 생각합니다. 광화문은 대한민국 수도 서울의 중심이고 그 위상에 걸맞게 바뀌어야 합니다. 그런 점에서 광화문 일대 차도를 줄이고 광장의 규모를 넓히는 것에서 끝날 것이 아니라 도심부 전체로 확대하여 차량진입을 억제하고 대중교통 중심으로 도시구조를 개편하는 방안을 고민해야 할 시점입니다. 그런데 새로운 광장에 대한 폭 넓은 고민과 논의 없이 정해진 일정에 맞춰 숙제하듯이 진행하고 있습니다. 정해진 일정에 맞추려다보니 차량도 보행도 포기하지 못해 현 광장보다 나을 것이 없습니다. 광장을 활성화하기 위해 검토 중인 역사 건립과 주변 개발은 투기와 예산낭비가 예상되어 오히려 부작용을 걱정해야 하는 상황입니다. 무엇보다 이러한 방식은 과거 개발주의시대 토건사업 방식을 답습하고 있습니다. 시민사회단체는 현재 박원순 시장이 추진하는 광화문광장 재구조화사업은 실익보다는 부작용이 크고, 미래의 가치를 담고 있지 못한 단편적 토건사업으로 중단되어야 한다고 생각합니다.

(1) 현재의 광화문광장은 불과 10년 전 오세훈 전임 시장이 722억원을 들여서 재구조화한 형태입니다. 당시에도, 현재에도 광장으로서 아쉬운 부분이 많습니다. 하지만 불과 10년 만에 다시 1천억원에 가까운 돈을 들여서 광장을 재구조화하려면 그에 따르는 사회적 합의가 있어야 합니다. 무엇이 문제이고 그래서 무엇을 고치고자 하는지에 대한 이야기가 공개적으로 진행되어야 합니다. 하지만 어느 것 하나 제대로 공개되지 않았습니다. 당장 작년 7월에 완료된 '광화문광장 개선 종합기본계획 보고서'는 공개되지 않았습니다. 현재 진행 중인 실시설계의 중간보고 역시 공개되지 않고 있으며, 서울시와 서울

시경이 하는 교통대책회의 역시 어떤 논의를 하고 있는지 알 수가 없습니다. 광장이 광장답지 않게 추진되고 있습니다.

(2) 특히 사업 추진의 주요한 근거로 삼고 있는 광화문포럼의 경우에는 다양한 광장 대안을 검토한 것으로 알려져 있습니다. 그런데 현재와 같은 광장 형태가 어떤 배경으로 무슨 논의과정을 거쳐서 결정되었는지 알 수가 없습니다. 결국 2021년 5월이라는 준공시기에 맞춰 가장 가능한 대안을 선택한 것이 아니냐는 의혹이 가능합니다. 이는 과거 이명박 전 시장이 준공시기에 맞춰서 당선작 대신 잔디 광장을 선택한 서울광장과 같습니다. 이런 과정에서 광화문광장시민위원회 등 소통기구는 형식화되었고 지역 주민들의 이야기만이 민원이라는 형태로 여과 없이 전달되고 있는 상황입니다.

(3) 현재 추진 중인 광화문광장 재구조화사업은 지상부에 상업 공간과 더불어 복합역사의 사업비 마련을 위해 다양한 상업개발을 전제로 합니다. 또한 청계천 복원사업이 그랬듯이, 서울로7017이 그랬듯이, 그리고 세운상가 도시재생사업이 그랬듯이 광화문광장 재구조화 역시 공간의 상업화와 더불어 부동산 투기와 젠트리피케이션을 불러올 것입니다. 그동안 주춤했던 주변 지역의 도시 개발이 가속화될 수 있습니다. 하지만 현재 서울시의 광화문광장 재구조화사업에는 이와 같은 도시 문제의 대책은 보이지 않습니다.

(4) 여기에 현재의 도로계획이 차량 중심에서 보행과 대중교통으로 전환되는 것인지는 의문입니다. 서울시는 현 광화문광장의 문제를 차량으로 인한 보행단절성을 제시하고 있습니다. 그러나 현재 추진 조성안도 차도가 광장의 중앙부를 관통하여 보행단절성 문제는 여전히 개선되지 않았습니다. 대중교통의 연계 및 이용을 활성화하는 방안도 찾아보기 어렵습니다. 결국 광화문광장 재구조화사업을 통해서 이익은 누가보고 비용은 누가 부담하게 될지에 대한 검토가 필요합니다. 문제가 생긴 후에는 더 많은 비용이 필요할 것입니다.

(5) 그런 점에서 노선변경과 신규 역사 설치에 따른 추가비용과 비효율의 문제가 예상되는 GTX-A 역사 설치에 대해서도 전면 제고가 필

요합니다. 당장 대심도철도가 서울도심에 왜 필요한지에 대한 논의를 해야 하고 민자사업으로 추진하고 있는 GTX-A사업에 막대한 재정을 지원해야 하는 조건을 따져봐야 합니다. 또한 역사적 복원을 위해 오히려 기존의 광장이 축소되는 것은 아닌지, 나아가 현재 시점에서 조선시대의 월대 복원이 정말 필요한 것인지에 대한 논의 자체가 필요합니다. 이런 비용은 서울시나 문화재청이 부담하는 것이 아니라 서울시민과 국민들이 부담하는 것입니다. 누구에게 묻고 누구의 합의를 구한 것인지 답해야 합니다.

우리는 현재의 광화문광장을 옹호하는 것이 아니라는 점을 분명히 합니다. 우리가 반대하는 것은 현재 박원순 시장이 2021년 5월 준공을 목표로 추진하고 있는 사업이고, 그렇게 졸속적으로 만들어질 광화문광장에 반대하는 것입니다.

서울시가 2021년 5월 준공이라는 목표를 포기해야 합니다. 광장은 정해진 일정에 만들어지는 공산품이 아닙니다. 당연히 소통과 합의 역시 박원순 시장의 개인 스케줄에 맞춰 하는 행사가 아닙니다. 광화문광장 재구조화사업을 지금 중단하길 바랍니다.

2019년 7월 22일

광화문광장 재구조화 졸속추진의 중단을 요구하는
기자회견 참가단체 일동

‖ 2019년 10월 8일 ‖

<광화문광장 재구조화, 이제 다시 원점에서>

광장에 걸맞는 광화문광장 재구조화 논의를 기대한다!
- 의견은 모으고 토론은 넓히고 참여는 확장합시다 -

박원순 서울시장은 지난 9월 19일 서울시가 추진해오던 광화문광장 재구조화사업계획을 보류하고, 시민들과의 소통에 힘쓰겠다고 발표하였습니다. 늦었지만 우리는 박원순 서울시장의 발표에 대해 광화문광장 국제현상공모 당선작 발표(2019년 1월 21일) 이후 지속적으로 제기된 우려와 문제점에 대한 전향적인 수용으로 평가하면서, 환영과 박수를 보냅니다.

그동안 우리 시민단체들은 광화문광장 재구조화 중단을 요구하는 공동기자회견(7월 22일), 광화문광장 재구조화 연속토론회(8월 21~22일)를 개최하였고, 9월로 예정된 고시절차 중단을 요구하는 긴급 기자회견(8월 29일)을 개최하여 서울시가 추진하는 광화문광장 재구조화 계획에 대한 우려와 문제점을 제기한 바 있습니다. 이 같은 문제제기에 대해 '때늦은 비판이다', '기존 공론 과정을 일방적으로 무시한다'라는 비판이 쏟아졌고, '당신들이 바라는 대안은 무엇인가'라는 추궁에 직면하기도 했습니다.

주지하다시피 우리 시민단체들은 각 분야에서 자율적으로 시민사회의 역량을 강화하고, 사회변화를 이루기 위해 활동하고 있습니다. 따라서 각 단체들이 바라는 광화문광장의 미래에 대한 시각과 상에 차이가 있을 수밖에 없습니다. 그럼에 불구하고 우리들이 함께 한 것은 '광화문광장을 왜 재구조화해야 하는가'에 대한 서울시의 당위성이 부족하다고 느꼈고, 광화문광장의 미래에 대한 기본적인 논의가 제대로, 충분하게 이루어지지 않았다는 사실에 공감했기 때문입니다.

특히 우리들이 큰 벽으로 느낀 것은 서울시의 사업 추진 방식이었습니다. 광화문광장 재구조화사업에 대한 서울시의 추진 방식은 속된

말로 '답정너'였습니다. 이미 시민들이 알 수 없는 과정을 통해서 광화문광장 재구조화사업의 밑그림은 그려져 있고, 그 틀 안에서 계획안이 마련되어 2021년 5월 재구조 공사를 완료하겠다는 서울시의 계획은 광장에 반하는 단절의 벽이었습니다.

우리들의 문제의식과 요구는 광장의 주인은 시민이며, 시민들과의 소통과 공론화의 과정이 유리알처럼 투명해야 한다는 것입니다. 광화문광장의 재구조화사업은 소통과 시민들이 참여하는 공론과 숙의를 통해서 광장에 대한 개념을 정립하고, 쟁점을 토론하고, 광장의 비전을 만들어야 하며, 새롭게 만들어지는 광화문광장은 그 결과물이어야 합니다.

시민들이 주인이 되는 광화문광장을 만들기 위해 서울시는 가장 먼저 광화문광장을 왜 재구조화해야 하는가에 대한 필요성과 당위성에 대한 설득력 있는 제안을 내놓고, 공론의 장을 펼쳐야 합니다. 이를 토대로 시민들과의 논의를 시작하여 공감대를 넓혀야 합니다. 이러할 때 시민들은 광장의 주인으로 긍지를 갖게 될 것이며, 광화문광장의 미래 비전과 활용 방안이 보다 풍부하게 만들어질 것입니다.

우리는 9월 19일 박원순 서울시장의 광화문광장 재구조화사업 보류 선언이 과거 서울시가 청계천을 복원하면서 보여주었던 형식적인 소통을 단절하고 거듭나는 첫걸음이라고 생각합니다. 서울시는 재구조화사업 보류 선언을 계기로 새로운 광화문광장에 대해 시민들이 활발하게 의견을 토론할 수 있는 공론의 장을 열고, 의견을 모으는데 열과 성을 다해주시기 바랍니다.

2019. 10. 8.

광화문광장 재구조화 졸속추진 중단을 촉구하는 시민사회단체
(걷고싶은도시만들기시민연대, 경실련, 문화도시연구소, 문화연대, 서울YMCA, 서울시민연대, 서울시민재정네트워크, 한국문화유산정책연구소, 행정개혁시민연합)

‖ 2020년 1월 28일 ‖

광화문광장은 서울의 현재와 미래를 바꾸는 디딤돌이 되어야 합니다
- 공동의 미래를 위한 출발점 -

[총괄평가]

2019년 1월 편측 광장(세종문화회관 방향으로 연결하는) 안이 국제 현상공모 당선작으로 발표된 후부터 본격적으로 공론화되기 시작한 광화문광장 재구조화사업은, 재구조화사업에 대한 반대의견이 공식적으로 표명된 6월 이후 박원순 시장이 공식적으로 기존의 재구조화 사업 추진에 대한 중단을 발표한 9월까지 상당한 입장 차이를 확인할 수 있었습니다. 시민사회의 입장에서는 그간 서울시의 사업 추진 방식이 폐쇄적이고 비공개적인 것은 물론 이미 2000년대 초반에 제시된 낡은 구상을 바탕으로 제안된 것으로 인식한 반면 서울시는 광화문포럼과 광화문광장시민위원회의 활동을 통해서 어느 정도 공론화가 진행되었고 참여 거버넌스의 제안과 현실적인 대안 속에서 절충한 입장이라는 것이었습니다.

이와 같은 차이는 10월부터 12월까지 10여 차례의 공식적인 전문가 토론회, 시민대토론회 등과 수차례의 주변 지역 주민과 시장 간담회 등을 통해서 확인되고 좁혀졌다고 판단합니다. 특히 이 과정에서 이미 계획 및 예산이 편성된 상황에서도 더 많은 공론화를 위해 기존의 추진계획을 멈출 수 있었던 박원순 서울시장의 결단이 결정적인 역할을 했다는 점을 부인하기 어렵습니다.

광화문광장 재구조화에 반대 입장을 밝힌 시민사회단체 역시 10월부터 진행된 다양한 공론화과정에서 직접 참여하거나 전문가를 추천하는 등, 반대의 입장이 단순히 공론화 절차상의 문제를 넘어서 광화문광장 재구조화와 연계된 복합적인 도시의 문제를 다루어야 한다는 점을 최대한 전달하고자 애를 썼습니다. 이러한 과정이 다소 부족하고 한계가 있었다 하더라도 서울시의 결단과 노력이 폄하될 부분이 아니라는 점을 인정합니다.

다만 새롭게 진행된 공론화과정이 일회적이고 형식적인 절차가 아니라면, 기존의 재구조화 방향과는 근본적으로 달라야 하고 그 과정에서 시민 및 전문가들이 제안한 구상들에 대한 수용은 물론이고 불수용에 대한 명확한 입장이 제시되어야 한다는 점을 밝힙니다. 즉, 광화문광장 재구조화사업에 대한 공은 서울시에, 더 정확하게는 박원순 서울시장의 손에 넘어갔습니다.

[2가지 전제]

우리는 이 공론화과정을 통해서 2가지 부분에 대한 명확한 방향이 정해졌다고 판단합니다. 이 전제는 광화문광장을 재구조화하는 과정에서 불가피하게 발생하는 갈등에도 불구하고 최소한의 합의로서 기능하기를 바랍니다. 즉, 전제를 둘러싼 갈등이 아니라 전제를 달성하기 위한 방법을 둘러싼 갈등이길 바랍니다.

첫 번째 전제: 2019년 10월부터 12월까지 진행된 수많은 공론화과정에서 공통적으로 확인할 수 있었던 내용은 "광화문광장이 전면 보행광장으로 바뀌어야 한다"는 것입니다. 이 전제에 따른다면 세부적인 재구조화의 방향은 전체적으로 '어떤 방법이 전면 보행 광장화로 변화하는데 유리하고 적절한가'라는 기준으로 판단되고 선택되어야 합니다.

두 번째 전제: 광화문광장 재구조화에 있어 "월대 복원이 최우선의 과제가 되어서는 안 된다"는 것입니다. 광화문광장 재구조화 계획에서 가장 소모적인 논란이 벌어진 부분은 사직로의 이해할 수 없는 변형구조였습니다. 이런 결정은 2가지의 문제점을 안고 있었는데, 하나는 어떻게 해서든 교통의 흐름을 방해해서는 안 된다는 것이었고 다른 하나는 그럼에도 월대 복원을 위해서는 더 넓은 광장이 필요하다는 것이었습니다. 역사 광장을 만들면서도 기존과 같은 교통흐름을 유지한다는 것은 사실 절충될 수 없는 주장이었습니다. 그리고 월대 복원은 문화재청이 수립하여 진행하는 '광화문역사 복원 마스터플랜'의 일환임에도 불구하고 추가 공론화과정에서 문화재청이 전면에 나서지 않았습니다. 우리는 월대 복원을 포함한 역사 복원 계획의

주무부처는 서울시가 아니라 문화재청이어야 한다는 점을 명확히 하고, 특히 역사 복원 문제가 현재 광화문광장 재구조화과정의 선결조건이 아니라는 점을 명확하게 제안하고자 합니다.

정리하자면, 이후 광화문광장을 둘러싼 어떤 계획도 '전면 보행 광장으로서 광화문광장'을 기준으로 평가되어야 하며, 월대 복원을 골자로 하는 역사 광장이 광화문광장 논의의 핵심적인 주제가 되어서는 안 된다는 것입니다.

[4가지 방향]

이상의 전제를 바탕으로 그동안 재구조화 계획 및 공론화과정에서 쟁점으로 드러난 사안에 대한 입장을 밝힙니다. 제안하는 4가지 방향은 구체적인 의제일 수도 있고 말 그대로 방향일 수도 있습니다. 적어도 위의 2가지 전제를 고려한다면 당연히 도출될 수밖에 없는 내용이라는 입장임을 밝힙니다.

① GTX-A 광화문역 신설안 폐기: 애초 서울시는 보행 중심의 광장을 위해 보행 이동자를 유인할 수 있는 수단으로 GTX-A 광화문역 계획을 제안했고, 이와 수반하여 서울광장-서대문 등 까지 연계하는 지하 공간 개발사업을 제시한 바 있습니다. 하지만 지하 공간 개발은 오히려 지상부의 자가용통행과 지하부의 보행환경을 차등하는 정책에 불과하고, 무엇보다 GTX-A 광화문역사의 신설이 이미 계획 중인 신분당선 연결사업과 중복이며, 기 확정된 민자사업에 서울시가 2천억원에 가까운 별도의 재정지원을 해야 하고, 무엇보다 대규모의 토건사업을 해야 한다는 점에 비춰 부적절합니다. 따라서 본 구상은 폐기되어야 합니다.

② 혼잡통행료의 도입: 서울시는 이미 종로지역을 녹색교통진흥구역으로 지정하여 경유차 진입통제 등을 시행하고 있습니다. 그럼에도 서울 도심부의 통행 차량 중에서 50% 가까이가 목적성 통행이 아니라 지나가는 통행이라는 사실이 개선되지 않습니다. 왜냐하면 경유차 차량통제는 미세먼지 배출차량을 최소한으로 제한하는 것이지 보

행 중심의 도심 구조를 만드는 것과는 차이가 있기 때문입니다. 이에 과거 오세훈 시장 시기부터 구상되어 타당성이 검토되고 지난 2012년에는 구체적인 도입방안이 마련된 혼잡통행료 제도를 본격적으로 시행할 것을 제안합니다. 특히 현재 녹색교통진흥구역과 같이 4대문 안을 중심으로 실시할 필요가 있습니다. 그래야 최소 보행 중심의 도심 구조를 위한 조건이 갖춰질 것입니다.

③ 물리적 형태가 아니라 이용환경에 주목(편측 광장안 반대): 서울시는 장기적으로 비전에 동의하더라도 우선 변화의 방향을 보여줄 수 있는 근거를 구체적인 물리적 환경 개선으로 내놓아야 한다고 합니다. 그것이 차선을 줄여서 광장을 한편으로 붙이는 편측 광장 구상입니다. 이와 같은 물리적 변화가 중요할 수 있습니다. 하지만 이보다 중요한 것은 현재의 광장을 둘러싼 사용환경을 본질적으로 바꾸는 것입니다. 광장 주변도로를 전면적으로 보행우선도로로 운영하고, 현재 광역버스 등의 정류장들이 밀집되어 있는 것을 다른 지역으로 노선변경하는 등의 구상이 전제될 필요가 있습니다. 이런 구상과 병행하여 물리적 환경이 개선될 때 의미가 있습니다.

④ 광장을 포함한 서울 도심에 대한 큰 그림: 서울시의 대규모 공공사업은 반드시 주변의 지가상승을 동반하고 이로 인해 자산을 가진 이들의 불로소득과 가난한 이들의 젠트리피케이션을 반복해 왔습니다. 도심부의 광화문광장 역시 이를 고려하여 재구조화사업의 편익을 서울시민 전체가 공유할 수 있는 수단에 대한 고민이 수반되어야 합니다. 이를 위해서는 현재 광화문광장 주변의 부지들, 세종공원, 송현동부지, 미 대사관 부지, 의정부 터 등에 대한 접근과 도시환경정비사업 등의 계획이 종합적으로 파악될 필요가 있습니다. 나아가 광화문광장에서 세운상가로 이어지는 축과 광화문광장에서 서울광장으로 이어지는 축을 종합적으로 보행 중심 가로로 접근할 수 있는 방안이 수립되어야 합니다. 이를 현재 수립 중인 '서울시 도시기본계획 2040'에 특별계획 형태로라도 포함될 필요가 있습니다.

이와 같은 제안은 새로운 광화문광장에 대한 구상에 포함되어야 한다고 믿는 내용들입니다. 우리는 이와 같은 제안 내용에 대한 필요성과 실행 방안에 대한 어떤 추가적인 논의도 적극적으로 참여할 것입니다.

[최소한의 조건]

우리는 서울시가 광화문광장에 대한 구상을 중요하게 여기고 있는 것과는 다른 방향으로 광화문광장을 둘러싼 논의가 그동안 중요하게 다루어지지 않았던 변화들을 시작할 수 있기를 기대하고 있습니다. 즉, 현재의 서울을 둘러싼 논의 중에서 가장 폭넓고 대중적인 토론이 진행되고 있는 광화문광장 재구조화사업이 새로운 서울의 미래를 이야기할 수 있는 계기가 되기를 바랍니다.

그런 점에서 우리는, 광화문광장의 변화가 담아야 하는 서울의 미래가 다음의 사항들을 고려하며 추진할 수 있기를 바랍니다.

1. '기후위기'라는 지구적 조건은 절대적 조건임을 부정해서는 안됩니다. 설사 그것을 해결할 수 있다는 낙관적인 기대를 가지고 있다 하더라도 낙관이 유지될 수 있는 근본적인 변화가 있어야 할 시점입니다. 미세먼지와 도시 에너지 사용의 상당부분이 자가용 이용에 있다는 것을 알고 있으면서도 이를 '불편'의 문제로 넘어가서는 안됩니다.

2. '불평등'이라는 서울의 문제를 간과해서는 안됩니다. 이 불평등의 근본에는 자산의 불평등이 놓여 있으며, 이런 불평등을 지속하는 원인은 자산을 가지고 있는 이들에게 유리한 도시계획이라는 점 역시 과소평가해서는 안됩니다. 이 문제를 해결하는 방법은 모두가 자산을 가지는 사회가 아니라 자산을 가지고 있지 않더라도 안전하고 자유로운 도시공간의 확대입니다.

3. '사람이 변화의 핵심'이라는 점이 중요합니다. 어떤 변화도 시민의 참여없이는 불가능합니다. 물리적 환경에 쏟아붇는 재원을 새로운 변화를 만들어갈 사람에게 활용하는 방안을 고민해야 합니다. 광화문광장이 단순히 주변 자산소유자들의 가치를 높이는 것이 아니라, 주민들이 참여할 수 있는 지역의 공익사업으로 활용될 수 있어야 합

니다. 이를 위해서는 최근 전 세계적으로 논의 중인 '그린뉴딜'의 문제설정을 받아들여서 '광화문 그린뉴딜'구상에 대한 비전을 시작할 수 있어야 합니다.

다시 강조하지만 우리는 광화문광장이 더 많은 가능성과 시민의 가치를 담을 수 있는 공간이라고 생각합니다. 이를 위해서는 새로운 광화문광장에 대한 상상력이 용광로처럼 터져 나와야 합니다. 재구조화를 찬성하느냐, 아니냐가 쟁점이 아니라 '어떤 방식으로, 누구와 논의하고, 궁극적으로 어떤 가치를 담을 것인가'라는 것이 주요하게 이야기되어야 하는 쟁점입니다.

우리는 박원순 서울시장의 구체적인 방향제시가 필요하고, 그 과정에서 본인의 구상을 실현할 수 있는 계획 수립을 위한 시민참여를 다시금 요청하는 것이 필요하다고 생각합니다. 모두의 불만을 무마할 수 있는 안이 아니라, 서울의 미래를 담을 수 있는 비전을 중심으로 제시해줄 것을 요청합니다. 과거와 현재와 미래가 혼재하고 각각의 이해관계가 상충하는 상황에서 모두가 만족하는 계획안이 나올 리 만무 합니다. 우리가 요구하는 것은 박원순 시장이 서울의 미래를, 광화문광장을 통해서 어떻게 그리고 있으며 이를 누구와 함께 할 것인가라는 것입니다. [끝]

2020년 1월 28일

광화문광장 재구조화 졸속추진 중단을 촉구하는 시민사회단체
(걷고싶은도시만들기시민연대, 경실련, 문화도시연구소, 문화연대, 서울YMCA, 서울시민연대, 서울시민재정네트워크, 한국문화유산정책연구소, 행정개혁시민연합)

‖ 2020년 2월 13일 ‖

광화문광장 재구조화, 큰 그림 그리고 미래로 가자

- '공원광장, 편측 광장' 시민선호 주장은 서울시 의견 수렴방식의 한계 -
- 공론화가 편측 광장안 추진 명문돼선 안돼, 기존안을 백지화해야 -
- 공론화과정에서 나온 혼잡통행료, 주변부 종합계획 수립 등 언급 진일보 -

서울시가 지난 9월부터 12월까지 진행한 광화문광장 재구조화 공론과정을 정리하는 입장을 밝혔다. 발표의 내용은, - 시민소통에서 나온 의견을 종합하고 - 쟁점이 되었던 역사 광장은 유보하며 - 기존에 빠진 주변주 종합계획을 마련하겠다는 것과 - 쟁점에 대한 후속논의를 하겠다는 것으로 보인다.

이와 같은 발표는 서울시의 9월 기존 재구조화 추진을 중단한 후 진행한 공론화과정의 결과를 공개했다는 점에서 의미가 있으며 쟁점이 되었던 교통 문제나 주변부 난개발 등 우려되었던 문제를 적극적으로 고려하고 있다는 점이 확인된 것은 긍정적이다.

다만 시민의 공론화를 보완할 수 있는 구체적이고 세부적인 전략이 필요하다는 점을 밝힌다. 서울시는 보도 자료에서 시민대토론회와 시민설문조사를 인용해 시민들이 '공원같은 광장'과 '서편측 광장'을 선호했다고 밝히고 있다. 그러나 공론화 자체가 기존 서울시(안을) 전제로 하였고, 비교할 수 있는 대안이 제시되지 않은 상태에서의 선호라는 점에서 한계는 분명하다.

따라서 현재의 편측 광장안은 제한적인 선택지의 선호일 뿐 물리적 구조의 변화가 확정된 것은 아니며 확정되지 않아야 한다는 점을 명확히 한다. 물리적 환경 개선 전에 방향과 가치, 계획을 잡아야 하는 상황에서 편측안은 미래가치를 담는데 한계가 있다. 이번 공론결과가 기 확정된 안의 재추진 명분이 되어서는 안 되며, 좀 더 적극적이고 새로운 방식으로 시민의 의견을 담을 수 있는 방안이 필요하다.

아쉬운 것은 행정안전부나 문화재청과 같이 광화문광장의 행정주체가 빠진 채 진행된 부분이다. 서울시의 사업이지만 광화문광장의 구조개선엔 행정안전부 등 정부청사의 개방과 더불어 사회적 논란이 된 역사 광장 복원의 당사자인 문화재청의 시민소통이 부재했다는 점이다. 그러다 보니 광화문광장 논의가 역설적으로 협소해졌다. 애초 광화문대통령을 표방했던 문재인 정부의 방향을 고려할 때 아쉬운 부분이다.

후속 논의는 좀 더 서울시의 미래가치가 드러날 수 있기를 기대한다. 특히 기후위기의 시대인식을 바탕으로 서울의 지속가능한 도시에 대한 방향이 논의될 필요가 있다. 혼잡통행료 도입이나 대중교통체계 확충 등 녹색교통진흥구역의 실질적 강화가 광화문광장 전면 보행화를 위한 핵심과제로 우선 논의되어야 한다. 덧붙여 버스노선체계 및 미대사관 이전에 따른 활용, 송현동 부지의 연계, 의정부터 활용 등이 함께 다뤄져야 한다.

그동안 서울시의 일방적이고 폐쇄적인 의사결정을 통한 광화문광장 재구조화 추진에 반대했던 우리 단체들은 공론화과정에 책임감을 가지고 참여했다. 그 과정에서 확인한 서울시의 고민과 주민들의 생생한 바람, 그리고 서울시민들이 광화문광장에 투영하는 열망을 기억한다. 그런 점에서 지난 100일의 과정이 서울의 미래를 둘러싼 의미있는 과정이었으며 여기서 멈추지 않고 진일보 할 수 있도록 감시와 협력을 함께 할 것이다. 아울러 이런 노력들이 총선과정에서 정치적으로 이용되지 않도록 살피는 활동도 게을리하지 않을 것임을 밝히며, 우리는 다음과 같은 입장을 재차 강조한다.

-공론화가 편측 광장을 위한 명분이 되어서는 안 된다. 물리적 개선안 중 하나인 편측 광장안은 백지화하는 것이 옳다.
-공론화의 과정은 중단이 아니라 전진이었다. 공론화를 시간낭비로 여기지 말고 지속적인 공론을 위한 후속조치를 마련하라.
-행정안전부와 문화재청은 전면에 나서라, 중앙 정부도 당사자이어야 한다.

이제는 미래로 한걸음 가자.

2020년 2월 13일

광화문광장 재구조화 졸속추진 중단을 촉구하는 시민사회단체
(걷고싶은도시만들기시민연대, 경실련, 문화도시연구소, 문화연대, 서울YMCA, 서울시민연대, 서울시민재정네트워크, 한국문화유산정책연구소, 행정개혁시민연합)

‖ 2020년 7월 1일 ‖

광화문광장, 다시 행정절차의 볼모가 되어서는 안 된다

- 교통수요관리, 주변상업개발, 광장의 개방성 등 쟁점 빠진 서측안 재추진을 우려한다 -

2019년 1월 서울시의 국제현상공모 당선작 발표를 통해서 공식화되었던 광화문광장 재구조화사업이 9월 박원순 서울시장의 발표로 잠정 중단되었다가 최근 다시 본격적으로 추진할 채비를 하고 있다. 우리는 2019년 7월 공식적으로 광화문광장 재구조화 추진에 대해 반대 입장을 내고 연속토론회를 통해서 서울시가 추진하고자 하는 계획의 한계를 지적함으로써 서울시의 잠정 중단 결정에 하나의 배경이 되었음을 명확하게 인지하고 있다. 이 때문에 2019년 9월부터 서울시가 진행한 각종 공론화과정에서 책임감을 갖고 임해왔으며 특히 광화문광장 재구조화가 가지는 사회적 의미에 대해 다음과 같은 구체적인 제안을 해왔다.

(1) 단순한 물리적 환경 개선만으로는 서울시가 표방하는 보행 중심의 도시를 만들 수 없다: 물리적 환경 변화 이전에 광화문광장을 포함하는 면단위 종합계획이 마련되어야 한다. 핵심적으로는 광장과

주변의 종로, 새문안로, 율곡로, 사직로와 광장 동서 공간에 대한 구체적인 계획이 전제되어야 한다.

(2) 도심 내 차량 교통에 대한 수요관리 정책이 우선되어야 한다: 물리적인 도로환경 변화를 통해 차량교통을 관리하는 정책보다 녹색교통진흥지역을 중심으로 혼잡통행료와 같은 통과차량 수요를 억제하는 정책이 적극적으로 추진되어야 한다. 이와 함께 버스체계 재편 등 대중교통과 보행 중심의 도심교통체계를 재구축해야 한다.

(3) 역사성 회복에 대한 사회적 합의가 필요하다: 광장의 역사는 과거에 머무는 것이 아니라 미래의 가치를 만들어나가는 것이어야 한다. 역사성 회복에 대한 다양한 논의가 부재한 상태에서는 기계적인 현상 복원에 치중될 수밖에 없다. 과거와 현재에 대한 진단과 함께 미래의 가치를 우선하는 접근이 필요하다,

(4) 광장의 자유로운 이용을 제약하는 운영방침은 재고되어야 한다: 광장은 기본적으로 시민들의 자유로운 이용이 전제되어야 함에도 최근 광장 내 집회 문제를 빌미로 광장사용을 제약하려는 움직임은 매우 부적절하다. 특히 광장이 행정기관의 허가사항으로 관리되어서는 안되며 시민들의 자율적이고 자치적인 광장 운영원칙이 확립되어야 한다.

(5) 광화문광장에 대한 사회적 실험이 필요하다: 물리적 구조 개선보다 광화문광장을 중심으로 차선별, 시간별 차량통행제한 등 시민들 스스로가 광화문광장 재구조화의 의미와 가치를 만들어나갈 수 있는 사회적 실험을 먼저 시작해야 한다. 광장은 행정에 의해 만들어지는 것이 아니라 시민에 의해 만들어지기 때문이다.

2019년 9월부터 진행한 공론화과정은 우리가 제안한 다양한 의제들이 검토될 수 있는 기회가 되었다. 이 과정에서 서울시가 보인 수용성과 적극성은 매우 고무적이었으며, 이로 인해 다양한 쟁점들에 대한 논의가 폭넓게 열릴 수 있었다. 이런 측면에서 현재 서울시가 추진하고자 하는 광화문광장 재구조화는 분명 1년 전에 서울시가 추진하

고자 했던 광화문광장 재구조화와는 분명히 다르다는 것을 인정해야 한다.

그럼에도 여전히 몇 가지 아쉬운 부분이 있다.

(1) 동시에 추진해야 할 의제들이 더디게 진행되고 있다: 광화문광장 재구조화가 본래의 의미를 달성하기 위해서는 혼잡통행료 등 도심 내 교통수요관리 정책이 반드시 물리적 환경 개선보다 우선적으로 (또는 동시에) 추진되어야만 한다. 그러나 현재 혼잡통행료 등 도심 내 교통수요관리 정책에 대한 논의는 여전히 초기단계에서 벗어나지 못하고 있다. 물리적 공간재편이 우선되는 방식은 재고되어야 한다.

(2) 물리적 공간 재편안에 대한 공론화가 부재하다: 공론화과정 속에서 광장 형태에 대한 다양한 논의가 시작되었지만 여전히 서울시가 주장하는 서측 광장안에 대한 한계들은 해소되지 않은 상태이다. 그럼에도 서울시는 서측 광장안이 불가피하다는 입장인데, 이에 대한 본격적인 논의가 반드시 진행되어야 한다.

(3) 시민의 자유를 보장하는 광장 논의가 부족하다: 서울시는 최근 중앙 정부에 야간집회를 금지하는 '집회시위법 개정안'을 건의했다. 부분적으로 야간집회가 인근 지역 주민들에게 주는 부작용을 인정한다 하더라도, 포괄적인 집회 금지는 시민의 자유를 제약하는 조치다.

이러한 한계에도 불구하고 서울시가 광화문광장 재구조화를 추진한다면 이는 시민의 요구에 의해서가 아니라 박원순 서울시장을 비롯한 서울시 행정의 필요와 요구에 의한 것일 수밖에 없다. 즉, 그간 공론화과정을 통해서 다양한 의견들이 논의되고 주요한 쟁점에 대해 공감대가 높아졌음에도 불구하고 여전히 제자리걸음이라는 것이다.

지금은 광화문광장에 대한 논의가 일단락되는 시점이 아니라 또 다른 공론화가 필요한 시점이다. 계획상 미진한 부분은 사업 추진과정에서 공론화를 통해 최대한 보완해야 한다. 특히 혼잡통행료 도입과 버스 체계 개편 등 도심 내 강력한 수요관리 대책과 함께 광화문광장 재구조화로 인해 발생할 수 있는 도심 내 젠트리피케이션을 점검해야 한다. 무엇보다 물리적 구조 개선 외에 실질적으로 시민들이 광화문광장을 자유롭게 이용할 수 있는 다양한 사회적 실험이 권장될 필요가 있다. 우리는 이와 같은 사항들을 지속적으로 제시하고 공론화할 것이다.

서울시가 재추진을 하기로 한 이상 그 과정은 기존의 어떤 과정보다 합리적인 방식으로 추진되길 바란다. 현재의 상황은 안타깝게도 '이미 국제현상공모에 따른 실시 설계안이 나왔다'는 입장과 '지금 시작하지 않으면 최소한의 일정을 맞추기 힘들다'는 행정 내부의 알리바이가 앞선다. 코로나19를 겪으면서 변화는 단순히 일시적인 것이 아니라 좀 더 본질적이어야 한다는 것을 알게 되었다. 기후위기는 분명히 다가오는 미래이고, 코로나19 사태는 그런 불가피해 보이는 미래의 단면을 직접적으로 보여주는 예시였다. 광화문광장의 재구조화가 서울시민, 나아가 한국의 모든 이들에게 지금 당장 변화해야 한다는 것을 보여주는 계기가 되길 희망한다.

우리는 그동안 광화문광장 재구조화에 단순히 반대를 넘어서 어떤 방향의 광화문광장이 필요한지에 대한 광범위한 의견을 제시해왔다. 이는 앞으로도 우리가 자임할 수 있는 범위만큼의 책임이라고 생각한다. 그리고 그 책임만큼 최선을 다해서 광화문광장 재구조화사업에 대해 발언하고 행동할 것이다. [끝]

2020년 7월 1일

광화문광장 재구조화 졸속추진 중단을 촉구하는 시민사회단체
(걷고싶은도시만들기시민연대, 경실련, 문화도시연구소, 문화연대, 서울YMCA, 서울시민연대, 서울시민재정네트워크, 한국문화유산정책연구소, 행정개혁시민연합)

‖ 2020년 10월 5일 ‖

근시안적인 광화문광장 재구조화사업 추진을 당장 중단하라!

서울시는 9월28일 새로운 광화문광장 조성계획을 발표했다. 주요 내용은 광화문광장을 세종문화회관 쪽의 서쪽 차도로 확장하고, 확장된 광장은 나무를 심어 공원 형태로 조성하며, 광장의 동쪽 차도는 현재의 5차로에서 7~9차로로 넓히겠다는 것이다. 서울시는 이 광화문광장 조성사업을 이번 10월 말 착공해 2021년 하반기까지 완공할 계획이라고 밝혔다.

그러나 이번 광장 조성계획은 고 박원순 시장이 2019년 9월 광화문광장사업을 전면 재논의하겠다고 공개 선언한 이후 진행된 광범위한 사회적 토론의 결과를 제대로 담아내지 못한 것이다. 특히 광화문광장의 형태나 교통 대책, 역사 복원, 이용 방식과 관련해 우리가 다양한 대안을 제시했음에도 애초 서울시의 계획과 거의 달라지지 않은 내용을 그대로 담고 있다. 우리는 다음과 같은 이유로 현재 추진 중인 광화문광장 조성사업을 당장 중단할 것을 강력히 요구한다.

첫째, 이 사업을 추진한 고 박 시장은 공식적, 공개적으로 이 사업에 대한 최종 결론을 내지 않은 채 세상을 떠났다. 그럼에도 서울시 행정관료들은 사실상 재논의 선언 이전의 안으로 '계속 추진'을 결정했다. 고 박원순 시장은 지난 5월 23일 시장 공관에서 시민단체 활동가들과 만나 "광화문광장을 추진하는 과정에서 시민단체 등의 이견이 있고, 코로나 상황이 계속되고 있다. 이런 상황에서 광화문광장사업 추진은 타당하지 않은 듯해서 중단하려고 한다"며 우리의 의견을 구한 바 있다.

그리고 그 뒤에 이렇다 할 공식적, 공개적 결정이나 발표가 없었는데도 선출된 시장이 아닌 대행 체제의 서울시 공무원들이 광화문광장 재구조화 공사를 결정하고 빠르게 집행하려고 한다. 이는 서울시장 대행 체제의 권한 행사 범위를 넘어선 것으로 판단할 수밖에 없다. 광화문광장 조성이 대한민국 서울의 백년대계와 같은 사업인 점을 감안한다면, 현재의 광화문광장 조성사업은 당장 중단해야 한다. 이에 대한 의사 결정과 집행은 내년 초 보궐선거에서 당선된 새 시장에게 넘기는 것이 타당하다.

둘째, 세종문화회관 쪽으로 광화문광장을 조성하는 서쪽 편측안은 2019년 9월 고 박 시장이 광화문광장을 전면 재논의하겠다고 선언하게 만든 핵심적 문제점 가운데 하나였다. 우리는 이 편측 광장의 형태가 적절치 않다고 숱하게 지적해왔다. 서쪽 편측안은 대한민국 서울의 상징 광장에 어울리지 않게 한쪽으로 치우쳐 있고, 광화문광장 동쪽엔 교보문고, 한국통신, 대한민국역사박물관 등 시민 이용 시설이 많으며, 동쪽의 보행자가 서쪽의 2배에 이르고, 동쪽의 종로와 사직로, 남쪽의 세종대로와의 연결도 자연스럽지 못한 점 등 너무나 많은 문제점을 안고 있다.

그럼에도 서울시는 그동안 우리와의 재논의과정에서 고 박 시장의 임기 안에 새로운 광장을 조성해야 하고, 동쪽에는 (곧 용산으로 옮길) 미국대사관이 있어서 광장 조성이 쉽지 않다는 궁색한 이유로 우리가 제시한 양측안이나 동측안을 채택하기 어렵다고 변명해왔다. 그러나 안타깝게도 이미 박 시장이 고인이 됐기 때문에 이번 임기 안에 반드시 추진해야 할 이유는 사라졌다. 또 몇 년 뒤 미국대사관이 용산으로 이전할 때까지만 고려한 근시안적인 광장이라면 현재 상황에서 추진하지 않는 편이 더 바람직하다.

셋째, 우리는 새 광화문광장의 조성이 서울 4대문안과 서울 전체의 교통 패러다임을 혁신하는 일대 계기가 되어야 한다고 제안해 왔다. 그 구체적 방안으로서 4대문안에서 '혼잡통행료'를 부과해 차량 수요를 줄이고, 정체된 대중교통 이용률을 높이기 위해 대중교통체계를 개혁하며, 보행자와 자전거 등 지속가능한 교통수단의 획기적 확대 방안을 마련해야 한다고 요구해왔다.

그러나 서울시는 이번 방안에서 4대문 안 혼잡통행료 부과와 같은 차량 수요 억제 정책을 전혀 내놓지 않았다. 혼잡통행료는 차량 수요

억제뿐 아니라 미세먼지 줄이기와 시민 건강 개선을 위해 필수적인 정책임에도 "논의를 해보자"는 원론적 수준에서 한발도 나아가지 못하고 있다. 또 대중교통체계 개혁이나 코로나 시대에 다른 선진국에서 활발하게 추진되는, 지속가능한 교통수단의 확대 방안도 포함되지 않았다. 이런 정책들을 충분한 사전 실험을 통해 검증할 계획도 제시하지 못하고 있다. 이번 계획이 서울의 교통체계를 혁신하는 계기가 되지 못한다면, 새 광화문광장 조성사업은 그저 서울의 얼굴 화장만 고치는, 전시성사업에 그치고 말 것이다.

넷째, 서울시는 역사성 회복 차원에서 2021년부터 2023년까지 경복궁 월대 복원을 추진하겠다고 밝혔다. 그렇다면 이번 광화문광장사업은 2020년 말 착공해서 2021년 말까지 완공하고, 이어서 경복궁 월대 복원은 2021년 말 착공해서 2023년 완공하게 된다. 지난 7월 서둘러 착공한 세종대로 사람숲길 조성사업도 2020년 말까지 진행된다. 이것은 2020년부터 2024년까지 무려 4년 동안 광화문광장 일대를 공사장으로 만들겠다는 뜻이다.

광화문광장의 역사성 회복과 관련한 논란은 여기서 다루지 않겠다. 그러나 애초 서울시가 역사 광장으로 추진하려고 했던 경복궁 월대 복원사업과 시민 광장으로 추진하려고 했던 현재의 광화문광장사업을 시기적으로 분리해서 추진하는 이유가 무엇인지 묻지 않을 수 없다. 시민 광장과 역사 광장의 공간적 조화나 교통 영향, 공사 기간, 시민불편 등을 고려한다면 당연히 경복궁 월대 복원사업과 광화문광장사업, 세종대로 사람숲길사업은 공사 시기를 맞추는 것이 타당하다.

다섯째, 서울시는 시민들의 요구에 따라 세종문화회관 쪽에 신설되는 광장을 나무가 있는 공원형 광장으로 조성하겠다고 밝혔다. 시민들의 요구를 광장 조성에 반영하는 것은 바람직한 일이다. 그러나 공원형 광장이 자칫 시민들의 자유로운 광장 이용이라는 기본권을 제한하는 걸림돌이 돼서는 안 된다. 나무심기는 이미 삼성 종로타워 등지에서 시민들의 자유로운 집회와 시위를 방해하는 방법으로 악용된 바 있다.

앞서 서울시는 광화문광장 내 집회와 시위를 이유로 중앙 정부에 야간 집회를 금지하는 '집회시위법 개정안'도 건의했다. 야간 집회는 다른 시민들과 주민들에게 주는 피해가 있을 수 있으며, 어느 정도 제한이 필요하다. 그러나 포괄적인 야간 집회 시위의 금지는 과거 권위주의 정부에서 민주화 시위를 막기 위해 악용한 수단이기도 했다. 집회 시위의 자유라는 시민의 기본권이 원칙적으로 보장되는 한에서 다른 시민과 주민들의 피해를 덜어주는 방안을 찾아야 한다.

서울시는 그동안 경찰청의 교통 심의 등 절차를 밟아왔다며, 10월 말부터 광화문광장 동쪽 차로를 넓히는 등 이 사업을 착공하겠다고 밝혔다. 그리고 서울시의 일정에 따르면, 새로운 광화문광장은 2021년 하반기에 모습을 드러낸다. 그러나 이렇게 성급하게 착공, 완공한다면 지난 2016년부터 추진해왔고, 2019년부터 전면 재논의해온 광화문 재구조화사업은 돌고 돌아 제자리걸음을 하는, 초라한 결론에 이르게 될 것이다.

이렇게 졸속으로 추진되는 광화문광장은 형태나 교통, 역사성, 시민 이용 등 기존 광장의 문제점을 제대로 개선하지 못했고, 새로운 광장에 대한 시민과 전문가들의 아이디어를 충분히 반영하지도 못한 것이다. 따라서 기존 광장처럼 새 광장이 완성된 초기부터 광장을 개선해야 한다는 지적과 비판이 쏟아질 가능성이 크다. 고 박 시장의 핵심사업이 오세훈 전 시장의 잘못을 되풀이하는 어리석음으로 마무리돼서는 안 될 것이다.

대행 체제의 서울시는 광화문광장사업이 고 박 시장의 임기 중후반 핵심사업이었고, 고 박 시장도 이 사업의 내용과 방향에 대해 공식적, 공개적 결론을 내지 못했다는 점을 심각하게 생각해야 한다. 또 내용과 형식이 오세훈 전 시장의 광화문광장과 달리 지속가능한 방식이어야 한다는 점도 깊이 생각해야 한다. 따라서 국가 광장으로서의 상징성이나 친환경적인 교통 대책, 역사 광장과 시민 광장의 조화, 시민의 자유로운 이용 등을 갖추지 못한 광화문광장을 성급하게 조성해서는 안 된다.

이런 본질적 가치를 담지 못한 상태에서 1천억원 규모의 광화문광장 사업을 강행하는 것은 광화문광장의 본질이 토건 세력을 위한 사업임을 입증하는 것에 불과하다. 광화문광장사업은 시장의 임기와 성과, 서울이라는 지역성을 뛰어넘어 대한민국의 민주주의와 공간, 역사, 문화를 상징하는 거대한 작업임을 다시 한 번 깊이 생각해야 한다.

따라서 현재 서울시가 졸속으로 추진하는 광화문광장사업은 당장 중단해야 한다. 그리고 2019년 재논의 선언 뒤 이뤄진 광범위한 사회적 토론의 결과를 전면적으로 수용하는 내용으로 다시 설계해야 한다. 또 내년 4월 시민들이 선출할 새 서울시장이 의사 결정과 집행을 행사하고 책임질 수 있도록 시기를 늦춰야 한다. 그것이 백년 뒤에도 우리가 자랑스러워할 광화문광장을 만들 수 있는, 사려 깊고 미래지향적인 태도다.

다음과 같이 우리의 의견을 밝힌다.

1. 광화문광장사업의 결정과 집행을 당장 중단하고 새 시장에게 넘겨라.
2. 현재 추진되는 광화문광장 재구조화의 내용은 토건사업에 불과하다.
3. 새 광화문광장계획은 광범위한 사회적 토론의 결과를 포함해야 한다.
4. 광장의 형태, 교통, 역사 복원, 시민 이용은 지속가능한 방식이어야 한다.
5. 시민단체와 대행 체제 서울시 부시장단과의 긴급 간담회를 요구한다.

광화문광장 재구조화 졸속추진 중단을 촉구하는 시민사회단체
(걷고싶은도시만들기시민연대, 경실련, 문화도시연구소, 문화연대, 서울YMCA, 서울시민연대, 서울시민재정네트워크, 한국문화유산정책연구소, 행정개혁시민연합)

‖ 2020년 10월 5일 서울시 보도 자료 ‖

「광화문광장 재구조화」관련 시민사회단체 성명서('20.10.5.)에 대한 서울시 입장 (도시재생실 광화문광장 기획반)

□ 서울시는 시민소통 결과를 반영하여 변화되는 광화문광장의 최종 계획안을 발표 하였음

- 서울시는 작년 9월부터 연말까지 온·오프라인을 망라하여 전방위로 실시(총 61회 12,115명)한 시민소통 결과를 토대로 시민의 뜻을 담아 사업을 추진하겠다고 지난 2월 밝힌 바 있으며, 이를 기반으로 전문가, 관계기관 등과 함께 논의하여 구체적 계획안을 마련하였음
- 지난 5.23(토) 시장공관에서 시민단체 뿐만 아니라 광화문시민위원회 위원 등을 차례대로 면담하여 사업일정 등을 포함한 종합적 자문을 받은 바 있으며, 이후 5.27(수) 사업 관련 회의 시에도 광화문광장사업은 어떠한 흔들림 없이, 현재 계획에 따라 행정역량 집중하여 추진하기로 하였음

□ 변화되는 광화문광장 구조 관련, 서측 도로를 광장으로 전환하는 계획은 시민선호도 조사 및 전문가 의견, 주변 건물과 연계성 등을 종합적으로 고려한 안임

·서울시민 설문(1,000명/'19.12) : 광장 변화와 개선 필요, 73.5%
·시민토론단 설문(300명/'19.12) : 서측 도로 광장 전환 64.9%
·서울시민 인식조사(1,000명/'20.6) : 세종문화회관쪽으로 광장 확대, 긍정적 85%

- 시민단체와 금년에만 20여 차례의 간담회 및 토론회 등을 개최하였으며, 특히 지난 4월 광장 구조에 대해서 집중토론회를 실시
- 광장 구조에 대해서는 시민단체 내에서도 다양한 의견(중앙에서 양측으로 확대, 동측 광장, 동·서 양측 광장)이 존재하고 市에 각각의 의견을 주장하였으나, 시는 시민의 뜻 등을 고려하여 서측 광장으로 추진하는 것을 시민단체에 밝힌 바 있음

□ 차량수요 억제정책 등 교통 대책 마련 관련, 녹색교통진흥구역 정책과 연계한 교통수요관리 정책을 병행 실시 중으로, 효과를 분석해 나갈 예정

- 혼잡통행료와 관련하여 교통혼잡과 환경을 동시에 고려한 '녹색혼잡통행료' 개념을 이미 적용하여 개선해 나가고 있음
- '19. 12월부터 남산 1,3호 터널에도 5등급 차량 운행제한(과태료 10만원)을 시행하고 있으며, 1종 저공해 차량에만 부여하던 전국 차량 면제혜택을 2종까지 확대하기 위해 조례개정 중으로 등급에 따른 인센티브와 페널티 정책을 시행중임
- 여기에 덧붙여, 기본요금의 적정성과 하위등급 차량 가중부과, 확대 시행 등에 대해서는 사회적 공론화를 통해 점진적으로 검토해나갈 계획임
- 또한, 시는 광장의 변화와 함께 세종대로 등 8개 도로의 도로공간 재편 및 도심 정체분산 신호운영(22개소) 시행, 교통 개선사업 등을 진행할 예정임
- 금년 1월말부터 녹색순환버스를 운행(4개 노선 27대)하였고, 도심 BRT 단절구간을 단계적으로 연결하여 대중교통을 통한 광장 접근성을 높일 계획

□ 광장의 변화는 공간적 조화, 교통 영향, 시민불편 등을 고려하여 단계적으로 추진하는 것임

- 문화재 정밀발굴 등이 수반되는 월대 복원을 포함하여 광화문 일대에서 진행되는 사업은 차량 통행 및 시민불편의 최소화를 위하여 단계적으로 추진
- 우선, 광화문광장 동측 도로 확장 공사는 세종대로 사람숲길 조성사업의 공정과 연계하여 마무리하겠다고 9.28(월) 밝힌 바 있음

‖ 2020년 10월 22일 전문가 선언문 ‖

예산 낭비에 불과한 광화문광장 재구조화사업을 당장 중단하라!

우리는 서울시가 발표한 '광화문광장 재구조화사업계획 및 10월 말 착공'이 절차적인 측면과 계획적인 측면 모두 심각한 문제를 갖고 있다고 판단하며, 사업 추진을 당장 중단할 것을 강력하게 촉구한다.

1. 시민소통과정은 서울시의 절차적 합리성을 확보하기 위한 도구에 불과했다.
서울시는 10월말 시행될 광화문광장 재구조화사업은 시민소통에 기반한 것이며, 61회 토론 진행과 1만2천명의 시민참여를 끌어냈다고 주장하고 있다. 그러나 시민소통은 양적인 수치로 보여지는 것이 아니다, 광화문광장 논의과정에 대해 서울시 홈페이지에 공개된 내용은 2019년 12월 토론회와 2020년 2월 11일 광화문시민위원회 전체회의 내용이 마지막이다. 2019년도에 진행한 공론화과정들이 다시 쟁점별로 정리되어 논의가 열어져야 했지만 이러한 과정은 전혀 갖지 않은 상태에서 시민소통 결과임을 주장하는 것은 그간 공론화과정들이 서울시의 절차적 합리성을 확보하기 위한 도구였음을 보여주고 있다.

2. 서울시가 2018년 4월부터 고집하고 있는 서측 광장안은 전면 재검토해야 한다.
서울시는 세종문화회관쪽으로 광장을 확대하는 '서측 광장안'에 대해 시민설문조사 및 전문가 의견, 주변과 연계성 등을 종합적으로 고려한 결과라고 했다. 2009년 오세훈시장 재임 시기에 광화문광장을 중앙에 설치한 근거 역시 전문가 의견 및 주변과 연계성, 시민설문조사 결과였다. 시민들의 의견을 존중하는 것은 매우 바람직한 자세이다. 이때 중요한 것은 의뢰기관의 입장이 아니라 다양한 의견과 정보를 시민들에게 정확하게 제공하고 설문조사결과에만 의존하는 것이 아니라 광장에 대한 시민들의 다양한 경험이 시도된 이후에 사회적 합의과정을 통해 결정되어야 한다는 것이다.

이는 시민단체들이 기자회견을 통해 제기한 서측 광장의 문제점에 대해 귀를 기울이고 집중적이고 공개적인 논의가 지속되어야 하는 이유이기도 하다. 시민단체들은 세종문화회관쪽보다 교보문고쪽의 보행자 숫자가 2배나 높으며, 특히 교보문고와 한국통신(KT), 대한민국역사박물관, 의정부터 등 다양한 시민 이용 시설이 있음에도 현재 보행환경이 매우 나쁨으로 동측/서측 광장 구조를 결정하기 이전에 다양한 논의가 선행되어야 한다고 주장하고 있다. 서울시는 이러한 의견을 적극적으로 받아들여야 한다.

3. 현 광화문광장계획은 서울의 미래가치를 창출하는데 매우 미흡하다.

사람중심의 도시를 만들어나가기 위해서는 물리적 구조 재편 이전에 대중교통중심체계와 지속가능한 교통수단의 획기적인 지원정책들이 우선 제시되어야 한다. 그러나 서울시는 '녹색교통진흥구역 정책과 연계하여 교통수요관리를 병행 실시하고 있다'며 매우 안일하게 대응하고 있다. 결국 세종문화회관쪽으로 광장을 확대하는 계획에만 매몰되면서 통과차량 억제, 대중교통활성화, 자전거 전용도로 확보, 교보문고 방면 보행공간 확대, 새롭게 급부상하고 있는 개인형 이동수단에 대한 고려 등이 부재한 상태에서 초기 계획안이었던 6차로를 7~9차로로 확장하겠다는 모순에 빠져버렸다. 시민들의 교통불편을 최소화하기 위해 차선수를 늘렸다는 서울시의 변명은 궁색하기만 하다. 광화문광장 재구조화가 서울의 미래가치 창출의 시발점이 되기 위해서는 녹색교통진흥구역 사업을 넘어서는 정책들이 먼저 수립되어야 한다. 공사를 위한 공사가 되지 않아야 하기 때문이다.

4. 서울시장 권한대행의 전격적인 공사일정 발표는 시장 대행체제의 권한행사 범위를 넘어선 것이다.

광화문광장 재구조화사업은 고 박원순시장의 역점사업이었으나 최종 계획안과 착공계획 등이 명확하게 정리되지 못한 상태에서 고 박원순시장은 세상을 떠났다. 서울시는 보도 자료를 통해 「금년 5월 27일 사업관련 회의를 통해 어떠한 흔들림 없이 현재의 계획에 따라 행정역량을 집중하여 추진하기로 했다」며 고 박원순시장 재임하에 결정된 사항이며, 이에 따른 추진이라고 하지만 최종계획안에 대한 어떠한 공론과정도 없었다. 9월 28일 발표된 내용 역시 제대로 된 기자 간담회나 공개적인 토론회가 아니라 보도 자료 배포로 가름하는 등 공개적인 논의를 회피하고 있다. 광화문광장 조성이 대한민국 서울의 백년대계와 같은 사업인 점을 고려한다면, 이에 대한 의사 결정과 집행은 내년 초 보궐선거에서 당선된 새 시장의 책임하에 추진하는 것이 타당하다.

위와 같은 문제들이 있음에도 800억원이라는 예산이 투입되는 광화문광장 재구조화 공사를 이렇게 급하게 추진하는 이유가 무엇인지 묻지 않을 수 없다. 10월에 착공하지 않는다면 어떤 문제가 발생하는지 서울시는 공개적인 토론을 통해 답을 해야만 한다.

김학진서울시행정부시장은 “변화되는 광화문광장은 서울이 차량 중심에서 사람 중심, 빌딩 숲에서 도심 숲으로, 자연과 공존하며 재난에 대비할 수 있는 생명력을 갖춘 생태문명도시로 본격적 전환을 하는 사업이 될 것”이라고 말했다. 우리 역시 광화문광장 재구조화사업이 생태문명도시로 전환하는 사업이 되길 바란다. 그렇기에 상징성과 미래가치를 창출한 교통시스템 구축, 광장과 주변과의 조화, 민주적인 절차 등을 갖추지 못한 상태에서 성급하게 조성하면 안 된다는 것을 주장하는 것이다.

내년 4월 시민들이 선출할 새 서울시장이 의사 결정과 집행을 행사하고 책임질 수 있도록 시기를 늦추어야 한다. 10월말 착공 예정인 광화문광장 조성사업을 당장 중단하라.

2020년 10월 22일

광화문광장 재구조화사업 추진 중단을 요구하는 전문가 123명 일동

<광화문광장 재구조화사업 중단을 요구하는 123명 전문가 서명 명단>
강다연(서울시립대학교 도시사회학과), 강제상(경희대 교수), 강철준(제주국제대학교 교수), 고영희(성창특허법률사무소 대표), 김근영(강남대학교 교수), 김낙응(기술사사무소 한누리 대표기술사), 김

남주(아름건축사 사무소), 김레베카(성공회대 민주주의연구소 연구원), 김민수(프리랜서), 김성달(경실련 부동산건설개혁본부), 김성주(도시건축 이래 소장), 김성철(해마건축 전무), 김수미(숭실대 부교수), 김영기(정치교육연구원 운영위원), 김영섭((주)김영섭 건축문화 건축사사무소 대표), 김은희(도시연대 정책연구센터장), 김종동(전) 수원시지속가능도시재단 도시재생현장지원센터장), 김종술(오마이뉴스 시민기자), 김주영(한국교통대학교 교수), 김지혜(서울대학교 환경대학원 박사수료), 김천곤(산업연구원 연구위원), 김학영(대한건축사협회 회원), 김향숙(문화기획), 김헌동(경실련부동산건설개혁본부 본부장), 김현순(팍스크리스티코리아 이사), 김형곤((주)남경이엔씨 대표), 김형욱((주)정도유아이티 전무이사), 나태준(연세대학교 교수), 남기업(토지+자유연구소 소장), 류중석(중앙대학교 도시공학과 교수), 맹기돈(도시연대 사무처장), 문병섭(한국건설기술연구원 연구전략기획본부장), 문정석((주) 빅바이스몰 대표), 박배균(서울대학교 교수), 박선영(문화연대 문화정책센터 팀장), 박수정(행정개혁시민연합 사무총장), 박준환(국회입법조사처 입법조사연구관), 박지훈(중앙대학교 연구교수), 박창배(부산대학교 건축학과), 박철현(국민대 중국인문사회연구소 HK연구교수), 박한별(자문자답 대표), 배인명(행정개혁시민연합 상임집행위원장), 배정한(서울대학교 교수), 백남철(한국건설기술연구원 연구위원), 백승한(가톨릭관동대학교 건축학부 교수), 백인길(대진대학교 교수), 서교리(한국정보화진흥원 선임), 서수민(Temple대 조교수), 서영복(행정개혁시민연합 공동대표), 서정일(건축가), 소준철(한국학중앙연구원 한국학대학원 박사과정 수료), 송하중(경희대 명예교수), 신건수(경남대 건축학부 조교수), 신민재(에이앤엘스튜디오 건축사사무소), 신재은(환경운동연합 생태보전국 국장), 신혜란(서울대학교 교수), 안현찬(서울연구원 연구위원), 염신규((사)한국문화정책연구소 소장), 염형철(사회적협동조합 한강 대표), 오성호(상명대학교 공공인재학부 교수), 오정은(에이코랩건축사사무소, 대표), 우경국(예공아트스페이스 대표), 원보현(동국대학교 전임강사), 유해연(숭실대학교.교수), 윤은주(경실련 도시개혁센터 간사), 윤전우(서울시도시재생지원센터), 윤혜진(University of Wisconsin - Milwaukee, Associate Professor), 윤희성(사단법인 국제문화콘텐츠교류협회 이사장), 음성원(도시건축전문작가), 이건민

(정치경제연구소 대안 연구위원), 이기향(건축사사무소 한아키텍트 이기향), 이다빈(작가), 이민원(광주대학교 교수), 이범훈(인천대학교 도시과학연구원 연구중점교수), 이상헌(한신대학교 교수), 이상협(인제대학교 교수), 이성진(인천골목문화지킴이 대표), 이양재(엘리펀츠건축사사무소), 이영범(경기대 건축학과 교수), 이영현((주)엠에이피도시건축사사무소 대표이사), 이오주은(건축저널리스트), 이원제(상명대 교수), 이유미(주식회사 어반콜라보 대표), 이재석(사)한국정원협회 회장), 이진경(건축설계), 이진형(조경설계서안(주) 소장), 이채관(사)와우센타 대표), 이태영(건축사사무소 아이건축), 임민수(대학강사), 임영수(조경사무소 사람과 나무(주) 상무), 임정희(문화연대 공동대표), 임채운(건축설계), 임희자(마창진환경운동연합 사무국장), 장보혜(스튜디오 그린집 대표), 장옥연((주)온공간연구소 대표), 전민정(프리랜서), 정기황(사단법인 문화도시연구소 소장), 정수진(수원시정연구원 도시공간연구실장), 정윤희(비평그룹 시각), 정혜영(틔움 이사장), 조성한(중앙대학교 교수), 조은경(한국교통안전공단), 조은미(사회적협동조합 한강 사무국장), 조재원(공일스튜디오건축사사무소 소장), 조현세((주)대한콘설탄트 부사장), 주건일(서울YMCA 간사), 주경미(충남대 강사), 주신하(서울여자대학교 교수), 최병성(초록별생명평화연구소 소장), 최보연(상지대학교 조교수), 최봉문(목원대학교 교수), 최정한(공간문화센터 대표), 최창규(한양대학교 교수), 최하니(서울대학교 환경대학원 석사수료), 최혁규(문화사회연구소), 하동익(서울대 연구원), 하장호(문화연대 집행위원), 해람(캐나다 요크대학교 부교수), 허경무(사단법인 한국서체연구회 이사장), 홍기원(한국예술종합학교 교수), 홍다솔(건축설계), 홍인옥(도시사회연구소 소장), 황평우(동국대학교 겸임교수)

‖ 2020년 10월 22일 ‖

광화문광장 재구조화에 대한 시민사회단체 공개질의서

2020년 10월 5일 시민사회단체들의 '근시안적인 광화문광장 재구조화사업 추진을 당장 중단하라'는 성명서를 통해 다섯 가지 의견을 제시하고 서울시의 답변을 요청한 바 있다. 이와 별도로 오늘 우리는 광화문광장 재구조화 공사에 대한 우려들을 정리하여 다시 서울시에 질문을 던지고자 한다. 10월 5일 시민사회단체의 의견에 대해서, 그리고 오늘 제기하는 질문에 대해 서울시의 빠른 답변을 촉구한다.

Ⅰ. 2009년, 오세훈 전 서울시장은 700억원을 들여 현재의 광화문광장을 조성하였다. 10년 만에 다시 800억원의 예산을 들여서 광화문광장을 재조성해야 한다면 그 이유와 근거가 명확해야 한다. 당시에도 서울시는 이 사업이 대한민국 서울의 백년대계와 같은 사업이라고 대대적으로 홍보했지만, 백년은 커녕 겨우 10년 만에 다시 막대한 세금을 들여 재조성하려 한다. 서울시 스스로 오 전 시장의 광화문광장사업 실패를 인정한다면 당시 사업의 실패 원인과 책임을 분명히 해야 한다. 그런 바탕 위에서 추진해야만 앞으로 100년을 지속할 수 있는 광화문광장을 조성할 수 있다. 또 향후 시장이 바뀔 때마다 '새 시장+전문가'에 의해 광화문 일대가 파헤쳐지는 악순환도 방지할 수 있다.

<질문1>
10년 만에 다시 광화문광장을 재조성하겠다면 오세훈 전 시장의 광화문광장 조성사업은 실패한 것이다. 그 사업의 문제점은 무엇이었는가? 또 오 전 시장의 광화문광장사업 실패에 대한 책임을 누가, 어떻게 질 것인가? 이번에 서울시는 그 문제점을 철저히 검증한 뒤에 새로운 광화문광장사업을 다시 추진하고 있는가?

Ⅱ. 오 전 시장의 광화문광장사업 역시 도시, 교통, 역사, 문화, 조경 등 전문가 자문회의와 토론회 등을 수없이 진행하였으며, 시민 설문

조사 결과 가장 선호도가 높은 현재의 중앙 광장안을 결정하였다. 현재 서울시 역시 서측안으로 결정한 근거로 전문가 의견과 시민선호도 조사를 고려한 결과라 주장하였는데, 시장에 따라 전문가 의견과 시민선호도가 달라진다면 객관성에 대해 의심할 수밖에 없기에 객관적인 여러 정황과 자료들을 모두 공개해야 한다.

<질문2>
서울시가 서쪽 편측안을 고집하는 이유는 무엇인가? 항간에 떠도는 소문처럼 현재의 서측안 제안자이자 서울시 초대 도시총괄건축가, 현 국가건축정책위원장인 승효상 건축가 때문인가? 아니면 2016년부터 4년 동안 서울시에 별도의 조직까지 만들어 추진해온 사업이기 때문에 고 박원순 시장의 남은 임기 안에 빨리 완공하기 위한 것인가? 새 시장이 취임하면 이 사업의 불확실성이 커지기 때문에 그 전에 급히 완공하려는 것인가?

Ⅲ. 고 박원순 서울시장은 2019년 9월 행정안전부와 시민단체, 여론의 반대에 부딪히면서 이 사업을 전면 재검토하겠다고 발표하였다. 이에 따라 1년 가까이 전문가, 시민 토론회 등 공론화과정을 거쳤다. 특히 2020년 5월 23일엔 공관에서 시민단체들을 만나 "합의가 되지 않고 코로나 상황도 있어서 이 사업을 그만두려고 한다"고 밝힌 바 있다. 이후 고 박 시장은 공개적, 공식적으로 이 사업의 추진 여부와 계획방향에 대해 결정한 바 없기 때문에 대행 체제에서 이 사업을 추진하는 것은 부당하다.

<질문3>
이 사업을 추진해온 고 박 시장이 세상을 떠난 상황에서 서정협 시장 대행이 이렇게 중요한 사업을 결정하고 추진하는 일은 타당한가? 서울시는 10월 5일 보도 자료를 통해 "5월 27일 회의에서 광화문광장사업은 어떠한 흔들림없이 '현재 계획'에 따라 행정역량 집중하여 추진하기로 한 것'이라하였는데, 불과 4일 전에 고 박 시장이 이 사업을 중단

하려고 했는데, 누가 이 '현재 계획'을 확정했다는 것이며, '현재계획'의 내용은 무엇인가?

Ⅳ. 광화문광장 재구조화사업은 예산 규모도 800억원으로 큰 편이고, 도시 공간과 교통에 주는 영향도 매우 클 것으로 예상된다. 그렇다면 2019년 9월부터 2020년 4월까지 지속해온 공론화과정을 정리하는 토론회나 공청회를 열어 쟁점들을 정리하고 최종 계획안을 조정하는 과정이 필요했다고 판단된다. 그러나 서울시는 이런 과정이 없었음은 물론이고, 지난 9월 28일 발표도 기자회견조차 열지 않고 몇 장의 보도 자료로 갈음했다.

<질문4>
이렇게 성의없이 졸속으로 발표했어야 하는 일인가? 지금이라도 시민과 시민단체, 전문가들의 의견을 수렴할 공청회 또는 최소한 공개설명회라도 개최할 계획은 있는가?

Ⅴ. 서울시는 최근 광화문광장사업을 2020년 10월 착공해서 2021년 완공하겠다고 밝혔다. 광화문 일대 주민에게는 2023년으로 예상되는 미국대사관 이전 이후 전면 보행 광장사업을 추진할 예정이라고 했다. 그리고 지난 9월 28일 보도 자료에서 광화문 월대 복원을 2021년 착공해 2023년까지 완공하겠다는 계획도 밝혔다. 그렇다면 서울시는 2020년 10월부터 2023년 이후까지 수년 동안 광화문광장을 중심으로 공사를 계속 진행하겠다는 것이다.

<질문5>
광화문광장 재구조화사업과 전면 보행 광장사업 시기를 분리하여 추진하는 이유는 무엇인가? 광화문 월대 복원사업을 종합적으로 준비해 같은 시기에 추진하지 않고 시기를 나눠 찔끔찔끔 추진하는 이유는 무엇인가? 시민들의 소중한 예산과 시민들의 계속되는 불편은 어떻게 할 것인가? 과연 광화문광장사업은 누구를 위한, 무엇을 위한 사업인가?

Ⅵ. 2012년 서울시가 발표한 '보도블럭 10계명'은 안전하고 편리한 보도 조성을 위하여 보도 공사 실명제, 원스트라이크 아웃제, 동절기 보도블럭 공사 관행 근절 및 부실 시공 예방을 위해 겨울철 보도 공사를 금지하는 내용을 담고 있다. 이에 따라 매년 담당 부서인 보행정책과는 보도 공사 '클로징11'의 이행 철저 및 예산집행 관련 협조 요청을 서울시 각 부서에 발송하고 있다. 그 내용을 보면, '동절기 내 모든 보도 공사 일절 금지 및 동절기 전 사전 행정지도'. '현재 진행 중 또는 추진 예정인 사업은 2020년 11월 30일까지 완료'하도록 하며, 예외적인 사항으로는 '긴급 굴착공사 및 소규모 굴착공사'에 한정하고 있다. 또 '공정상 공사완료 불가시 동절기 이후로 일정 조정' 등을 규정하고 있다. 서울시 보도 공사 클로징11을 지켜져야 한다.

<질문6>
서울시는 광화문광장 재구조화사업을 2020년 10월 말에 착공하여 2021년 2월에 완공할 계획이라고 발표하였는데 800억원이 소요되는 공사를 보도 공사 '클로징(Closing)11'을 위반하면서까지 이렇게 급하게 추진하는 이유는 무엇인가? 이에 대한 결정은 누가 했으며, 보도 공사 클로징11을 위반한 것에 대한 책임은 누가 질 것인가? 서울시의 판단에 따라 보도 공사 '클로징(Closing)11'에 적용되지 않는다면 그 이유는 무엇인가?

광화문 앞은 한양 천도 이후 600년 이상 서울의 얼굴이자 대한민국의 얼굴이었다. 광화문 앞을 어떤 공간으로 만드느냐는 당대 시민과 정부의 정치 철학과 사회적 이상을 보여주는 것이다. 이번에 새로 광화문광장을 조성한다면 앞으로 100년 이상 지속할 수 있는 형태와 가치를 담아야 한다. 그러나 현재 서울시가 추진하는 광화문광장 재구조화 공사는 이 같은 가치와 이상을 담기에는 턱없이 부족하다. 완공한 지 10년 만에 재조성 논의에 휩싸인 오세훈 전 시장의 광화문광장과 같은 실패를 되풀이할 수도 있는 상황이다.

부디 서울시가 서두르지 말고 새 광화문광장을 21세기를 사는 시민들의 원대한 이상과 꿈을 담아서 추진하기 바란다. 선출직 시장도 없는 상황에서 도둑질처럼 추진해서는 안 된다. 서울시가 10월 말이나 11월 초로 계획하고 있는 광화문광장 공사 일정을 당장 취소하고, 이 문제를 내년 4월 취임하는 다음 시장에게 넘기기 바란다. 그것이 시민과 역사에 대한 서울시의 책임감 있는 태도라고 생각한다.

2020년 10월 22일

광화문광장 재구조화 졸속추진 중단을 촉구하는 시민사회단체
(경실련, 도시연대, 문화도시연구소, 문화연대, 서울시민연대, 서울시민재정네트워크, 서울YMCA, 한국문화유산정책연구소, 행정개혁시민연합)

‖ 2020년 11월 5일 시민단체 공개질의서에 대한 서울시의 회신 ‖ *

<질문1에 대한 답변>
현재의 광장은 세계 최대의 중앙분리대라는 오명이 있을 만큼, 단절되고 고립된 구조, 자동차 소음과 매연, 그늘, 휴식공간 부족 등 시민들의 이용 불편 관련 다양한 문제 제기가 있었습니다. 새로운 광화문광장 조성은 위 문제의식에서 출발하여 약 4개월이라는 논의과정을 거쳐 조성된 현재 광장과 달리 2016년 광화문포럼 논의를 시작으로, 약 4년여 간 300여회의 소통과정을 거쳐 추진해 왔습니다. 아울러 서울시 역사도심 기본계획(2015) 및 녹색 교통 진흥지역 특별종합대책(2018)에 근거한 "광화문일대 역사성 회복"과 "한양도성 내 보행공간 확충"이라는 서울시정의 정책 기조 연장선상에서 추진하고 있습니다.

현재 광장에 대한 문제점에 대해서는 시민단체 또한 지속적으로 말씀해 주셨고, 작년에 진행했던 토론과정에 직접 참여하며 그 해결점과 방향을 찾고자 함께 노력해 주셨습니다.

O '현재의 광화문광장을 옹호하는 것은 아니다.' (19.7.22. 시민단체 기자회견문)
O '현 광화문광장은 변화가 필요하다.' (19.8.21, 경실련 강당 토론회, 도시연대)
O '현 광장은 여전히 보행 단절성을 구현하고 있다.' (19.10.18, 1차공개토론회, 경실련)

더욱이, 시민들과 소통과정에서도 "이제는 현재 광장의 변화와 개선이 필요하다."는 시민들의 많은 목소리를 확인할 수 있었으며 서울시는 이러한 시민의 뜻을 담아 사업을 추진하게 되었음을 말씀드립니다.

* 광화문광장추진단-9703 문서로 답변내용만 그대로 옮긴 것임

- 서울시민 설문(1,000명/매 12.) : 광화문광장 방문·경유 시 불편사항
  - 집회·시위로 인한 교통 불편 57.8%/집회 및 행사로 인한 소음 54%
  - 그늘, 벤치 등 휴식 공간의 부족 29.2%/도로단절로 인한 보행 불편 17.6%
- 시민대토론회 설문(300명/19.12.) : 현재 광화문광장의 변화와 개선 필요성 공감
  - 공감함 80.6% / 공감하지 않음 14.9% / 무응답 4.5%

<질문2에 대한 답변>
2016년부터 4년여 간 300여회 이상 소통한 결과, 시민단체와 시민들은 궁극적으로 전면 보행 광장을 원했습니다. 다만, 시민들은 전면 보행 광장은 여건을 감안하여 단계적으로 추진하기를 원했으며 형태는 서측 광장 추진을 선호하였습니다.

- 시민토론단 300명/19.12.) : 변화 관찰하며 단계적 조성 공감 82.9%
  서측 광장 조성 공감 64.9%

작년 12월 시민 대토론회는 시민들이 충분한 학습이 된 상태에서 깊이 있는 논의를 하는 숙의 형태의 공론화과정이 필요하다는 시민단체(도시연대 등)의 의견을 반영하여 갈등조정담당관에 의뢰하여 진행되었습니다. 서울DDP와 세종문화회관에서 각각 2일간 진행된 시민대토론회는 25개 자치구에서 성별, 연령별, 지역별 특성을 고려하여 300명 균형 표집을 선발하여 사전 학습과 당일 8시간씩 2일에 16시간의 숙의과정을 통해 진행되었으며 시민단체(경실련 등)에서도 발표자로 각각 참여하여 광장 조성 원칙, 활용방안, 구조와 교통에 대해 발제하여 주셨습니다.

서울시는 "작년 소통 결과에서 얻은 시민의 뜻을 담아 사업을 추진하되 구체적 계획안을 마련하여 향후 시민에게 알린다"는 내용을 금년 2월 보도 자료를 통해 밝힌 바 있습니다. 2월 보도 자료 이후 서울시는 중앙 부처 등과 협의하고 이해 당사자들과 지속 소통하며 사전 행

정절차를 진행하여 계획안을 구체화하여 9월 28일 언론에 발표하게 되었습니다.

<질문3에 대한 답변>
광화문광장사업은 지난 4년 여간 400회 이상의 회의와 토론과정을 거쳐 시민의 뜻에 따라 추진해온 사업을 현 대행 체제하에서도 연속성을 가지고 추진하고 있습니다.

또한 지난 5월 23일 시장 공관에서 故 박원순 시장님은 시민단체 뿐 아니라 광화문시민위원회 위원 등과 차례로 면담하며 사업 일정들을 포함하여 종합적 자문을 받은 바 있으며, 이후 5월 27일 시장 주재 회의 시 광화문광장사업은 행정역량을 집중하여 어떠한 흔들림 없이 추진하기로 결정한 바 있습니다. 그리고 서울시는 지난 7월 입장발표를 통해 "시민과 약속된 사업인 서울시정은 중단 없이 굳건히 계속되어야 한다"고 밝힌 바 있습니다.

<서울시, 새로운 광화문광장 시민소통 결과 발표... '시민 뜻 담아 사업 추진', 2.13(목)

① 대부분 시민 광화문광장의 전면 보행화에 의견 일치... 단계적으로 전면 보행화 추진
② 일상에서 즐기 수 있는 공원요소 담긴 광장 원해... 시민 일상과 문화 향유 가능한 공간으로 조성
③ 집회·시위로 인한 교통불편과 소음 문제 대책 필요... 집시법 개정건의 등 대책마련
④ 광화문 일대의 미래지향적 계획 마련... 광장 주변부 포함한 종합 발전계획 수립

<질문4에 대한 답변>
서울시는 2016년 광화문포럼에서 출발하여 지난 4년 여간 많은 분들과 공개토론회, 공청회, 현장설명 등 다양한 형태로 논의해 왔으며 단일사업으로서 유례없는 소통을 진행한 바 있습니다.

이 과정에 일부 시민단체 관계자분들도 광화문포럼, 광화문시민위원회로 적극 활동해 주셨습니다. 또한, 작년 소통과정에서 공개토론회 등에 시민단체에서 직접 토론자로 참여하여 다양한 목소리를 내주셨기에 광화문광장에 담을 다양한 미래 지향적 가치를 확인하고 논의할 수 있었습니다. 이러한 과정들에 대해 9개 시민단체 중심으로 금년 1월 28일 공개 입장문에서 “시의 시민소통 노력에 대해서는 높이 평가”, 7월 1일 공개 입장문에서 “시가 보인 수용성·적극성은 매우 고무적”이라고 대외 발표해 주셨습니다. 시민소통과정에 함께 해왔던 시민사회단체에 거듭 감사 말씀드립니다.

아울러, 금회 발표가 있기까지 행정안전부, 문화재청, 서울시의회, 서울시경찰청 등 관련 기관과 긴밀히 협의하였으며 시민사회, 전문가, 지역 주민 등 많은 분들의 의견도 반영하여 발표하게 되었음을 설명드립니다.
사업 관련 다양한 조언은 언제든지 적극 소통하고 경청해 나가겠습니다.

<질문5에 대한 답변>
많은 시민들은 토론 과정에서 현재 광화문광장의 문제점을 인식하며 이제는 변화를 주어야 한다고 생각하셨으며 궁극적으로는 광장의 전면 보행화를 원하셨습니다. 다만, 교통 여건, 시민불편 등 변화를 관찰하며 단계적으로 추진하기를 원했습니다. 이런 결과를 반영하여 사업 시기를 단계적으로 추진하게 되었음을 설명드립니다.

- 2차 시민대토론회 (300명/19.12) : 변화 관찰하며 단계적 조성 70.9%
- 시민토론단(300명/19.12) : 전면 보행 공간 조성을 추진하되 단계적 진행 공감 82.9%

‘경복궁 광화문 월대 및 문화재 정비사업’에 대해서는 문화재청 주도 사업임에도 서울시 주도로 진행함을 시민단체에서 지속적으로 지적해왔기에 문화재청과 8회에 걸친 상호 협의 과정을 통해 문화재청 주도 문화재 발굴과 그에 따른 차량 통행 및 시민불편을 최소화하는 사업 공정을 공동 마련하게 되었습니다.

또한 시민단체의 무리한 지하광장 조성으로 인한 난개발 등 문제점 제기와 지역상권을 우려하는 지역 주민들의 목소리도 함께 반영하여 대규모 지하광장 조성계획을 취소하고 시민 이용시설에 대한 리모델링 수준으로 사업계획(안)을 최소화로 변경하였습니다. 이를 통해 당초 계획 대비 약200억원 예산을 줄일 수 있게 되었습니다. 시민단체의 적절한 조언에 깊은 감사를 드립니다.

<질문6에 대한 답변>
우리 시에서는 차량 중심에서 보행자 중심 교통정책 패러다임 변화에 대응하여 한양도성 녹색교통진흥지역 지정('17.3), 특별종합대책을 마련('18.8)하고 그 사업의 일환으로 세종대로 사람숲길 조성, 새로운 광화문광장 조성사업 등을 추진 중에 있습니다. 광화문광장 조성사업은 현재 진행 중인 세종대로 사람숲길 조성사업과 연계 추진돼야 차량 병목 현상 방지, 시민통행 불편 및 주변 상권 영업지장 최소화를 위해 동절기 도로 공사 추진이 필요한 상황입니다.

동절기 도로 공사에 따른 부실시공 방지 등을 위해 주요공정(경계석, 측구 등)은 금년 내 최대한 집중하여 시공할 계획이며, 시급하지 않은 보도부는 동절기 이후 시공하거나 최소화할 예정입니다. 아울러, 동절기 시방기준 준수, 치밀한 공정계획 수립, 철저한 품질관리(기온에 따른 시공, 보온대책 등) 등을 통해 만전을 기하도록 하겠습니다.

‖ 2020년 11월 16일 ‖

광장을 만들고 싶은것인가, 공사를 하고 싶은것인가

- 일방적인 공사 착공을 즉각 중단하라 -

진심으로 개탄한다. 결국 서울시는 광화문광장 재구조화사업을 착공하겠다고 나섰다. 지난 10월 갑작스러운 사업 재추진 발표에 이어 또다시 전격적인 발표다. 매번 계획의 발표도 없이 깜짝쇼 하듯이 중대한 사업을 추진하는 서울시의 배포가 놀랍다. 서울시의 재추진 발표 이후 우리들은 과연 서울시가 어느 정도 준비가 되었고 또한 어떤 계획을 가지고 있는지를 확인하기 위해 노력하는 한편, 국회와 서울시의회를 대상으로 해당 사업이 가진 문제점을 설명했다. 이런 움직임은 비단 소수의 시민사회단체에 머무는 것이 아니라는 것을 200명에 가까운 전문가들의 공동성명을 통해서 확인할 수 있었다.

지금 서울시는 공론화과정을 통해서 정당성을 확보하였고 계획의 많은 부분이 개선되었다고 말하지만 이는 우리가 확인한 사실과 매우 다르다. 우선 종합적인 광화문광장 재구조화와 관련한 계획이 발표된 것이 없다. 현재 진행 중인 내용은 모두 개별적인 사업으로, 도로는 도로 따라, 공원은 공원 따로 진행될 뿐이다. 이는 서울시의 공고나 고시에도 2019년 9월 잠정 중단 이후 발표된 내용이 없다는 데서 확인된다. 현재 서울시가 추진하고 있는 사업들은 모두 2019년 1월에 발표된 국제현상공모작의 후속조치로 해왔던 것이다. 즉, 서울시가 말한 공론화는 허울이었다. 무엇보다 최소한의 정보 공개가 이루어지지 않고 있다. 서울시가 정보 공개 차원에서 정비했다고 하는 광화문광장 홈페이지는 2020년 1월 이후 어떤 자료도 게시되지 않고 있다. 난데없는 도로 조성 공사 안내만 올라왔을 뿐이다. 지금 서울시가 어떤 광화문광장을 조성할 것인지는 광화문광장추진단이라는 부서 외에는, 서울시의회 조차도 분명하게 모르는 상황이다.

이런 상황에서 공사를 착공한다고 나섰다. 우리는 과거 이명박 전 시장이 교통 광장에 불과한 서울광장을 조성했던 것과 오세훈 전 시장이 과시용 광화문광장을 조성했던 과정을 기억한다. 과연 지금 서울시가 하고자 하는 광화문광장 재구조화는 그것과 무엇이 그렇게 다른가? 그래서 그렇게 만들었던 광장이 정말 '광장 다움'이 있었던가. 지금 서울시가 하는 것은 광장정신이 없는 광장을 만드는 것이다. 그런 광장이 새로운 민주주의의 가치와 개방성, 포용성, 다양성을 담을 리 없다. 무엇보다 이 광장사업은 시민에 대해 어떤 책임을 질 수 없는 관료들에 의해 주도된다.

우리는 이런 사태를 묵과하지 않을 것이다. 수차례의 대화요구에도 꿈쩍도 하지 않는다면, 과거 부패한 정권을 몰아냈던 그 광화문광장에 다시 설 수 밖에 없다. 마지막으로 간곡하게 요구한다, 당장 착공을 중단하라.

2020년 11월 16일

광화문광장 재구조화 졸속추진 중단을 촉구하는 시민사회단체
(경실련, 도시연대, 문화도시연구소, 문화연대, 서울시민연대, 서울시민재정네트워크, 서울YMCA, 한국문화유산정책연구소, 행정개혁시민연합)

‖ 2020년 11월 24일 ‖

'시장 없는 서울시' 대신 서울시의회가 제 역할을 해야 할 때다

- 다수당의 힘겨루기 보다는 합리적인 토론의 계기 되어야,
공개 토론회 개최 필요
- 정파적 이익보다 서울시의 장기 비전과 시민들의 편익을 중심으로 살펴야

서울시의회가 광화문광장 재구조화사업에 대한 입장을 밝혔다. 11월 23일 국민의 힘, 민생당, 정의당은 현행 광화문광장 재구조화사업의 중단을 촉구하면서 코로나19 상황에 따른 비상한 민생대책을 우선해야 한다고 한 반면 민주당은 재구조화사업은 중단없이 진행되어야 한다는 입장을 내놓았다.

작년 1월 서울시의 광화문광장 재구조화사업에 대한 공식적인 입장 발표 이후 서울시의회 차원에서는 지역구 의원을 중심으로 몇몇 의원이 관심을 가지고 입장을 내놓았던 것을 제외하고는 거의 함구하고 있었던 것에 비춰 보면 상당히 이례적인 일이다. 그만큼 현재 서울시가 추진하고 있는 광화문광장 재구조화사업이 중요한 쟁점이라는 것을 보여주는 것이고, 늦었지만 서울시의회가 본 사업의 심각성을 환기했다는 점에서 환영한다.

알다시피 서울시의회는 109명의 의석수 중 101명이 민주당 소속인, 사실상 1당 독점 의회에 다름 아니다. 그런 와중에 8명의 야당 의원들이 한 목소리를 낸 것은 단순히 숫자를 넘어서는 상징성이 있다고 본다. 실제로 원내 교섭단체 구성도 힘든 야당 의원들이 의정활동의 불이익을 감수하고 입장을 밝힌 것이다. 그런 점에서 여당인 민주당이 이런 목소리를 무시하는 것은 다수의 권리가 아니라 횡포라는 것을 명확하게 인지할 필요가 있다. 그럼에도 불구하고 또한 광화문광장 재구조화가 서울의 미래와 광장의 가치를 둘러싼 논의가 아니라 정쟁의 대상이 되는 것 또한 바람직하지 않다.

다만 재구조화사업의 찬반을 떠나서 서울시의회의 여당이나 야당 모

두 아쉬운 부분이 있다. 우선 민주당은 '시민사회단체의 반대가 중단을 말하는 것이 아니라 시민의 뜻을 담아 제대로 추진되어야 한다는 취지'라고 말했다. 분명히 말하지만 '중단'하라는 것이다. 공사를 하면서 의견을 담는다는 것은 말이 되지 않는다.

더구나 지난 해 12월 광화문광장 재구조화 관련 예산안 처리 과정이나 추경 과정에서 광화문광장사업에 대해 의견을 낸 의원이 단 한명도 없었다는 사실과 다른 이야기를 했다. 올해 초 추경 시기인 6월 24일 예결특위에서는 양민규 의원이 광화문광장과 연관되는 세종대로 확장사업을 추경으로 편성한 것에 대한 문제제기성 질의를 한 바 있고, 작년 예산 심의시기인 2019년 12월 5일에는 봉양순 의원이 광화문광장사업의 불용액 과다에 대한 질의를 명확하게 한 바가 있다. '삭감'을 언급하지 않았다고 반대가 없었다는 것은, 자신들의 활동을 부정하는 민망스러운 해석이 아닌가 싶다.

반대 입장을 명확하게 밝힌 야 3당의 경우에는 그동안 광화문광장 재구조화사업에 대해 방치했던 것에 대한 책임표명이 없다. 실제로 2019년 1월부터 지금까지 광화문광장 재구조화사업을 둘러싼 논란 과정에서 서울시의회의 야당들은 무력하기 짝이 없었다. 무엇보다 광화문광장 재구조화사업에 대한 반대를 표명하는데 단순한 예산의 문제를 넘어서는, 좀 더 넓은 서울시의 미래에 대한 고민으로 이어지지 못한 부분은 아쉬운 부분이다.

이에 우리는 서울시의회에 공식적으로 요청한다. 서울시가 했다고 하는 300회의 시민소통은 서울시의 소통일 뿐이다. 서울시의회는 해당 공론과정에 제대로 참여한 적이 없다. 따라서 기왕에 논란이 되었으니 서울시의회 차원에서 공식적인 토론을 시작해주길 바란다. 사업을 책임질 수 없는 서울시보다는 적어도 시민에 대한 대표성이 있는 서울시의회가 그 역할을 한다면, 서울시의 일방적인 독주도 막고 서울시의회의 역할도 제대로 할 수 있으리라 본다. 시민의 대표인 의회가 행정관료가 독주하는 서울시의 방패막이 아니라 사실상 시민의 권한을 위임받은 유일한 대표기구로서 그 역할을 해야 하는 중대한 순간이다. 우리는 어떤 형식과 절차도 수용할 의사가 있다. 각자의 입장을 공개적으로 밝힌 만큼 공개적인 자리를 통해서 시민들로부터 검증을 받자. "끝"

2020년 11월 24일

광화문광장 재구조화 졸속추진 중단을 촉구하는 시민사회단체 (경실련, 도시연대, 문화도시연구소, 문화연대, 서울시민연대, 서울시민재정네트워크, 서울YMCA, 한국문화유산정책연구소, 행정개혁시민연합)

‖ 2020년 12월 1일 ‖

[광화문광장 재조성사업 관련법 위반 무효소송제기 기자회견]

광화문광장 재구조화사업은 무효다!
서울시는 위법한 공사 강행을 당장 중단하라!

오늘(1일) 광화문광장 재구조화사업의 졸속 추진을 반대해온 경실련 등 시민사회단체들은 한양대 법학전문대학원 리걸클리닉센터* 와 함께 서울시를 상대로 광화문광장 재구조화사업 무효확인소송을 제기했다. 서울시는 지난 11월 16일 기습적으로 광화문광장 재구조화 계획 및 공사 착공을 발표하고, 현재도 공사를 진행 중이다.

광화문광장은 2009년 약 700억원의 예산을 들여 공사를 한 뒤 시민들에게 개방된 지 10년 정도 밖에 지나지 않았으며, 시민들로부터 민주적 정당성을 부여 받은 선출직 공무원이 궐위된 상황에서 긴급하

* 한양대 법학전문대학원 리걸클리닉센터(소장:박선아 한양대 법학전문대학원 교수/경실련 시민입법위원장) : 2011년 국내 최초로 공익소송을 제기한 것을 시작으로 다양한 공익소송을 통해 공익실현에 기여하고 있음.

게 공사를 강행할 필요도 없는 상황이다. 그럼에도 서울시가 광화문 광장의 공사를 강행하는 것은 부당하게 예산을 집행하는 것일 뿐만 아니라, 헌법과 법률에 반하여 서울시민, 나아가 국민들의 표현의 자유를 비롯한 헌법상 기본권을 침해하고, 공권력 행사에 대한 국민의 예측 가능성과 신뢰보호 원칙을 훼손하는 행위이다.

이에 다음과 같은 이유로 광화문광장 재구조화사업은 무효이며, 서울시는 위법한 공사 강행을 당장 중단해야 한다.

1. '광화문광장 재구조화사업'은 상위기본계획에 없는 위법한 사업이다.

서울시는 2014년 「2030 서울도시기본계획」을 통해 2010년부터 2030년까지 향후 20년간 서울의 주택, 공원, 교통, 산업, 환경, 문화, 복지 등 다양한 부문별 계획을 통합하고 조정하는 서울시의 최상위 도시기본계획을 발표했다. 광화문광장은 그 상징성 및 중요성에 비추어 볼 때, 약 800억 가까운 예산을 투입하여 이 광장의 구조를 전면 개편하기 위해서는 장기적인 계획으로 구상, 추진되어야 하며 최소한 도시기본계획에 기본방향과 전략에 대한 내용이 포함되어 있어야 한다. 하지만 「2030 서울도시기본계획」 어디에도 '광화문광장 재구조화사업'에 대한 내용은 제시되어 있지 않다.

「국토의 계획 및 이용에 관한 법률」(제25조 제1항)에 따르면 도시관리계획은 도시기본계획에 부합되어야 하는 바 도시기본계획에 부합되지 않는 도시관리계획 등은 그 근거가 없는 것으로 무효가 된다. 지난 9월 28일 서울시는 '광화문 일대 종합발전계획'을 현재 수립 중인 최상위 법정계획인 「2040 서울도시기본계획」등에 반영한다고 발표했다. 이미 현존하는 상위계획에도 없는 사업을 강행하며, 앞으로 반영하겠다는 것은 말이 되지 않는다. '광화문광장 재구조화사업'과 부합되는 도시기본계획이 존재하지 않는 이상 이 사업은 무효이다.

2. 실시계획 고시도 없이 790억 원 예산의 공사를 집행하는 것은 명백한 위반이다.

「국토의 계획 및 이용에 관한 법률」(제88조 제1항)에서는 "도시·군계획시설사업의 시행자는 대통령령으로 정하는 바에 따라 그 도시·군계획시설사업에 관한 실시계획을 작성하여야 한다. 하지만 서울시는 2019. 8. 8. 이후로 고시한 게 없다며 광화문광장 재구조화사업이 실시계획 대상이 아니라고 답변했다. 정보 공개 청구에서도 비공개 처리했다. 대규모 개발사업의 경우 도시계획 시설 결정, 실시계획 인가, 건축 허가 등 정해진 절차에 따라 단계적으로 반영, 추진돼야 한다. 실시계획 고시도 없이 총 790억 원의 예산이 집행되는 공사를 진행하는 것은 명백한 관련법 위반이다.

3. 헌법상 기본권(표현의 자유, 환경권 등)을 침해한다.

대한민국은 헌법 제21조와 제37조를 통해 모든 국민의 언론·출판·집회·결사의 자유를 보장하고 있다. 광화문광장은 서울시의 공간일 뿐 아니라 국가적 상징이 되는 공간이며 국민의 의견이 표출되는 광장으로서 대표적으로 2002년 월드컵 거리응원, 2014년 세월호 침몰 사고로 인한 집회 및 2016년 박근혜 전 대통령 퇴진 집회 등이 이루어진 곳이다. 그런데 이 공간에 대해 800억 원을 들여 사업을 진행함에 있어 여론을 제대로 수집하지 아니하고 기습적으로 공사를 강행하는 것은 사실상 민의 표출의 상징이 되는 공간인 광화문광장을 집권기간 내지는 재임기간 동안 사용할 수 없게 함으로써 서울시민, 나아가 국민의 자유를 침해하는 행위이다.

헌법 제35조에서 보장하는 환경권에 따르면 모든 국민은 환경오염이나 공해를 유발하는 결과를 초래하지 아니하도록 충분한 예방조치를 강구하여 주도록 요구할 권리, 건강하고 쾌적한 생활환경을 조성하고 보전해줄 것을 요구할 권리 등이 있다. 현재 광화문광장에 대한 공사가 강행됨으로써 인근 주민들은 물론 다수의 서울 시민들이 교통체증, 공사로 인한 소음, 이로 인한 환경오염 및 공해의 유발로 인해 엄청나게 피해를 입을 것임이 충분히 예상되고, 이미 공사가 시작되어 이와 같은 피해가 발생하고 있는 상황이다.

4. 선출직 공무원의 유고 상황에서 권한대행의 업무 범위를 초과한

행위다.

현재 서울시는 서울시장의 유고 상황이라는 사상 최악의 비상 상황을 맞았고, 내년 4월 보궐선거를 앞두고 있다. 이러한 상황에서 임명직 공무원인 행정1부시장이 지방자치법 제111조 제1항 1호에 따라 시장 권한을 대행하고 있다. 지방자치법상 권한대행의 직무범위에 관한 명시적인 규정은 없지만, 과거 노무현 전 대통령 탄핵소추 및 박근혜 전 대통령 탄핵결정으로 인해 대통령이 궐위되었을 당시 권한대행의 업무 수행 범위는 현상유지적 권한만 행사할 수 있다는 것이 중론이었다.

광화문광장 재구조화사업의 도시관리계획 고시가 있은 이후인 2019년 9월 19일 서울시 고 박원순 시장은 긴급기자회견을 열어 광화문광장 추진 중단을 선언하며 시민소통 결과를 따르겠다고 밝혔던 바 이를 뒤집고 광화문광장 재구조화사업을 재추진하는 것은 현재 서울시장 유고 상황에서 권한대행이 예산을 함부로 집행해서 현상변경을 이루려는 것으로 권한대행자의 업무수행 범위를 벗어나는 것이다.

5. 수백억 혈세투입되는 광화문광장사업, 국가재정법에 따라 예타는 거쳤는가?

국가재정법 제38조 제1항에 따르면 기획재정부 장관은 총사업비가 500억원 이상이고 국가의 재정지원 규모가 300억원 이상인 신규사업에 대해 예산편성 이전에 미리 예비 타당성 조사를 실시해야 한다. 예비타당성 조사는 과거 무분별한 국책사업 추진에 따른 예산낭비를 방지하고자 김대중정부가 도입한 제도이다.

서울시가 공개한 광화문광장 재조성사업은 791억원이며, 이중 역사복원 257억, 광장 조성 534억이다(별첨2 참조). 때문에 효율적인 예산집행을 위해 반드시 예비 타당성 조사를 실시해야 한다. 만일 거치지 않았다면 위법이며, 예타를 시행하지 않은 이유가 타당한지 면밀히 검토되어야 한다.

이에 대해 서울시는 광화문광장사업이 문화재 복원사업으로 예타면제에 해당한다고 해명하고 있다. 하지만 광화문광장사업의 본질은 광화문광장을 중심으로 세종대로 중 한쪽 면을 막아 '편측 광장'을 만드는 형태로 위 지역의 도로를 정비하겠다는 것이 주를 이루고 있다. 따라서 이를 문화재 복원사업으로 주장하는 것은 타당하지 않으며, 예타를 면하기 위한 편법적인 사업비 책정과 다름없다.

이처럼 서울시의 광화문광장 재구조화사업은 헌법상 원칙에 반하고 서울시민, 나아가 국민의 기본권을 침해하며 법률상 규정한 각종 절차를 제대로 준수하지 아니하고 재정을 낭비하는 행위라는 점에서 명백히 무효다. 사법부의 현명한 판단을 기대하며, 지금이라도 서울는 위법한 광화문광장 재조성사업 강행을 즉각 중단해야 한다."끝"

별첨1) 광화문광장 재구조화사업 무효소송 소장
별첨2) 광화문광장 조성사업 정보 공개 청구에 대한 서울시 답변(사업예산서 포함)

** 소송은 기자회견 이후 전자소송으로 진행될 예정임.

2020년 12월 1일

광화문광장 재구조화 졸속추진 중단을 촉구하는 시민사회단체
(경실련, 도시연대, 문화도시연구소, 문화연대, 서울시민연대, 서울시민재정네트워크, 서울YMCA, 한국문화유산정책연구소, 행정개혁시민연합)

‖ 2021년 3월 4일 ‖

서울시의 GTX 역 추가 요구, 눈뜨고 볼 수 없는 관료들의 일방통행

- 공론화도, 정보 공개도 패스 … 재원 규모도 알 수 없는 계획
- 서울시가 제시한 근거도 부족하고, 기후위기 대응에도 반해

서울시가 광화문광장 재구조화에 대한 알박기 공사를 3월 내에 완료하겠다는 것에 이어 또 다시 논란이 되었던 사업을 추진하고 있다. 선거를 앞두고 있는 사이 새로운 시장이 오면 부담이 될 만한 일을 얼른 처리해두겠다는 심사로 보인다. 이런 발상이 가능한 것 자체가 현재 서울시가 민주주의로부터 얼마나 멀리 떨어져 있는지를 보여준다.

서울시는 기존 GTA- A,B,C노선 전체에 추가로 역을 신설하는 요구안을 국토교통부에 제출했다. B,C 노선에 역을 추가하는 것은 자치구의 요구에 의한 것이겠지만 결국 핵심은 A노선에 광화문역사를 신설하는 것으로 보인다.
GTX-A 노선은 동탄에서 운정까지로, 서울을 경유하는 역은 삼성-서울역-연신내이다. 2018년 12월 착공하여 현재 공사중인데, 2018년 5월부터 10월까지 협상 및 실시계획을 진행하였고, 2018년 12월 삼성-운정지구 착공식과 함께 공사가 진행중이다.
이와같이 애초에 검토되지 않았던 광화문역사 신설에 대해 서울시가 요구하고 나선 것은 2018년 12월로 광화문광장 재구조화사업을 발표하면서다. 즉 광화문광장 재구조화사업을 통해 보행 중심으로 바꾸고 교통 문제는 지하에 복합역을 만들어 해결하겠다는 구상이었다.
이 때문에 서울시가 광화문광장 재구조화사업에 대하여 중단을 발표하고 난 이후 진행된 공론과정에서 아예 GTX-A 광화문역사 건설 부분은 논의 대상 조차 되지 않았던 것이다.

2020년 7월 고 박원순 시장의 갑작스런 유고 뒤 서울시는 광화문광장사업에 대한 논의를 멋대로 강행해왔다. 그동안 시민단체들은 관료 출신 부시장의 대행 체제에서 광화문광장사업 추진은 민주주의 원리에 맞지 않는다고 반대해 왔다. 시민단체들은 이번 서울시의 광

역급행철도 광화문역 추가 요구도 박 전 시장이 평소 강조했던 시민합의의 정신을 무색하게 만드는 행정 폭거라고 판단한다.

시민단체들이 이렇게 판단하는 이유는,
첫째, 광역급행철도 광화문역 추가 설치 근거가 부실하다는 점이다. 서울시는 GTX-A 노선에에 광화문역이 추가로 필요한 이유와 관련해 2호선 시청역과의 환승 시간을 중요한 이유로 제시했다. 그러나 그동안 서울시의회에서 지속적으로 지적된 바와 같이 특수한 환승수요를 고려하면서 역을 신설하는 것은 광역급행철도의 취지에도 부합하지 않는다. 게다가 서울시는 광화문에서 서울역까지 세종대로 사람숲길을 통해 대중교통이 편리하고 자전거이용활성화, 쾌적한 보행환경 제공을 취지로 공사가 진행중이며 2021년 상반기 마무리할 예정이다. 서울시가 하는 사업과 주장이 서로 상충한다. 즉 환승불편 해소라는 것은 억지일 뿐이다.

둘째, 서울시는 이번 발표에서 역 추가에 따른 비용을 누가 부담할 것인지에 대해 밝히지 않았다. 무려 3천억원에 이르는 추가 비용은 간단한 문제가 아니다. 더욱이 서울시는 2021년 예산을 편성하면서 코로나19 관련 예산을 늘리고, 일반사업 예산을 상당 부분 감축한 바 있다. 이런 상황에서 누가 3천억원의 광화문역 추가 비용을 부담하겠다는 것인가? 중앙 정부의 재정사업으로 추진 중인 광역급행철도 사업에서 광화문역만 서울시의 대규모 예산을 투입해서 건설할 것인가? 아니면 국토부가 기존 입장을 변경해 광화문역 추가 비용을 부담해 주기로 약속이라도 했다는 것인가?

셋째, 서울시는 이미 완료된 수도권광역급행철도 A노선 광화문 복합역사 신설 타당성 조사 및 기본계획 용역 (2019년 3월/예산 997,348,000원) 결과 타당성이 있게 나왔다고 서울시의회에서 보고했으니 그 내용에 대해서는 공개하지 않고 있다. 시민사회단체들의 정보 공개 요청에도 불응하고 있어 상호 검증이 불가능한 상태이다. 또한 지방행정연구원에서 수행하고 있다는 광화문역 건설 타당성 조사 결과도 공개하지 않고 있다. 한 언론 보도에 따르면 서울시가 광화문역사 신설을 위해 부담해야 하는 비용이 3,474억에 달하고 이는

GTX-A 전체사업비 2조9천억원의 12%에 해당 하는 규모다. 따라서 서울시는 이 사업을 추진하려면 비용 대비 편익(B/C)부터 공개해야 할 것이다.

넷째, 광화문역 추가 건설은 광화문~시청 일대의 지하복합역사 개발을 염두에 둔 것으로 보인다. 그러나 지하 공간 개발은 기후위기의 시대에 전혀 걸맞지 않은 반환경적인 사업이다. 낮에도 조명 등 각종 에너지를 사용해야 하는 지하 공간을 구태여 개발해야 할 이유가 무엇인가? 광화문 일대의 지상 공간도 제대로 활용하지 못하는 상황에서 지하 공간 개발은 토건주의 세력의 요구를 반영한 일일 뿐이다. 서울시의 도시 정책은 토건주의가 아니라, 환경주의에 바탕을 둬야 한다는 것이 시민단체들의 판단이다. 멀지않은 미래에 기후위기는 돌이킬 수 없는 지경에 이를 우려가 크기 때문이다.

이와 같이 매우 중요한 사업임에도 서울시 광화문광장추진단은 제대로 된 공론화과정을 한 번도 거치지 않은 상태에서 일방적으로 발표했다.
광역급행철도 A노선의 광화문역 추가사업은 사업의 근거가 부족하고, 막대한 예산이 들며, 환경적으로도 우려가 큰 사업이다. 서울시는 이번 요구를 즉시 철회해야 한다. 광역급행철도 광화문역 추가 여부도 광화문광장사업 자체와 마찬가지로 4월에 취임하는 새 시장에게 전권을 넘겨 제대로 된 공론화과정을 가져야만 한다.
시민단체들은 반민주적인 서울시 관료들의 폭거를 규탄한다.
서울시는 지금이라도 모든 정보를 공개하고 시민들의 의견을 묻기 위한 공론화에 나서야 한다. [끝]

2021년 3월 4일

광화문광장 재구조화 졸속추진 중단을 촉구하는 시민사회단체
(경실련, 도시연대, 문화도시연구소, 문화연대, 서울시민연대, 서울시민재정네트워크, 서울YMCA, 한국문화유산정책연구소, 행정개혁시민연합)

‖ 2021년 3월 15일 시장후보자 답변 공개문 ‖

광화문광장 재구조화사업에 대한 서울시장 후보들의 답변 결과

광화문광장 재구조화 졸속추진 중단을 요구하는 시민사회단체들은 3월8일 서울시장 후보자들에게 질의서를 발송하였다. 이에 대해 국민의힘 오세훈, 국민의당 안철수, 무소속 신지예 후보가 답변서를 보내왔다. 그러나 더불어민주당 박영선, 열린민주당 김진애 후보는 답변 마감일인 3월12일까지 답변서를 보내지 않았다.

답변을 보낸 3명의 후보자는 모두 현재 서울시가 추진 중인 광화문광장 재구조화사업에 반대한다는 입장을 분명히 밝혔다. 또 시장에 당선되면 5월부터 추진 예정인 서쪽광장 조성 공사 중단과 함께 공론화를 재개하겠다고 답변했다. 그리고 광장 조성의 내용과 방식, 시기 등에 대해 시민, 시민단체, 시민위원회 등과 폭넓은 협의를 통해 결정할 것임을 밝혔다.

그밖에 보내온 의견은 다음과 같다.

국민의힘 오세훈 후보는 "서울시장 경험에 비추어볼 때 이미 예산이 투입되어 공사가 강행 중인 광화문광장사업의 전면적인 중단은 또 다른 예산 낭비가 발생할 수 있으므로 빠른 시일 내에 광화문광장에 대한 공론화과정을 통해 추가비용이 최소화될 수 있는 범위 내에서 진정한 시민의 광장으로 만들겠다. 또 대행 체제의 공사 강행에 대해 반드시 책임을 물을 것"이라고 밝혔다.

국민의당 안철수 후보는 "800억원이 소요되는 광화문광장사업은 대행 체제가 아닌 새로운 시장에 의해, 시민과 도시계획 전문가, 중앙정부의 의견을 통해 결정되어야 한다. 또 서울의 세대당 지방세 부담액이 연간 514만 원이 넘는 상황에서 본 사업을 강행하는 이유가 불분명하기 때문에 당장 사업을 중단해야 한다. 무리한 공사 강행에 대해 책임을 물을 것"이라고 밝혔다.

무소속 신지예 후보는 "명확한 시민적 합의와 장기적인 서울의 공간 변화를 전제로 검토가 이루어져야 한다. 기후위기와 불평등에 대응하기 위해 광화문광장사업은 지속가능하고 새로운 가치를 담아낼 수 있어야 한다"고 밝혔다.

광화문광장 재구조화 졸속추진 중단을 요구하는 시민사회단체들은 답변을 보내온 각 후보자들의 의견을 모두 공개한다. 또 여당인 더불어민주당 박영선 후보와 열린민주당 김진애 후보가 이 문제에 대해 명확한 입장을 밝히지 않은 점에 깊은 유감을 표시한다. 서울시는 이제라도 무리한 공사를 중단하고, 신속히 재공론화에 나설 것을 다시 한 번 요구한다.

2021년 3월 15일

광화문광장 재구조화 졸속추진 중단을 촉구하는 시민사회단체
(경실련, 도시연대, 문화도시연구소, 문화연대, 서울시민연대, 서울시민재정네트워크, 서울YMCA, 한국문화유산정책연구소, 행정개혁시민연합)

‖ 2021년 4월 22일 ‖

광화문광장 재구조화 공사 중단과 공론화 재개를 요구하는 시민사회단체 공개질의서

- 원상회복 주장한 적 없어, 지금 이 상태에서 모든 공사 중단할 것!
- 서울시는 현재까지 공사 진척도와 투입된 예산 내역 상세히 공개하라
- GTX 광화문역사 신설 추진에 대한 서울시 입장을 명확히 밝혀라

지난 4월 14일 시민사회단체들은 오세훈 시장이 후보 시절의 약속대로 광화문광장 공사를 즉각 중단하고 공론화를 재개할 것을 촉구하는 성명을 발표하고 오세훈 시장의 면담을 요청하고 답변을 기다리고 있다. 이와 별도로 시민사회단체들은 광화문광장 재구조화 공사 중단에 대한 시민사회단체의 요구가 왜곡되지 않도록 오세훈 서울시장에게 아래와 같이 공개질의를 한다.

Ⅰ. 최근 서울시의회 김인호 의장은 언론을 통해 공사를 원상회복하는데도 비용이 들어가고, 지금 공사를 중단하면 혈세낭비라는 주장을 했다. 하지만 시민사회단체들은 원상회복을 요구한 적이 없으며 지금 이 상태에서 모든 공사를 중단할 것을 요구했다. 현재 동측 도로는 그대로 두되 서측 공원 조성을 중단한 다음 논의를 재개하는 것이 타당하다는 것이다. 불필요한 예산 낭비를 막기 위해서도 중단 후 논의 재개가 필요하다.

<질문1>
오세훈 시장은 시민사회단체의 공사 중단 의미를 명확히 이해하고 있는가? 서울시 또는 서울시의회의 왜곡된 보고를 받고 있는 것은 아닌지 우려된다. 시민사회단체의 주장대로 원상회복이 아닌 지금 현 상태에서 공사를 중단할 의사가 있는가?

Ⅱ. 서울시는 작년 11월 광화문광장 재구조화사업을 기습적으로 강행하기 이전부터 사업 진행과 예산 집행을 시민들에게 투명하게 공개하지 않았다. 지역 주민들과 시민사회의 반대 여론을 의식해서인지

사업도 여러 사업으로 쪼개놓고, 예산도 수백억 책정 근거를 비공개하며 깜깜이로 진행했다. 현재까지 공사진척도나 투입된 예산 내역 등도 공식적으로 정확히 공개되지 않았다.

<질문2>
오세훈 시장은 서울시의 광화문광장 재구조화사업이 현재 얼마나 공사가 진행이 되었고, 투입된 예산 내역은 얼마인지 정확한 보고를 받았는가?
보고를 받았다면 그 상세내역을 서울시민들에게 공개할 의향이 있는가?

Ⅲ. 시민사회단체들은 그동안 서울시의 330회 시민소통은 명분 쌓기 횟수에 불과하고 절차적 도구였다고 평가한다. 2019년 7월 22일 기자회견을 시작으로 시민사회단체들의 주장은 한결같았다. ① 모든 정보 공개 및 쟁점 공론화 ② 물리적 구조 재편 이전에 사회 실험 ③ 교통수요 억제 프로그램(혼잡통행료) 및 녹색교통네트워크 도입 ④ 광장의 물리적 구조(형태)에 대한 공론화 필요 ⑤ 수도권광역급행철도(GTX)-A 광화문역 설치 중단과 대규모 지하 개발사업 폐기다. 하지만 어느 것 하나도 반영되지 않았다.

지금도 서울시는 언론을 통해 공사를 중단하지 않으면서 공론화를 재개하겠다는 입장을 밝혔다. 공사를 계속하면서 공론화를 한다면 광화문광장은 현재 졸속으로 진행 중인 내용으로 결정될 수밖에 없다. 이제껏 서울시가 해왔던 방식대로 공론화와 시민소통은 또다시 절차적 도구로 전락하고 말 것이다.

<질문3>
오세훈 시장은 그동안 330회 서울시의 시민소통을 어떻게 평가하는가? 지금 즉시 공사를 중단하고, 시민공론화를 재개할 의향이 있는가?

Ⅳ. 시민사회단체들이 공사를 반대한 이유 중 또 하나는 서울시가

2012년 스스로 선언한 '보도블록 클로징11'(겨울철인 11월부터 2월까지 보도 공사 금지)이었다. '보도블록 클로징11'이 시행된 이유는 겨울철 공사가 부실 공사나 공사 중 사고 위험이 크기 때문이다. 그럼에도 서울시가 스스로 공사를 금지한 11월에 공사를 강행한 결과 광화문 동화면세점 앞 보도 공사는 완료한 지 3개월 만인 올해 4월에 재공사를 시행했다.

서울시 지침에 의하면 광화문광장 재구조화 공사는 올해 3월부터 시작했어야 한다. 그러나 4월 보궐선거를 앞둔 상태이기 때문에 선거 이후 차기 시장에 의해 결정되어야 한다는 의견을 공개적으로 제시했으나 서울시는 내부 지침을 위배하면서까지 겨울철 공사를 강행했다. 세종대로 사람숲길과 연계성을 근거로 대고 있으나 이는 전혀 타당하지 않다.

<질문4>
오세훈 시장은 겨울철 공사 강행과 부실 공사에 따른 재공사에 대해 정확한 보고를 받았는가?
예산부터 써버리면 되돌릴 수 없다는 식의 무책임한 태도로 혈세낭비를 한 광화문광장 재구조화사업 담당자들에 대한 책임은 어떻게 물을 것인가? 만일 이에 대한 책임을 제대로 묻지 않는다면 밀어붙이기식 행정과 예산낭비는 또다시 반복될 것이다.

V. 시민사회단체들은 작년부터 여러 차례 GTX 광화문역 신설의 문제점을 지적해 왔다. 서울역에서 광화문까지 보행으로도 20분이면 도착함에도 역을 신설하는 것은 급행광역철도라는 취지에도 맞지 않다는 점은 서울시의회에서도 지적된 사안이었다. 그러나 공론화과정에서 GTX역을 거론하지 않던 서울시는 보란 듯이 2021년 예산에 GTX 광화문역 신설 사업비를 4천만원 책정했다. 총사업비는 무려 3,474억원이다.

서울시가 주장하는 30여회의 소통과정에서 대부분의 전문가와 시민사회단체 활동가들은 GTX 광화문역 신설을 반대했다. 시민사회단체와 전문가들의 반대 의견에도 불구하고 서울시는 이 사업을 꾸준히 추진해왔고, 타당성 조사 보고서도 완성했다. 하지만 서울시는 시민사회단체들의 용역보고서 결과 공개를 거부하고 있다. 천문학적인 예산이 소요되는 사업에 대해 서울시는 밀실행정을 하고 있는 것이다.

<질문5>
오세훈 시장은 서울시가 추진하는 GTX 광화문역사에 대해서 보고를 받았는가?
예비타당성 조사 1차, 2차 용역보고서를 공개할 의향이 있는가? 오세훈 시장은 GTX 광화문역사 신설에 대해 어떤 입장인가?

시민사회단체는 지금이야말로 오 시장이 과거의 잘못을 바로잡아 시민을 위한 광장, 대한민국을 대표하는 광장, 지속가능한 광장, 친환경적인 광장을 만들 절호의 기회라고 생각한다. 이번 기회를 놓치면 이전 시장과 마찬가지로 전임자 탓을 할 수밖에 없게 될 것이다. 따라서 지금이라도 멈추는 것이 새로운 시정의 가능성을 보여줄 수 있는 계기다. 새로운 좋은 광장을 만들기 위해서라도 멈추는 결단이 선행돼야 한다. 부디 오 시장이 이 좋은 기회를 놓치지 말기를 바란다."끝"

2021년 4월 22일

광화문광장 재구조화 졸속추진 중단을 촉구하는 시민사회단체
(경실련, 도시연대, 문화도시연구소, 문화연대, 서울시민연대, 서울시민재정네트워크, 서울YMCA, 한국문화유산정책연구소, 행정개혁시민연합)

‖ 2021년 4월 28일 ‖

오세훈 시장은 시민 대신 관료들의 손을 들어 준 것인가?
약속 뒤집고, 토건행정 알박기 용인한 오세훈 시장 규탄한다!

- 지금 상태에서 당장 공사 중단하고, 전면 재검토하라 -
- 무리한 공사 강행에 대해 사과하고, 책임자 문책해야 -
- 오 시장, 2009년에 이어 2021년에도 다시 잘못된 결정 -

4월 27일 오세훈 서울시장은 현재의 광화문광장 재구조화사업을 그대로 추진하겠다고 밝혔다. 입장문을 통해서 원상 복구하는 방안, 전면 재검토하는 방안, 보완 발전하는 방안 등 세 가지 방안을 검토했다고 한다.

우선 원상 복구하는 방안은 최소 400억원의 매몰 비용이 발생하며, 관련 기관과의 재논의 절차도 밟아야 한다고 말했다. 이제까지 쓴 돈이 250억원인데, 원상복구에 150억원이 추가로 든다는 말이다.

그러나 정작 250억원이란 큰 예산을 시민과의 사회적 합의 없이 임의로 집행한 행정공무원의 책임에 대해서는 아무 말이 없었다. 원상복구는 시민단체들이 요구한 사항도 아니었다. 시민단체들은 현재 상태에서 공사를 중단하고, 지속가능한 광장을 만들 방안에 대해 다시 공론화를 하자는 의견이었다. 매몰 비용은 이 공론화 결과에 따라 달라지는 것이며, 당장 250억원이 모두 매몰비용이 되는 것이 아니다.

다음으로 전면 재검토하는 방안이다. 장기간 광장 사용이 어려워 시민불편이 가중된다고 한다. 그리고 소모적 논쟁과 갈등을 더 일으킬 우려가 있다고 말했다.

그러나 전면 재검토는 오 시장이 선거 운동 기간에 약속한 내용이다. 오 시장은 지난 3월 시민단체들이 보낸 질의서에 대해 이렇게 답변했다. 첫째 박원순 전 서울시장의 사후 서울시 공무원들이 일방적으로 추진 중인 광화문광장사업에 반대한다. 둘째 서울시장으로 당선되면 현재 서울시가 동쪽 차로 확장 공사를 마친 광화문광장사업을 중단하고 공론화를 재개하겠다. 셋째 새 광화문광장을 조성하는 내용과 방식, 시기에 대해 시민과 시민단체, 시민위원회 등과 시간을 두고 폭넓게 협의해 새로 결정하겠다.

따라서 오 시장의 이번 입장문은 선거 운동 기간에 약속한 이 세 가지를 모두 뒤집은 것이다. 오 시장은 애초의 약속과 달리 공사를 중단하고 공론화를 재개하지 않았다. 또 광장 조성의 내용과 방식, 시기에 대해 시민과 시민단체, 시민위원회 등과 시간을 두고 폭넓게 협의하는 과정도 없었다. 오직 지난 2020년 9월과 11월 서울시 공무원들이 그랬듯 일방적으로 공사를 강행하겠다는 결정만 강조했다. 사회적 합의가 없는 오 시장의 이런 일방적 결정은 결국 오 시장이 스스로 말한 것처럼 "시장이 바뀔 때마다 광장이 공사장이 되는 비합리적이고 소모적인 역사를 반복"하게 할 뿐이라는 점을 다시 한 번 강조한다.

결론적으로 오 시장은 현재의 광장계획안을 보완 발전시켜 완성도를 높이겠다고 말했다. 그러면서 그 내용으로 월대 복원 등 역사성 회복, 세종대왕 동상 등 시설물 개선, 광장 주변 연계 활성화를 제시했다.

그러나 월대 복원은 박원순 전 시장이 재임 시절에 시민 공론화의 결과에 따라 역사 광장과 시민 광장을 분리하고, 역사 광장 조성은 장기간에 걸쳐 더 깊게 논의한다고 결정한 내용을 뒤집은 것이다. 월대 복원은 발굴 조사와 계획, 복원에 긴 시간이 걸리기 때문이다. 월대 복원을 이번 광화문광장사업에 추가한다면 "장기간 광장 사용이 어려워" 현재의 광장사업을 전면 재검토할 수 없다는 오 시장의 입장문의 내용과도 배치된다. 또 개선하거나 늘리겠다고 밝힌 세종대왕 동상과 물길 등 시설물들은 2009년 광장 조성 뒤 많은 문제점이 지적된 사항으로 개선이 아니라, 철거가 타당하다. 광장은 채우는 공간이 아니라 비우는 공간이기 때문이다. 광장 주변과 연계 활성화하는 내용 역시 공허하다. 입장문에서 언급한 KT건물이나 의정부터 쪽은 이번 편측 광장사업에 따라 모두 광장에서 배제돼 여전히 걷기에도 불편한 공간들이기 때문이다.

오세훈 시장은 입장문을 통해서 광화문광장 재구조화사업에 대한 논란을 '소모적인 논쟁과 갈등'이라고 말했다. 그리고 이런 논란이 '서울시의 발전은 물론 국가 발전에도 도움이 되지 않는다'고 말했다. 그렇다면 과연 이 소모적인 논쟁과 갈등이 누구에게서 비롯했는지를 생각해봐야 한다. 소모적인 논쟁과 갈등은 시민 공론화와 사회적 합의가 부족한 광장계획을 일방적으로 결정하고, 스스로 금지한 한겨울 공사를 강행한 서울시의 행정 공무원들에게 그 책임이 있다. 또 800억원에 이르는 관련 예산을 통과시켜준 서울시 의회에도 책임이 있다. 오 시장은 이 문제에 대해 단 한 마디의 책임 인정이나 사과가 없었다.

심지어 오 시장은 '행정기관의 결정은 시민, 국민과의 약속'이라는 억지주장을 늘어놓았다. 행정기관 결정은 시민, 국민의 뜻에 따라야 한다는 평범한 민주주의 원리마저 부정한 주장이다. 그러면서 "시민 모두의 이해와 협조가 필요하다"고 말했다. 행정 기관이 결정하면 시민들은 무조건 따르라는 말인가. 일방적이고 지속불가능한 광화문광장 재구조화사업에 대해 비판적 목소리를 내온 시민과 시민단체에 대해 '소모적'이고 '국가 발전에 도움이 되지 않는다'고 말하는 꼴이다. 다시 취임한 지 한 달도 되지 않았는데, 무상급식을 두고 시민과 대결했던 10년 전 오세훈으로 되돌아간 것인가.

우리는 오늘 전 시장의 유고로 재등장한 오세훈 서울시장이 과거와 전혀 달라지지 않았음을 다시 확인했다. 오 시장은 취임 뒤 시민단체가 공개적으로 요구했음에도, 광화문광장과 관련해 단 한 차례의 협의도, 단 한 차례의 의견 청취도 하지 않았다. 오로지 무리한 공사를 강행한 서울시 공무원들의 말만 듣고 앵무새처럼 다시 공사를 강행하겠다고 말했다. 오 시장은 입장문에서 광화문광장을 시민의 자긍심을 높여주는 광장으로 만들겠다고 밝혔다. 그렇게 하려면 시민 위에 군림하는 행정 공무원들을 먼저 문책해야 한다. 그래야 그 광장에 대해 시민들이 자긍심을 가질 수 있을 것이다.

2009년 광화문광장에 대한 잘못된 결정은 12년이 지난 2021년에도 반복되고 있다. 그 두 번의 결정은 모두 오세훈 시장의 몫이었다. 광화문광장의 역사는 발전하지 못하고 악순환되고 있는 것이다. 우리는 광화문광장 재구조화사업에 대한 새로운 싸움을 시작할 수밖에 없다. 우리는 오 시장과 광화문광장추진단의 잘못된 결정에 대해 엄중한 책임을 묻고 광화문광장이 지속가능한 광장이 될 때까지 이 싸움을 계속해나갈 것이다. "끝"

2021년 4월 28일

광화문광장 재구조화 졸속추진 중단을 촉구하는 시민사회단체
(경실련, 도시연대, 문화도시연구소, 문화연대, 서울시민연대, 서울시민재정네트워크, 한국문화유산정책연구소, 행정개혁시민연합)

‖ 2021년 5월 서울시 답변서 ‖

시민사회단체 공개질의서에 대한 답변(도시재생실 광화문추진단) *

1. 시민사회단체의 주장대로 원상회복이 아닌 지금 현 상태에서 공사를 중단할 의사가 있는가?
<답변>
□ 시장 취임 이후 광장사업의 향후 방향에 대해 깊이 숙고하였고, 서울시는 깊은 검토와 토론, 숙고 끝에 광장 조성 공사를 진행하되, 현재 안을 보완·발전시켜 완성도를 높이기로 결정하였습니다.

* 광화문추진단의 답변내용을 그대로 옮긴 것임

□ 가능한 한 행정의 연속성을 최대한 존중하는 것이 바람직하며, 돌이킬 경우 약 400억원이란 귀한 시민의 세금이 허공에 사라지고 만다는 점을 고려한 고뇌에 찬 결정이었다고 이해해주시기 바랍니다.

2. 오세훈시장은 광화문광장 재구조화사업이 현재 얼마나 공사가 진행이 되었고, 투입된 예산 내역은 얼마인지 정확한 보고를 받았는가? 보고를 받았다면 그 상세내역을 서울시민들에게 공개할 의향이 있는가?

<답변>

□ 새로운 광화문광장 조성사업의 공정률이나 투입된 예산 내역에 대해서는 보고를 받았습니다. 5월초 기준으로 공정률은 36%이고 예산은 총사업비 791억원 중 공정률 기준으로 약 250억원이 투입되었습니다. 일부는 기성금으로 지출되었으며, 잔액은 공사 후 업체의 청구에 의해 지출할 예정입니다.

□ 투입된 예산 상세내역은 서울재정포털 등을 통해 시민들께서 확인하실 수 있습니다.

3. 오세훈 시장은 그동안 330회 서울시의 시민소통을 어떻게 평가하는가? 지금 즉시 공사를 중단하고, 시민공론화를 재개할 의향이 있는가?

<답변>

□ 광화문광장을 중앙에서 편측으로 옮기는 재구조화는 과거에 결정된 행정적 결단을 부정하는 것으로 바람직하지 않다는 입장이었으나, 시장 권한대행 기간인 작년 11월 16일 공사 착공 이후 이미 36% 공정이 진행되었고 약 250억원이라는 예산이 투입되었습니다.

□ 앞에서 언급하였다시피 현 상태에서 공사를 중단하고 원점에서부터 시민공론화를 재개할 경우 행정의 연속성이 훼손되고 시민들 간의 찬반 갈등이 야기되어 다시금 광화문광장을 대립의 장으로 변질시킬 우려거 있다고 판단했습니다.

□ 다만, 이 결정이 광화문광장 조성사업의 끝이 아닌, 새로운 시작이라고 생각하며 향후 조성과정은 물론 광화문광장 운영에 대해서도 다양한 이해관계자분들과 충분한 논의와 소통의 과정을 거칠 예정입니다. 논의과정에 시민단체의 적극적인 참여를 부탁드립니다.

4. 오세훈 시장은 겨울철 공사 강행과 부실 공사에 따른 재공사에 대해 정확한 보고를 받았는가?
예산부터 써버리면 되돌릴 수 없다는 식의 무책임한 태도로 혈세낭비를 한 광화문광장 재구조화사업 담당자들에 대한 책임은 어떻게 물을 것인가? 만일 이에 대한 책임을 제대로 묻지 않는다면 밀어붙이기식 행정과 예산낭비는 또다시 반복될 것이다.
<답변>
□ 광화문광장 조성 공사를 작년 하반기에 추진하게 된 사유는 작년 초부터 준비하여 진행한 사전행정절차가 하반기(20.9.22)에 마무리되었고, 연속된 도로노선에서 시행하는 「세종대로 사람숲길 조성사업」이 20.7월에 착수되어 진행되고 있었기 때문입니다.
□ 이에 따라, 시민통행 불편과 주변 상권 영업 장애를 최소화하기 위해 「세종대로 사람숲길 조성사업」과 연계하여 20년 하반기에 광장 공사를 추진하게 되었습니다.
□ 새로운 광화문광장 조성 공사는 동절기에는 세종대로 동측 도로 공사분에 대해서만 우선 시행하였고, 동측 보도 공사의 대부분은 동절기 이후에 시행하였으나 일부 경계석 등 공사는 '보도블록 클로징 11' 예외 규정에 따라 시행하였습니다.
□ 아울러, 부실 공사를 방지하기 위해 동절기 시방기준 준수, 치밀한 공정계획 수립, 철저한 품질관리 (기온에 따른 시공, 보온대책 등) 등을 고려하여 추진하였습니다.
□ 광화문광장에 대한 철학과 판단기준이 달랐을 시기에 어쩔 수 없이 각자의 자리에서 소임을 다한 담당자들에게 책임을 묻지는 않을 것입니다.

5. 오세훈 시장은 서울시가 추진하는 GTX 광화문역사에 대해서 보고를 받았는가? 예비타당성 조사 1차, 2차 용역보고서를 공개할 의향이 있는가? 오세훈 시장은 GTX 광화문역사 신설에 대해 어떤 입장인가?
<답변>
□ GTX-A 노선 광화문역 신설은 보행친화공간 조성을 위한 녹색교통진흥지역특별대책 일환으로, 광역철도와 연계된 대중교통 이용 촉진을 위해 추진된 것이며, 현재 타당성 조사결과 및 사업관계자 (국

토부, 사업시행자) 협의 등을 종합적으로 검토하는 중입니다.
□ 타당성 조사 보고서는 공공기관의 정보 공개에 관한 법률 (법률 제17690호, 2020.12.22.) 제9조(비공개 대상 정보) 5항 및 8항에 따라 비공개 대상임을 양해하여 바랍니다.
-(5항) 본 과업은 의사결정과정 및 내부검토 과정중에 있으며, 공개될 경우 사업시행자와의 협상 등 사업 추진에 영향을 초래할 수 있음
-(8항) 역사위치, 출입구 계획 등 공개될 경우 부동산 등 특정인에게 이익 또는 불이익을 줄 우려가 있음

‖ 2021년 5월 13일 서울시 답변서에 대한 답변서 ‖

- 시민단체 공개질의에 대한 서울시 답변에 답하다 -

애초부터 잘못된 광화문광장 재구조화사업,
우리는 결코 10년 전으로 돌아가지 않을 것이다

행정 편의주의에 따른 서울시의 광화문광장 강행 의지 재확인
역사 유적 보존과 월대 복원 위해서는 체계적 종합 계획 세워야
졸속 추진한 관료와 추인한 오 시장에게 반드시 책임 물을 것

황당한 답변서(*별첨 참조)였다. 그동안 시민단체들은 광화문광장 재구조화에 대해 좀 더 신중한 결정을 해야 한다고 주장해 왔다. 그런데, 서울시는 시민단체가 주장하는 공사 중단과 재검토가 마치 예산 낭비인 것처럼 답변했다. 4월 말까지 250억원, 전체 791억원의 예산을 낭비하고 있는 것은 대행 체제에서 무리한 공사를 강행한 서울시 공무원들이었다. 시민단체들은 지난 선거 기간에 오세훈 후보가 밝힌 광화문광장 공사 반대와 재공론화 약속을 지키라고 요구했을 뿐이다.

1.

답변서에서 서울시는 (1) 이미 250억원의 예산이 투입됐기 때문에 행정의 연속성을 고려해 사업을 계속하겠다. (2) 작년 하반기 공사 추진은 사전행정절차가 2020년 9월에 마무리됐고, '세종대로 사람숲길' 사업이 2020년 7월에 착수됐기 때문이다. (3) 철학과 판단 기준이 달랐을 시기에 소임을 다한 담당자들에게는 책임을 묻지 않을 것이다. (4) GTX-A 노선의 광화문역 신설 문제는 현재 검토 중이며 비공개한다고 밝혔다.

답변 내용은 모순과 억지로 점철돼 있다. (1)에서 말한 예산 투입은 직무대행 체제의 서울시 관료들이 무리한 착공을 강행하지 않았다면 발생하지 않았을 일이다. 그러니까 자신들의 무리한 결정 때문에 예산이 투입됐는데, 이제는 그 투입된 예산 때문에 공사를 계속해야 한다는 말이다. 전형적인 알박기 논리다. 시민단체들은 더 많은 세금이 낭비되는 것을 막기 위해 지금이라도 공사를 중단하고 논의를 재개하자는 것이다. '세금 낭비' 운운은 적반하장 아닌가.

(2)의 답변대로 '사전행정절차'가 마무리되었기 때문에 사업을 재개했다면 고 박원순 시장 시절의 공론화는 시민단체들을 들러리 세운 것이다. 서울시는 2019년 9월 이후 시민단체들과의 집중적인 공론화에도 교통 대책과 광장 형태 등에 합의하지 못했고, 박 시장은 사망 직전 사업 중단 뜻을 밝혔다. '세종대로 사람숲길' 사업 역시 알박기 논리에 불과하다. 서울시가 이 사업을 광화문광장사업과 시기를 맞추려 했다면 2020년 7월에 먼저 착공해서는 안 되는 일이었다. 심지어 이 사업은 지난 5월5일 완공됐다. 역사 유적이 대거 발굴됐고 월대까지 복원하겠다는 광화문광장사업의 완공 시기는 이제 예상조차 어렵다. 두 사업의 사업 시기를 무슨 수로 맞추겠다는 것인가?

심지어 서울시는 동절기 공사 금지 규칙을 어긴 일에 대해 '일부 공사는 보도블록 클로징11 예외 규정에 따라 시행'이라고 답변했다. 한겨울에 공사를 강행해 놓고, 공사 금지 위반이 아니라는 억지다. 이제 박원순 전 시장 시절 도입한 겨울철 공사 금지 규칙은 폐지된 것으로 이해하겠다.

(3) 답변은 더욱 황당하다. (1)에서 서울시와 오세훈 시장은 이미 투자된 예산 낭비가 우려돼 사업을 계속할 수밖에 없다고 주장했다. 그렇다면 시민, 시민단체와의 합의 없이 '예산 낭비가 우려되는 결정을 누가 했는지, 그 결정이 타당했는지'를 검증하는 것은 기본적인 행정 절차다. 그런데 이것을 '철학과 판단 기준이 달랐을 시기에 소임을 다했다'고 얼버무렸다. 대행 체제 시절, 서울시 공무원들의 철학과 판단 기준이 과연 누구와 달랐는가? 당시 여론조사 결과만 봐도 알 수 있듯 주권자인 시민과 달랐던 것 아닌가? 집행 기관에 불과한 관료집단이 주권자인 시민과 의견이 달랐을 때 관료 마음대로 결정하고 집행하는 일은 타당한가? 이것이 대의 민주주의의 원리에 맞는가? 주권자를 무시하는 관료집단의 궤변에 놀라움을 금치 못하겠다.

이미 오세훈 서울시장은 기존의 행정 조직에 대한 특정 감사를 진행하는 것으로 알려져 있다. 바로 그 방식으로 광화문광장 재구조화사업의 일방적 재개와 공사 강행에 대해 내부 감사를 해야 한다.

2.

4월 27일 오세훈 시장이 밝힌, 역사성을 복원하는 '보완 발전 추진 방침' 역시 위기에 처했다. 최근 언론 보도에 따르면, 광화문광장 부지에서 지속적으로 역사 유적이 발굴되고 있다. 역사성 복원은 높은 수준의 시민 합의와 충분한 시간을 확보해야 제대로 추진할 수 있는 일이다. 그래서 시민단체들은 박 시장 시절의 공론화과정에서, 역사 광장과 시민 광장에 대한 논의를 분리할 것을 제안했다. 역사 광장 논의는 담당 기관인 문화재청이 주관하여 충분한 시간을 갖고 발굴 조사와 역사적 고증, 시민 합의 등에 대해 깊이있게 논의하자고 제안했다. 다행히 이 주장이 반영되어 박 전 시장 시절의 광화문광장 공론화과정에서는 역사 복원 문제가 분리됐다.

그런데 최근 광화문 서측의 7개 구역의 문화재 조사에서 삼군부와 사헌부 등 조선 정부의 핵심 기관들의 건물터와 여러 유물들이 발굴되었다. 서울시는 발굴된 유적과 유물을 공개하라는 시민단체의 요구에 따라 부랴부랴 발굴 현장을 언론과 시민에게 공개한다고 밝혔다. 그러나 애초 올해 10월까지 서측 광장의 공사를 마무리할 계획이었기 때문에 이번에 발굴된 역사 유적과 유물에 대한 종합계획은 현재 전혀 없는 상황이다. 서측 광장에 나무를 심기 위해 졸속으로 발굴 조사를 하고 덮을 계획이었고, 종합적인 매장문화재 발굴 계획을 마련하지 않았기 때문이다.

심지어 오세훈 시장이 성급하게 제시한 광화문 월대 복원은 광화문 서측 발굴 조사보다 훨씬 더 어려운 일이다. 발굴 공간 확보를 위한 우회도로 공사와 실제 발굴 조사에 최소 1~2년의 시간이 걸릴 것이기 때문이다. 또 실제로 월대를 복원하려면 창덕궁 앞 월대 복원 과정에서 봤듯 광화문 앞 지표면의 높이를 몇 m나 깎아내야 한다. 이것은 졸속으로 조성한 광장 동쪽 차도나 새로 조성할 서측 광장에도 직접적인 악영향을 줄 것이다. 이렇듯 월대 복원은 종합적인 발굴 조사와 보존, 복원, 활용 계획이 없다면 섣불리 손대서는 안 되는 문제다. 이 과정에서 광범위한 시민 공론화가 필수적임은 말할 것도 없다.

현재 상황에서 서울시가 서측 광장 조성과 월대 복원을 추진한다면 제대로 된 역사 유적 복원은 요원한 일이 될 것이다. 오히려 역사 유적의 훼손과 파괴로 끝난 청계천 복원사업처럼 될 가능성이 크다. 오 시장은 지난 2008년 서울시 신청사를 지으면서 등록문화재인 구청사의 대회의실을 파괴한 전력도 있다. 따라서 오 시장과 서울시가 광화문의 역사성을 제대로 회복할 생각이 있다면, 지금이라도 광화문광장 공사를 중단해야 한다. 그리고 이 모든 문제들을 전면적으로 재검토해야 한다.

3.

서울시는 답변에서 '앞으로 시민 공론화를 진행하겠다'고 말했다. 그러나 입은 비뚤어졌어도 말은 똑바로 해야 한다. 이미 기존 계획대로 광화문광장 공사를 재개하고, 월대 복원을 추진하겠다고 밝힌 상태에서 뭘 논의하겠다는 것인가? 그것은 공론화가 아니라, '들러리 세우기'라고 한다. 지금 오세훈 시장과 서울시 관료들이 말하는 사후 시민 공론화는 과거 권위주의 정부 시절의 관료 중심주의를 말하는 것으로 보인다.

우리의 답은 간단하다. 이미 결정된 문제에 대해서는 대화하지 않겠다. 공론화는 결정에 이르는 과정이지 결정을 추인하는 과정이 아니기 때문이다. 서울시가 공사를 중단하고 진정한 대화로 나오지 않는다면, 우리는 싸워서 반드시 오 시장과 서울시 관료들에게 책임을 묻겠다. 오 시장과 관료들의 시대착오적인 공론화, 의사 결정, 집행 방식을 고발하겠다. 다시는 이런 낡은 시장과 관료들이 서울시에 발붙이지 못하게 하겠다.

이대로라면 광화문광장은 모양만 바뀔 뿐, 충분한 공론화와 사회적 합의를 이루지 못한 2009년 광화문광장의 시즌2가 될 것이다. 우리는 잘못된 광화문광장 재구조화사업의 책임을 끝까지 추궁할 것이다. 지금 오 시장과 서울시 관료들은 10년 전으로 돌아가고 있지만, 우리는 결코 10년 전으로 돌아가지 않을 것이다. "끝"

2021년 5월 13일

광화문광장 재구조화 졸속추진 중단을 촉구하는 시민사회단체
(경실련, 도시연대, 문화도시연구소, 문화연대, 서울시민연대, 서울시민재정네트워크, 한국문화유산정책연구소, 행정개혁시민연합)

광화문광장,
거버넌스는 왜 실패했는가

초판 1쇄 발행 I 2022년 5월 25일

지은이 I 김규원 김상철 김은희 윤은주 전상봉 정기황 황평우
펴낸이 I 이재호
책임편집 I 이필태

펴낸곳 I 리북(LeeBook)
등 록 I 1995년 12월 21일 제2014-000050호
주 소 I 경기도 파주시 회동길 50, 3층(문발동)
전 화 I 031-955-6435
팩 스 I 031-955-6437
홈페이지 I www.leebook.com

정 가 I 16,000원

ISBN I 978-89-97496-65-5